수건을 벗어 던지라

수건을 벗어 던지라

책에 안 나오는 교회 매뉴얼

초판 1쇄 인쇄 | 2019년 5월 27일
초판 1쇄 발행 | 2019년 6월 10일

지은이 | 정연수
펴낸이 | 강영란

편집 | 권지연, 이홍림
디자인 | 트리니티
마케팅 및 경영지원 | 이진호

펴낸곳 | 도서출판 샘솟는기쁨
주소 | 서울시 충무로 3가 59-9 예림빌딩 402호
전화 | 대표 (02)517-2045
팩스 | (02)517-5125(주문)

이메일 | atfeel@hanmail.net
홈페이지 | www.vivi2.net
출판등록 | 2006년 7월 8일

ISBN 979-11-89303-17-4(03200)

이 도서의 국립중앙도서관 출판예정도서목록(CIP)은
서지정보유통지원시스템 홈페이지(http://seoji.nl.go.kr)와
국가자료종합목록시스템(http://www.nl.go.kr/kolisnet)에서
이용하실 수 있습니다. (CIP제어번호 : CIP2019019654)

수건을

정연수 지음

벗어
던지라

샘솟는기쁨

시대를 읽는 통찰, 교회를 향한 교훈과 지혜

유기성 목사 | 선한목자교회 담임목사

하나님 앞에서 신실한 목사님을 만나면 기쁘고 행복합니다. 정연수 목사님이 그런 목사님입니다. 사명감이 분명하며, 개혁적인 가치관, 깊은 영성을 지니셨습니다. 효성중앙교회가 뜨겁게 부흥되면서 지역 사회를 품는 건강한 교회로 세워진 것은 전적으로 정연수 목사님의 설교를 통한 주님의 마음일 것입니다.

그래서 목사님의 책을 읽고 싶었는데, 이번에 출간한 원고를 보내주셔서 그날 다 읽었습니다. 교회를 사랑하는 마음과 시대를 읽는 통찰에 큰 감동을 받았습니다. 급변하는 시대에 교회와 성도들이 어떻게 하나님 나라 백성으로 살아갈 것인가가 이 책의 핵심 주제입니다. 이를 바로 깨닫지 못한 한국교회가 무너지고 있습니다.

한국 교회는 교회가 나아갈 길을 대형화에서 찾으려 했습니다. 성경에서 찾고 주님을 바라보아야 합니다. 불법을 작게 여겨서는 성공적인 목회라고 해도 주님 앞에서 '나는 너를 도무지 알지 못한다'는 말을 듣게 될 것입니다.

이 책은 저자가 경험한 교훈입니다. 아픔이 있고 눈물이 있습니다. 제 목회도, 예배도, 삶도 돌아보는 유익을 얻었습니다. 하나님 앞에서 진실한 마음으로 찾아낸 교훈이기에 목회와 삶에 많은 유익과 도움이 됩니다.

한국 교회는 저자 같은 목사님들이 계시기에 희망이 있습니다. 저자가 그랬듯이 건강한 목회로서 시대의 흐름을 이끌고 지역 사회를 품는 목회자가 더 많이 일어나기를 바랍니다.

목회 현장에 살아 있는 리더십, 진리의 바른 틀 제시

정희수 감독 | 연합감리교회(UMC) 위스콘신 연회 감독

원만한 세상을 꿈꾸고 그것을 이루어 가는 일에 헌신하는 사람, 다 함께 조화를 이루며 편견 없이 조금씩 세상을 바꾸고 있는 사람이 있습니다. 공적 공간은 이기적이어서는 안 된다고 믿기에 벽을 허물고 마음을 여는 사람, 의를 위해 길을 가는 사람들이 있어서 세상은 참으로 소망스럽고 푸릅니다.

그 누구도 억울하거나 아프지 않은 세상을 만드는 것이 하나님의 나라를 이루는 것이라고 가르친 분, 예수를 따라 올곧게 그 길을 가는 사람이 정연수 목사입니다. 이처럼 살고자 애쓰는 저자를 만나고 나눈 세월에 시간이 더해질수록 그 정이 깊어 가는 것이 고맙기만 합니다.

가끔 제가 '신학과 종교'라는 틀에 갇혀 있을 때 저자는 훌쩍 열린 상상력으로 제3의 공간을 세웁니다. 맵시 있게 기호와 상징, 뉴스와 미디어를 자유자재로 넘나들며 실용적으로 현대성과 그 너머를 사역에 더합니다. 기능성을 추구하면서 세상에 주는 영향력과 감성을 긴요하게 아우르는 흔적이 저자의 목회이며 창조적인 공간입니다.

다사다난한 현실을 마주하면서 잠언처럼 써낸 글들을 읽으며 강한 인상을 받았습니다. 목회의 현장에 살아 있는 리더의 관심과 기도를 읽었습니다. 가끔 서신으로 주고받는 담론은 생생한 삶의 나눔입니다. 언제나 예수 그리스도의 제자로 진리의 바른 틀에 머물기를 바라고, 큰 가치가 주는 자유를 만끽하는 구도의 삶을 살자고 서로 격려합니다. 함께 걷는 길벗님(道件)에게 『수건을 벗어 던지라』를 기쁨으로 권합니다. 그리고 처처에서 세상을 아름답게 빚어가는 일꾼들과 연대의 꿈을 이루어 가기를 바랍니다.

닮고 닮아 마침내 닳게 되기를

한희철 목사 | 정릉교회 담임목사

목회의 길을 걸으며 신학교 선배라는 이유로 정연수 목사님과는 가까이 지내왔습니다.

틈틈이 신문에 연재했던 글을 한 권의 책으로 발간하며 제목으로 정한 『수건을 벗어 던지라』를 보며 가볍게 웃음이 지났던 것은, 역시 정 목사님답다는 생각 때문이었습니다. '진부함으로부터의 탈피', 정 목사님이 어떤 사람인지를 규정할 수 있는 말 중에는 분명 그런 것이 있습니다. '같은 자리에서는 입장의 동일함이 관계의 최고 형태'라고 했던 신영복 선생님의 글을 떠올린다면, 정 목사님은 결과보다는 과정을 중요하게 여기며 동시대인과 같은 자리에 서기 위하여 안간힘을 쓰며 살아온 것이었습니다.

그런 정 목사님의 마음을 페이지마다 확인할 수가 있어 즐거웠습니다. 박힌 돌이 든든해야 날아온 돌도 박힌다는 생각과 표현도 그랬고, 무효자극(無效刺戟)을 말하며 갈수록 특별함이 일반화 되고 있는 교회를 염려하는 마음엔 충분히 공감이 되었습니다. 성경적 지도자가 갖춰야 할 가장 중요한 덕목을 '온유'에서 찾고 있는 것은 그를 신뢰하게 합니다. 가장 마음에 와닿은 구절은 '아끼다가 녹슬어 버려지는 삶이 아니라, 달리고 달리다가 닳아 없어지는 삶이 되고 싶다'는 구절입니다.

정 목사님이 사랑하며 따르는 예수님을 닮고 닮아, 동시대인의 아픔과 꿈을 닮고 닮아 마침내 닳아 없어지는 삶이 되었으면 좋겠습니다. 그 좁은 길을 묵묵히 걸어가는 정 목사님에게 따뜻한 마음의 박수를 보냅니다.

위기와 변화의 시대에

권용각 목사 | 중부연회 25대 감독, 선린교회 원로목사, 인천기독교신문 발행인

위기와 변화의 시대를 지나고 있는 한국 교회의 상황 속에서 정연수 목사의 글은 포스트모던 시대의 특징을 잘 보여주는 글로서 재치와 위트가 넘칩니다. 우물 안 개구리의 시선이 아닌 제3자의 객관적 시선, 새로운 시각을 갖고 접근할 수 있는 메시지가 담겨 있습니다.

특히 고정적이고 전통적인 틀과 프레임을 한 번씩 비틀어 그동안 큰 고민 없이 너무 쉽게 인정하고 넘어 갔던 우리 자신을 반성하며 돌아보게 합니다. 전통의 가치를 결코 가볍게 여기지 않고 애정 어린 눈으로 보기에 날카로워 보이는 그 비판도 매섭도록 아프지는 않은 것 같습니다.

정연수 목사의 글은 읽기에 부담이 없지만 읽고 난 후 오랜 여운이 남아 오래된 장맛처럼 깊은 맛이 나는 글이었고, 신문에서 읽고 한켠으로 밀어 두기에는 아깝다고 생각했는데 책으로 출판되어 더 많은 독자를 만나게 되어 정말 기쁜 마음입니다.

매 주일 바쁜 목회 가운데 새로운 주제를 정하고 다양하게 접근하여 글을 쓴다는 것이 쉬운 일은 아니었을 텐데 저자에게는 마치 아무 일도 아닌 듯 툭 던져 놓고 풀어 나가는 모습에서 고수(高手)의 향기를 느낄 수 있었습니다. 그동안 신문의 품격을 높여 주었던 칼럼이 이제 독자의 품격을 높여 주리라 믿고 여러분에게 기쁨으로 추천합니다.

차 례

PART 4.
상수도 신앙? 하수도 신앙? 159

PART 5.
낚시하려다 저수지 망친다 209

매일
발걸음마다
예수
인도하셨네

나는 종치는 소년이었습니다.

어린 시절, 아버님이 목회하시던 만안교회는 군용 천막이 예배실을 대신하고 있었고, 마당에 나무로 얼기설기 엮어 세운 종탑이 있었습니다. 주로 종치는 일은 내 몫이었는데, 삭풍이 몰아치는 겨울에는 따뜻한 이불 속을 벗어나 종치러 나가는 것이 그렇게 싫었습니다. 하지만 예배 30분 전에 치는 초종, 예배 전에 바로 치는 재종, 이렇게 예배마다 두 번씩 종을 쳤습니다.

종치는 것은 아무렇게나 잡아당겨서 되는 일이 아니었습니다. 종 옆으로 길게 내려뜨린 줄의 쇠막대를 잡아 당겨 종을 쳐야 하는데, 리듬에 맞추어 적절하게 힘 조절을 해야 '뎅그렁 댕~'하며 리드미컬한 종소리가 울립니다.

시계가 없던 시절, 성도들은 포도밭, 고구마밭에서 일하시다가 종소리를 들으면 집으로 돌아와 씻고 교회 갈 채비를 하셨습니다. 그렇게 하나 둘… 천막 안으로 모여드는 성도님들의 웅얼거리는 기도 소리를 들으면서 자랐습니다. 시간이 흐르면서 종탑 위에 매달린 나팔 모양의 스피커에서 차임벨이 울려 퍼졌고, 그렇게 종은 서서히 교회에서 자취를 감추었습니다.

요즘 부쩍 종소리가 그립습니다. 가끔 외국 여행을 하면서 기독교용품 상점을 들르면 꼭 만지작거리는 물건이 종입니다. 몇몇 종을 사오기도 했습니다. 홀로 있는 고요한 시간에 종을 울리면 방안 가득 채우는 그 무엇인가가 느껴집니다.

주의 종(從)은 종(鍾)입니다. 비울 때 울리는 것이 종입니다. 속을 꽉 채운 종을 본 적이 없습니다. 자신을 비우고 욕심을 버릴 때 비로소 울리는 종처럼 자꾸만 더 나를 비워내는 치열함을 잃지 않으려고 합니다.

종은 스스로 울지 않습니다. 그 어떤 힘이 종을 때릴 때 비로소 울립니다. 성령이 나를 감동시킬 때, 하나님의 소명이 나를 칠 때 반응하는 종이 되고 싶습니다.

종은 주변의 공기를 진동시켜 소리를 냅니다. 파장이 넓게 퍼져가는 힘으로 소리를 먼 곳까지 전합니다. 나를 감동시켜 하나님의 자녀로 살게 하신 그 감동이 이 책을 통해 전파되기를 기대합니다.

제 생애 첫 책이 내 손을 떠나 누군가에게 전해집니다. 이 책이 누군가의 귀를 울릴 종소리가 될 수 있다면? 그랬으면 참 좋겠습니다. 잠든 영혼을 깨우던 그때 그 시절의 종소리처럼, 시대에 둔감해지거나, 타성에 젖어 있는 이의 마음을 흔들 수 있는 은은한 울림이 되기를 바랍니다.

인천기독교신문사의 배려가 없었다면 바쁜 일상 속에서 이렇게 생각을 글로 표현할 수 없었을 것입니다. 지면을 허락해 주신 발행인 권용각 감독님과 편집인 김낙호 장로님께 감사의 인사를 드립니다.

나의 첫 사랑인 성남의 새순교회, 그리고 우이교회, 만안교회, 오천교회에서 만난 모든 분들이 지금의 저를 만들어 주셨습니다. 영원한 나의 모교회, 만안교회 성도들을 절대 잊을 수 없을 것입니다.

이 책이 나올 수 있도록 저를 자극해 주시고 부족한 글을 모아 훌륭한 책으로 만들어 주신 도서출판 샘솟는기쁨 강영란 발행인께 감사를 드립니다.

단점이 많은 저를 믿어 주시고 늘 응원해 주시는 효성중앙교회 장로님들께서 책 발간을 위해 많은 물질로 도와주셨습니다. 그리고 나의 가족, 나의 사랑 효성중앙 성도님들! 감사합니다.

12

31년간 제가 흔들림 없이 신바람 나게 목회할 수 있도록 응원하고 도와준 나의 영원한 동역자인 사랑하는 아내 호명희 사모와 아들 정인교 목사, 딸 정자경, 기도의 어머니 이범석 전도사님, 사랑합니다!

그리고 고백합니다.

"매일 발걸음마다 예수 인도하셨네."

2019년 5월

정연수 목사

1

안 들어도
말할 것인가?

"오히려 자기를 비워 종의 형체를
가지사 사람들과 같이 되셨고"

빌립보서 2:7

Re_formation

안 들어도 말할 것인가, 듣도록 말할 것인가?

지금까지 전도 표어가 '듣든지 안 듣든지 전하라!'였다면 이젠 '듣도록 전하라!'가 되어야 한다. "듣지도 못한 것을 어찌 믿을 수 있겠는가? 전파하는 자가 없는데 어찌 듣겠는가?"(롬 10:14)[1] 이 말을 좀 더 곱씹어 봐야 한다.

공기의 진동으로 들려오는 의미 없는 소리로는 믿게 할 수 없다. 귀에 들려지는 단순한 '소리'가 아니라 가슴 속에 담겨지는 '음성'이 될 때 비로소 복된 소식이 된다. 예수님께서 "들을 귀 있는 자는 들으라!"(막 4:23)라고 말할 때의 '듣는 귀'에 대해 묵상한다면 쉽게 연결된다.

듣도록 전하기 위해 가장 먼저 준비되어야 할 것이 문화이해이다. '국물도 없어!'라는 말을 외국인에게 'No soup!'이라고 외치면 상대방은 놀란 눈으로 고개만 갸우뚱거릴 것이다. 도저히 이해할 수 없는 문장이기 때문이다. 복음은 소통(疏通)이다. 내가 이해하는 메시지가 상대방도 이해한다고 착각한다면 거기에서부터 불통(不通)이 시작된다.

어렸을 적, 종기가 나면 어머니는 고름을 짜낸 후 약국에서 빻아서 가루로 만든 마이신을 먹이셨다. 코를 막고, 주전자의 물을 입에 부어 억지로 가루약을 삼키게 하셨다. 어린 나는 있는 대로 발버둥을 치다가 몇 대 쥐어 맞기도 하면서 간신히 쓴 약을 먹었다. 그때마다 어머니께서 하신

---

1) 그런즉 그들이 믿지 아니하는 이를 어찌 부르리요 듣지도 못한 이를 어찌 믿으리요 전파하는 자가 없이 어찌 들으리요 (롬 10:14)

말씀이다.

"널 괴롭히려고 약을 먹이는 게 아니다. 네 병이 빨리 나으라고 먹이는 거지!"

이 말이 머릿속으로는 이해가 됐지만 내 목구멍은 쓴 약을 쉽게 받아들이지 못했다. 써도 너무 썼기 때문이다. 시간이 지나자 몸 안에 들어가면 녹는 셀로판지가 나와서 그 안에 마이신을 넣고 동그랗게 뭉쳐서 먹으니 한결 먹기가 쉬웠다. 캡슐 안에 들어 있는 알약 형태의 마이신이 나온 다음부터 얼마나 약을 먹기가 쉽던지. 요즘은 서너 알 정도의 알약은 한 입에 털어 넣는다.

생각해 보자. 복음은 '기쁜 소식'인데 받아들이는 이들에게 '고통스러운 소식'으로 들릴 때가 많다. 쓴 가루약을 그대로 먹기 때문이다. 복음을 캡슐에 싸서 준다면 똑같은 약효를 더 많은 사람들이 누릴 수 있다. 이 캡슐이 바로 문화이다.

문화는 '그들 속으로' 들어가는 것이다. 그들의 언어로, 그들이 이해할 수 있는 문화의 옷을 입고 다가가야 한다. 중국인에게는 중국어로 복음을 전해야 하는 것은 누구나 동의하는 상식이다. 언어도 문화의 한 영역이다. 아무리 말해도 귀를 막고 듣지 않는다면 그렇게 전하는 복음 전파는 자기 만족에 불과하다. '물고기를 잡으려면 물고기처럼 생각하라!'는 명제처럼 멀찍이 떨어져서 관망하는 자세가 아니라 더 적극적으로 복음을 소화시켜 '문화'라는 요리로 내어줄 때 사람들은 기꺼이 복음을 받아들일 것이다.

예수님은 우리 속으로 들어오셨다. 신의 아들이 아닌 우리와 같은 '사람의 아들(人子)'로 오셨고, 함께 갈릴리를 걸으셨고, 죄인들의 친구가 되어 주셨다. 그렇게 함께 살아 주는 문화의 공감(共感)을 통해 예수님 주변의 사람들은 그분을 '기쁜 소식'으로 받아들였고, 결국 구원을 주는 '복음'을 듣게 되었다.

하지만 당시 민중들의 문화와 삶을 이해하지 못한 채 먼발치에서 바라만 보았던 바리새인들은 예수님 목회의 가장 큰 걸림돌이 되어버리고 말았다. 자신의 색깔로 사람들을 판단했기 때문에 "나는 너희들과 달라!"라고 말하는 그들에게 예수님은 등을 돌리셨다.

안 듣는데 억지로 말하지 말고, 이제는 듣도록 말해야 한다. 그들에게 가까이 가야 한다. 그것이 예수님의 목회, '성육신 목회'이다.

이 모든 것 위에 접촉을 더하라

우리 교회는 지역사회를 향한 사랑의 몸짓으로 해마다 마을축제를 열고 있다. 교회 내에서 교우들과 함께 즐기던 교회 잔치가 지역 주민들과 함께 즐기는 축제로 발전되었다. 마을축제의 콘셉트도 다양해서 세계 기네스 기록에 도전한 〈1000미터 김밥 말기〉, 녹색 환경을 생각하며 열었던 〈전 주민 자전거 타기〉, 〈풍산금속 담장 벽화 그리기〉, 〈장애우와 함께 걷기〉 등의 많은 행사들을 치러 왔다.

교회에서 우리들끼리만의 크리스마스 전야를 치르기 보다는 〈효성동 크리스마스〉라는 이름으로 성도들이 교구별로 전 지역에 흩어져 불우이

옷 돕기 모금을 하는 것으로 성탄 전야를 보내기도 하였고, 사순절 성금요일에는 어린아이부터 어른에 이르기까지 온 교우가 각각 십자가와 촛불을 들고 거리를 걷는 〈십자가 행진〉을 통해 고난의 의미를 지역의 주민들과 함께 나누었던 일도 있었다. 20년이라는 세월 동안 이런저런 다양한 모습을 거치며 이젠 어엿한 지역사회축제로 자리매김하게 되었다.

이 모든 시도의 의미는 '접촉'하기 위함이다. 접촉은 예수님의 목회 방식이다. 하늘 위에 머물러 계시지 않고 땅에 내려오신 '성육신'이야말로 거룩함과 속된 것이 접촉하게 된 놀라운 사건이 아니던가? 전하는 자가 없는데 어찌 들을 수 있겠는가? 접촉하는 일이 없는데 어찌 느낄 수 있겠는가? 오늘날 많은 교회들이 상실한 것 중에서 중요한 것은 바로 '접촉하려는 의지', 세상 속으로 '성육신하려는 낮아짐'이 아닐까 생각한다.

교회에는 세상 사람들이 보면 깜짝 놀랄 만한 멋진 콘텐츠들이 가득하다. '우리끼리' 한 번만 맛보고 끝내기에는 얼마나 아까운 것들인지. 모든 행사 계획 수립 단계에 하나 더 꼭 넣었으면 하는 것이 바로 '세상과의 접촉'을 고려하는 것이다.

예수님은 접촉하기 위해 삭개오의 집에 가셨고, 바리새인들의 비난에도 불구하고 그들과 함께 식사를 나누며 기꺼이 접촉하셨다. 그 접촉의 결과로 삭개오는 엄청난 변화를 겪게 된다. 건강한 자에게 의사가 필요한 것이 아니라, 병든 자에게 의사가 필요하다고 주님은 말씀하셨다. (눅 5:31)[2] 병든 자는 의사와의 접촉이 필요하다. 세상이 교회를 미워

---

2) 예수께서 대답하여 이르시되 건강한 자에게는 의사가 쓸 데 없고 병든 자에게라야 쓸 데 있나니 (눅 5:31)

하는 것이 아니다. 그들은 교회와의 접촉을 갈망하는 것이다. 그 갈망이 절망이 될 때 교회를 향한 애증(愛憎)이 되는 것이다.

"이 모든 것 위에 접촉(contact)을 더하라!"[3]

문학의 밤

중·고등학생 시절에 경험한 〈문학의 밤〉을 다시 떠올리며 교회가 세상과 대화하는 몇 가지 탁월한 화법을 발견하였다. 뜬금없이 왜 철지난 〈문학의 밤〉을 이야기하는가?

먼저 '문학의 밤'이라는 명칭이다. 상당히 중립적인 이 명칭은 당시 학생들의 취미 란에 많이 기록했던 '시 읽기, 소설 읽기, 독서, 음악 감상'이라는 문화적 코드를 잘 수용한 콘셉트이기도 하다. 게다가 교회에 행사였으나 굳이 종교적 색채를 드러내거나 강요하지 않았다.

말을 건네는 방향도 '나→너'가 아니라 '너→나'이다. 문학의 밤 시작은 시 낭송으로 시작되곤 했는데, 그 시는 누구나 익숙하게 어디서 한번쯤 들었음직한 시였으며, 시 낭송과 함께 깔리는 BGM도 제법 귀에 익숙한 연주곡들이었다. 예수님께서 수가성 우물가에서 만난 여인과 물 이야기로 자연스럽게 대화를 시작하듯 그렇게 '그들의 언어'에서 비롯하여 말을 건넸다.

---

3) 이 모든 것 위에 사랑을 더하라 이는 온전하게 매는 띠니라 (골 3:14)

'싱어롱'이라는 정체불명한 타이틀의 시간도 교회 음악과 세상 음악의 적절한 조화가 있었다. 때로는 팝송을 개사한 노래를 부르기도 했고, 구전으로 전해져 오는 노래를 함께 부르기도 했다. 그렇게 음악은 문학의 밤의 자리에서 함께하는 이들을 묶어 주는 좋은 끈이었다.

또한 우리의 탁월함도 보여주었다. 몇 달 전부터 연습한 합창이나 잘 준비된 남성중창은 친구들에겐 얼마나 큰 문화적 충격이었을까? 그렇게 교회는 탁월한 문화적 세련됨을 무기로 친구들의 기를 죽였다. 문학의 밤이 끝난 후 학교에 가면 친구들로부터 부러움 아닌 부러움을 살 수 있었고, 교회에 다닌다는 것이 보이지 않는 자긍심이었다.

문학의 밤은 결코 '우리들만의 잔치'가 아니었다. 문학의 밤을 준비한 학생회 회원 수는 그다지 많지 않았다. 그러다 보니 자연스럽게 초대한 친구들을 배려하는 것으로 행사가 기획되었다. 그렇게 시작 단계부터 믿지 않는 친구들을 향한 기획의도이다 보니 상당히 창의적인 아이디어가 나올 수 있었고, 일 년에 한 번 교회에 들린 친구들 역시 문학의 밤에 함께하면서 그 시간을 충분히 즐길 수 있었다. 그렇게 교회에 첫발을 들여놓은 친구들 중에는 맘에 드는 예쁜 여학생 덕분에 교회에 출석하기도 했지만, 세상에서 교회로 발걸음을 옮길 수 있었다.

문학의 밤에 참여하고자 교회를 찾은 낯선 친구들에게 윽박지르지 않았고, 우리의 주장을 무례하게 펼치지도 않았다. 하지만 문학의 밤은 수많은 십대 청소년들이 교회로 유입되는 통로였으며, 정말 탁월한 전도 방법이었다.

교회 밖의 세상을 향해 말을 건네는 대화가 부쩍 어색한 시대이다. 교회 밖의 사람들에게 교회는 여전히 '그들만의 잔치'를 벌이고 있는 것처럼 비쳐진다. 오늘 이 시대에 맞게 재해석된 〈문학의 밤〉의 재탄생을 꿈꾸며, 우리 시대의 교회를 향하여 기도한다.

주님, 시대를 읽는 탁월한 지혜의 눈, 그들의 눈높이에서 우리를 바라볼 수 있는 냉정한 눈, 그들에게 말을 거는 부드러운 언어와 마음을 열 수 있는 공감의 마음을 주옵소서.

한 발 먼저

서대문의 한 패밀리 레스토랑에서 식사를 하였다. 갓 제대한 아들과 아들 친구, 그리고 멀리 화천의 군부대까지 면회 온 아들의 선배를 초대한 자리였다. 12시 전에 들어갔지만 이미 레스토랑은 근처 사무실에서 근무하는 직장인들이 가득했다.

즐거운 담소를 나누며 식사를 하는데 손님이 워낙 많아서였을까? 주문한 메뉴 넷 중 두 개가 나올 때 이미 주문한 지 40분이 넘어가고 있었다. 대학원 강의가 1시에 있는 터라 재차, 삼차 주문을 확인하고 빨리 나오도록 부탁했다. 그러나 세 번째 메뉴가 나왔을 때엔 이미 시계가 48분을 가리키고 있었다.

아쉽지만 나와 함께 일행 한 명이 먼저 일어날 수밖에 없었다. 남은 두 사람에게 음식을 천천히 먹고 오라고 하고는 자리를 떴다. 그런데 카운터에서 카드를 내밀자, 카운터의 종업원이 음식값을 받을 수 없다며 손사래를 치는 게 아닌가? 음식이 너무 늦게 나와서 다 먹지 못한 채 일 어났으니 돈을 받을 수 없다는 것이다. 그래도 음식을 먹은 게 있는데 어 떻게 안 낼 수 있느냐고 해도 세 번이나 사양을 했다.

진기한 풍경이 연출되고 있었다. 손님은 돈을 내겠다고 하고, 주인은 돈을 안 받겠다고 하는 중이다. 계산을 하겠다는 나의 요청에도 불구하 고 극구 사양하는 바람에 네 명이 공짜 식사를 한 셈이 되었다. 사실 메 뉴 주문한 것을 채근하면서 조금 스트레스를 받았다. 속으로는 계산이 끝나면 점잖게 따지리라 마음도 먹었는데 그 마음은 어디로 가 버렸는 지!? 쏘옥 다 들어가고 기분 좋게 레스토랑 문을 나섰다.

이 레스토랑을 이용하면서 감동을 받은 적이 많았는데, 그것은 손님 이 뭔가 요구하기 전에 미리 알아차리고 묻는다는 점이다. '손님, 피클이 떨어졌는데 더 가져다 드릴까요?'라든지, 음료수가 1/3 가량 남아 있더라 도 '손님, 음료수 리필해 드리겠습니다'라며 한 발 앞서 선수를 친다. 내 가 지불할 음식 값 안에 이미 포함되어 있는 서비스임에도 불구하고 한 발 앞서 배려해 주니 손님은 감동을 받을 수밖에!

목사이기에 이런 일을 만나면 자연스럽게 교회의 모습과 비교한다. 교회는 과연 한 발 앞서 요구를 들어주는가? 섬김의 정신이 실천되는 곳 인가? 안타깝게도 썩 높은 점수를 줄 수가 없다. 목회하면서 사후약방문 을 한 적이 얼마나 많았던가? 성도들을 섬기기로 작정한 '종'이면서도 착 한 종이 되지 못한 무익한 종은 아니었는지?

사회에서는 고객만족을 넘어 고객감동을 선언하고, 이제는 고객감동도 성에 안 차는지 '고객졸도'까지 외치고 있다. 가장 먼저 교회에서 서비스 교육을 받아야 할 대상은 교회의 목회자, 그리고 교회의 평신도 리더인 장로들이 아닐까? 어느 틈에 우리 안에 슬그머니 들어와 체질화되다시피 한 권위주의, 군림하는 자세는 없는가?

높은 자리에 앉기를 좋아하고 먼저 문안받기를 좋아하는 바리새인의 체질을 벗어내고 성도들을 진심으로 섬길 때 성도들이 행복해지고, 섬기는 나 자신도 행복해질 것이다.

날아온 돌과 박힌 돌

둘째 자녀 출산을 앞둔 가정을 심방하다가 산모에게서 최근에 알았다는 육아 정보를 듣게 되었다. 동생이 태어나면서 첫째 아이가 갖는 심리적 충격을 최소화할 필요가 있다는 것이다.

엄마를 빼앗겼다고 생각하는 박탈감이 첫째 아이에겐 가장 큰 스트레스이다. 그것을 최소화할 수 있는 간단한 요령을 알면 첫째 아이의 마음에 상처를 주지 않으면서 동생을 맞아들일 수 있다. 둘째와 첫째가 가족으로서 첫 대면하는 자리에서 대부분의 엄마는 새로 태어난 아기를 품에 안고, 이렇게 말할 것이다.

"이 아기가 네 동생이란다. 네가 많이 사랑해 줘야 해."

그러나 이런 식의 첫 만남은 첫째에게 상실감을 준다. 내가 있어야 할 엄마의 품을 동생에게 빼앗겼다는 박탈감을 느끼게 되기 때문이다. 이로 인해 첫째 아이는 동생을 첫 대면하면서 적대감을 품고, 동시에 극심한 심리적 갈등을 겪는데, 심할 경우에 틱(tic)장애를 앓기도 한다.

작은 차이지만 이렇게 하면 정반대의 상황이 될 수 있다. 첫 대면을 할 때 갓 태어난 아기를 안지 말고 첫째를 품에 안고서, "얘야, 저 아가를 보거라. 네 동생이야. 네가 형(누나, 오빠)이니까 동생한테 잘 해야 해"라고 말했다면 첫째는 엄마의 사랑을 빼앗겼다는 느낌을 받지 않고 동생을 맞이할 수 있다. 그렇게 익숙해질 때까지 4~5번 동생과 대면하다 보면 첫째는 새로 태어난 동생을 가족의 일원으로서 맞을 마음의 준비를 갖추게 된다.

이런 심리학적 기법은 인간이 느끼는 사랑의 박탈감이 얼마나 충격적인가를 잘 알고 배려하는 장치이다. 새로 태어난 가족을 맞이하는, 이러한 심리학적 접근법을 들으면서 교회라는 공동체가 새가족을 맞이하는 자세에 대해서 생각한다.

소위 교회마다 '터줏대감'이 있다. 교회를 흔들림 없이 꾸준히 지켜내신 분들이다. 기복(起伏) 없이 항상 제자리를 지키는 고마운 분들이고, 교회에 대한 주인의식을 갖고 헌신하시는 분들이다. 그런데 간혹 그분들이 박탈감을 경험한다. 예전엔 그런 박탈감 자체를 '믿음 없는 행태'로 여기면서 '날아온 돌이 박힌 돌 빼내게 하자!'고 역설했다. 기존의 신자들을 탕자의 비유에 나오는 형에 비유하면서 비판하기도 했다. 탕자로 살아온 동생을 바라보는 형은 동생에게 주어진 환대에 대해 상대적으로 서운함을 느꼈고, 그 감정을 숨기지 못하고 표현한 것뿐인데 말이다.

위에 언급된, 갓 태어난 동생을 받아들이는 첫째 아이를 위한 심리적 배려를 들으면서 조금씩 생각을 바꾸기로 했다. '박힌 돌이 든든해야 날아온 돌도 박힌다'라는 생각으로 전환하는 중이다. 인간은 애정을 갈구하고, 관심을 받아야 자존감을 느끼고 살아가는 존재가 아니던가?

성경은 권면한다. "서로 돌아보아 사랑과 선행을 격려"(히 10:24)하라! 혹 주변에 애정의 박탈감으로 상처받은 사람이 있지 않은지 더욱 촉각을 세워 찾아야겠다.

한 번 더 생각

'한 번만 더 생각하라!'는 이 말은 내 자신에게 자주 주지시키는 말이다. 대가(大家) 중의 대가로 추앙 받는 레오나르도 다 빈치는 그림과 예술 분야에서 탁월한 실력을 발휘하였다. 그런데 다 빈치는 뜻밖의 일에 몰두한다. 인간의 골격, 근육 등을 깊이 연구한 것이다. 인간의 신체에 대해 더 깊이 연구하기 위해 수십 차례 직접 인체를 해부하기도 한다.

그렇게 탐구한 결과, 인간의 표정을 좌우하는 것은 바로 입가 근육의 미세한 움직임과 눈꼬리를 움직이는 근육이라는 것을 알게 되었다. 피부 속을 들여다보는 그런 노력의 결과로 탄생한 것이 바로 루브르 박물관을 찾는 사람이라면 누구나 다 그 앞에서 사진을 찍고 싶어하는 '모나리자'이다. 최근에 밝혀진 바로는 은은한 미소를 짓고 있는 모나리자의 입 부분만 작은 붓으로 30겹 이상 붓질을 했다고 한다. 이처럼 자신이 하는 일에 치열하게 집중하는 사람은 아름답다.

나는 동네 설렁탕집을 자주 이용하는데, 그곳에 갈 때마다 느끼는 것이 있다. 그 식당 주인이 뭔가를 끊임없이 고민하고 있다는 것이다. 갈 때마다 조금씩 달라져 있었다. 메뉴도, 후식도, 종업원들의 가슴에 단 이름표도 계속 업그레이드되어 있다.

장사를 하는 사람이 손님의 입장에서 한 번 더 생각한다면? 가르치는 선생님이 아이들 입장에서 한 번 더 생각한다면? 매주 반복되는 주일 예배에 대해 목회자가 한 번 더 고민한다면? 성도들이 교회 밖의 사람들의 시각으로 한 번 더 우리의 모습을 냉정하게 바라볼 수 있다면? 아마 놀라운 변화들이 우리 안에서 생겨나지 않을까?

일본과 연관이 깊은 분이 일본을 진단하면서 '만일 일본이 망한다면 두 마디 말 탓에 망하게 될 것이다'라고 말씀하셨다. 그 두 마디 말은 '할 수 없지'와 '상관없지'이다. 이 두 마디 망조(亡兆)의 말이 비단 일본만 해당되겠는가? 이 두 마디는 교회에도 경고하는 말이다.

늘 해오던 것이라고 해서 고민 없이 반복한다면 위험천만하다. 게다가 교회가 그렇고, 가장 많이 반복한다면 어떠할까? 의외로 '한 번 더 생각'하지 않는 것이 바로 예배일 것이다. 예배야말로 교회에 생명을 공급하는 원천인데, 깊은 통찰 없이 역사적, 성경적, 예전적 요소들을 가감한다는 것은 유감스러운 일이 아닐 수 없다.

예배에 있어서도 '한 손엔 성경을, 한 손엔 신문을!'이라는 말이 적용되어야 한다. 굳이 균형을 맞추자면 '신문' 쪽에 한 번 더 생각을 더할 필요가 있다. 예배의 본질적인 요소들은 항상 중심축으로 든든히 세워놓은 후에 한 가지 더 고민해야 한다. 예배자들의 연령대 분석, 예배자들의 요구에 귀 기울이기, 신자의 입장뿐 아니라 불신자의 입장에 서서 예배를 분석(analysis)하기. 여기에 예배 시간, 음악, 조명, 온도까지 세심하게 고민할 필요가 있지 않을까?

기발한 아이디어나 탁월한 상상력이 들어 있는 새로운 물건이나 소프트웨어에 감탄할 때가 있다. 내가 불편했던 것을 어찌 알았는지 해결해놓은 것들을 만날 때 행복하다는 느낌마저 든다. 엔지니어들에게 감사한다. 사용자 입장에 서서 치열하게 고민한 흔적이 느껴지기 때문이다.

"교회어, 한 번만 더 생각해 보라!"

문화를 만들어 가는 크리스천

종교예식이 생활예식으로 바뀌어 정착되었다는 것은 그 종교계로서는 엄청난 자산이다. 우리 말 중에 '십시일반', '명복', '번뇌', '동냥' 등의 말은 대부분 불교용어이기도 하다. 종교가 삶 속에 녹아들어 생활 그 자체가 되고, 문화가 되었다는 것은 그만큼 큰 영향력을 끼쳤다는 반증이기 때문이다.

그동안 교회는 사회변화의 첨단에 서 왔다. 기독교의 전래와 서양문화의 전래는 거의 동시대적으로 이루어졌기에 기독교문화와 서양문화는 자주 동일시되었다. 서양문화(기독교문화)가 수천 년 동안 이어져 온 우리나라의 관혼상제 문화까지 바꿔 낸 것은 - 긍정·부정의 평가는 차치하더라도 - 놀라운 변화가 아닐 수 없다.

관혼상제 예식 중 장례예식은 아직도 기독교예식보다는 전통예식이 강세이지만 결혼예식은 전통예식을 이젠 거의 찾아볼 수가 없을 정도로 완전히 바뀌었다. 그런데 결혼예식에 지대한 영향을 끼친 기독교식 결혼예식도 이젠 기독교 냄새가 거의 나지 않는 화려한 쇼로 전락한 지 이미 오래이다. 이 문제를 하객의 입장에서 생각해 보려고 한다.

특별한 경우를 제외하고는 거의 결혼식은 정오를 중심으로 전후에 열린다. 당연히 점심식사가 중요한 변수를 차지할 수밖에 없다. 특히 우리나라의 정서상 잔칫집에 온 손님들을 잘 대접해야 한다는 생각이 특심하기에 더더욱 신경을 쓰기 마련이다. 그런데 문제는 결혼예식에 참석하여 한 가정의 새 출발을 축복해 주어야 할 하객들이 예식장에 없고 식당에 있다는 것이다. 교회에서 예식을 올릴 경우에는 자리가 넉넉하겠지만 상업적 예식장일 경우 하객 모두 예식 자리에 앉을 공간도 없다. 그러니 예식에 참석하는 것보다 식당에 앉아 있다가 돌아가는 예식이 새로운 결혼문화로 정착되는 것 같다.

그럼에도 불구하고 성도들은 그러지 말아야 한다고 힘주어 말하고 싶다. 교인들이 결혼식에 참석할 경우 대부분 기독교예식으로 진행된다. 예배까지는 아니더라도 기독교식 예절로 드린다는 말이다. 비기독교인들과 한 자리에 앉아 예배 형태로 드리는 결혼식이야말로 그들에게 기독교인들의 경건한 모습과 수준 높은 교양미를 보여줄 절호의 찬스가 아니겠는가? 그런데 그 자리에 와 있어야 할 교인들이 식당에 앉아 있다면 집례하시는 주례 목사님 입장도 곤란할 뿐 아니라 같은 교인으로서 혼주

가정에 큰 결례를 범하는 것이다.

세상 속에서 살아갈 수밖에 없는 크리스천들! 문화를 떠나서 살 수는 없기에 세속문화에 대해 비판하거나 거부반응을 보이기 전에 좋은 문화를 만들어 가는 일에 더 관심을 가져야 한다.

문화라는 것은 한 번 만들어져서 정착되면 여간해서 고치기 어렵다. 만일 잘못된 문화를 고치려면 2배, 3배의 노력이 필요할 뿐더러 아무리 노력해도 고쳐지지 않을 수도 있다. 먼저 결혼예식을 교회에서 하는 것이 최선이고, 그렇지 못하다면 결혼식장이 예배처가 될 수 있도록 성도들이 더 각별하게 신경 써서 그리스도인의 품격이 넘치고, 예배의 향기가 있는 결혼예식이 되도록 협력해야 할 것이다.

작전을 노출하지 말라

선교는 영적 전쟁이다. 전쟁에서 승리하기 위해서는 전략 수립이 필수적이다. 전략을 세웠다면 최소한 적에게 노출되는 일이 없도록 해야 한다. 적을 알고 나를 알면 백전백승이지 않는가? 적어도 영적 전쟁터인 세상 속에서 교회는 불리하다. 우리가 세운 작전이 다 노출된 채 싸우기 때문이다.

어느 교회 앞을 지나다 보니 거대한 펼침막에 쓰인 큼지막한 글자가 있었다. '여리고 총진격 40일 작전! 여리고 성은 무너진다! 한 성도가 한 명의 불신자 초청!' 이 펼침막의 효과는 어떨까? 교회 앞을 지나치는 불신자들은 매일 이 펼침막을 보면서 40일 동안 자신들을 공격할 교회에 대한 경계심을 더욱 높일 것이다.

한 교회가 교회를 신축하면서 멋진 돌비를 세웠다. 도로 쪽에서 교회를 바라보는 면에는 '오직 예수'라는 글귀가 새겨져 있었고, 교회 쪽, 즉 성도들이 보는 방향에는 '서로 사랑'이라는 글이 새겨져 있었다.

조금만 관점을 바꿔 질문해 보자. 교회 바깥쪽에서 교회를 바라보는 사람들이 돌비에 새겨진 '오직 예수'를 보면서 어떤 생각을 가지겠는가? 모르긴 해도 '한 번 해 보자는 건가?'라는 느낌을 받을 수 있다. '발상의 전환을 가지고 생각했으면' 하는 아쉬움과 함께 이왕이면 돌비를 돌려 놓았더라면 어땠을까 하는 생각을 했다. 세상 사람들을 향해 '서로 사랑'하는 예수님의 마음을 전하고, 교회 안에서 세상을 바라보는 성도들에게는 '오직 예수'를 바라보며 믿음으로 재무장하도록 말이다. 예수님은 우리에게 '비둘기 같은 순결함'을 요구하신다. 하지만 '뱀 같은 지혜로움'도 필요하다고 하신다. 뱀처럼 지혜로운 접촉(contact)이 요구되는 시대이다.

우리가 소유하고 있는 복음은 원석(原石)이다. 원석을 다듬어 놓으면 보석(寶石)이 된다. 잘 다듬어진 보석은 원석보다 훨씬 더 높은 가치를 지닌다. 세상에서 가장 귀한 보석 중의 보석, 복음을 가공하지 않아 진부하거나 식상하게 만들어 버린다면 그것은 이 시대를 살아가는 크리스천의 직무유기이다.

"뭇 사람이 그의 교훈에 놀라니 이는 그가 가르치시는 것이 권위 있는 자와 같고 서기관들과 같지 아니함일러라."(막 1:22)

신선한 충격! 우리 예수님은 그런 분이시다. 이 시대의 교회가 배워야 할 점이다.

당신의 심장은 무엇때문에 뛰고 있는가?

현대 문명의 총아라고 불리는 자동차. 차는 용도와 기능에 따라 그 종류가 엄청나게 다양하다. 많은 인원을 태울 수 있는 버스부터 시작해서 짐을 운반하는 트럭, 여가활동에 사용하기 좋은 SUV, 레미콘차, 탑차, 견인차 등등. 그런데 아무리 그 용도가 각양각색이고 생김새가 다양해도 주유소에 들어와서는 딱 2종류의 차종으로 분류된다. 휘발유 차인가, 경유 차인가. 그리고 그 분류대로 자신에게 맞는 기름을 넣기 위해 줄을 서야만 한다.

이 구분은 왜 생긴 것일까? 맞다. 엔진 유형에 따른 구분이다. 가솔린 엔진인가, 디젤 엔진인가? 라는 차이로 나눈다. (요즘엔 LPG 차가 있지만) 결국 아무리 모양이나 기능이 달라도 자동차는 어떤 연료를 사용하는 엔진이 달렸느냐에 따라 크게 두 종류로 분류되는 것이다.

교회 안에는 여러 사역이 있다. 교사, 찬양대, 속회(구역), 선교회(전도회). 현대의 교회는 더욱 전문화되고 세분화된 수많은 사역의 현장과 사역자를 필요로 한다. 그런데 그토록 다양한 사역자들도 두 종류의 사역자로 구분된다. '자신의 영광을 위하여 일하는 사역자'와 '하나님의 영광을 위하여 일하는 사역자'이다.

이것은 내 사역에 열정을 불러일으키는 에너지의 원천이 무엇인가?

라는 질문에 대한 답이 될 것이다. 자동차의 심장인 엔진에 따라 그 차가 구분되듯이 사역자는 자신의 심장에 무엇을 담고 있는가를 스스로 확증하고 삶으로 증명해 내야 한다. 과연 그리스도를 향한 뜨거운 사랑으로 내 심장이 뛰고 있는가? 아니면 사람에게 인정받고 싶어하는 공명심이나 명예욕으로 심장이 뛰고 있는가? 라는 질문에 전인격적으로 솔직하게 답해야 한다.

교회에도 여전히 세상이 추구하는 달콤한 명예를 탐하는 자들이 있다. 그들이 땀 흘리며 열심히 하는 모든 것은 허무하다. 예수님은 땅에 떨어져 죽어 열매를 맺을 수 있는 일꾼을 찾으시는데 높이 올려져 박수와 칭찬받기만 원하는 일꾼이 과연 어떻게 열매를 맺을 수 있겠는가?

하나님의 영광을 위해 뛰는 심장은 지치지 않는다. 그러나 자신을 위해 뛰는 심장은 사역에 피로감을 느끼고 탈진해 버리기 일쑤이다. 빌립보 교인에게 쓴 편지에서 사도 바울은 고백한다.

"내가 예수 그리스도의 심장으로 너희 무리를 얼마나 사모하는지 하나님이 내 증인이시니라."

해마다 연말이 되면 교회마다 일할 사역자들을 세우는 일로 분주해진다. 주님은 어떤 사역자를 찾으실까? 예수 그리스도의 심장을 가진 자들을 찾지 않으실까?

예수님 때문에 미칠 수 있는 사람! 예수님이 기뻐하시는 일을 위해 기꺼이 나의 기쁨을 희생할 수 있는 사람! 예수님 한 분 때문에 행복해질 수 있는 사람! 사람의 칭찬보다는 영원한 하나님 나라의 상급을 바라보는 영적인 눈이 열려진 사람!

이런 사람이야말로 바로 주님이 찾으시는 사람이 아니겠는가?

크랭크축

자동차는 평균 약 2만 개의 부품으로 만들어지는데 많을 경우 3만 개 이상의 부품으로 만들어지기도 한다. 그 많은 부품 중 어느 것하나 중요하지 않은 것이 없지만 그 중 하나인 크랭크축은 없어서는 안될 아주 중요한 부품이다.

전기자동차는 예외지만 거의 모든 자동차는 내연기관 엔진이 주 동력원이다. 내연기관은 피스톤의 폭발로 인한 왕복운동을 한다. 왕복운동으로는 자동차가 달릴 수 없다. 왕복운동이 회전운동으로 변환되어야 바퀴를 굴릴 수 있게 되고, 차가 달릴 수 있다. 그렇게 왕복운동을 회전운동으로 바꿔주는 중요 부품이 크랭크축이다.

초대교회가 직면한 첫 번째 문제는 과부들을 구제하는 일 때문에 생긴 갈등이었다. 이 갈등을 해결하기 위하여 교회는 7명의 집사를 세웠고, 사도들은 기도와 말씀 보는 일에 전념하기로 하였다. 이것이 초대교회가 경험한 첫 번째 문제 해결 방식이었다. 즉, 사도들의 영적 에너지가 집사들을 통해 성도들의 삶 구석구석까지 전달되도록 한 것이다.

하나님은 사람과 함께 일하시길 기뻐하신다. 하늘의 영적 동력을 이세상으로 흘려 보낼 인재를 들어 쓰신다. 이런 축(軸) 역할을 하는 이들이 많은 교회는 부흥하는 교회가 될 것이다. 목회자의 영적 지도력이 성도들 한 사람 한 사람에게 도달하기 위해서는 몇 단계 이런 축이 필요하다.

교회가 땅을 박차고 달려 나갈 수 있으려면 먼저 교회의 대표적인 평신도 지도자인 장로들이 크랭크축이 되어야 한다. 순종은 교회 성장의 가장 큰 원동력이다. 자식은 부모의 말을 듣고 커 가는 것이 아니라 부모가 하는 행동을 보며 자란다는 말처럼 교회 성도들은 장로의 행동을 보며 자란다. 그래서 지도자 자리를 지키는 것이 힘든 것이다. 행동으로 모범을 보여야 하기 때문이다.

목회자의 성실한 목회와 장로들의 순종이 잘 연결되면 원활히 동력이 전달되면서 달려 나갈 수 있다. 장로들의 순종의 모범은 동력 축이 되어 곧바로 권사들의 헌신으로 이어지고, 권사들의 헌신은 집사들의 섬김을 불러일으킬 것이다.

지난 30년간의 목회 중 잊을 수 없는 평신도 지도자 장로들이 계시다. 비록 부족한 목회적 에너지이지만 그분들의 섬김과 협력으로 온 교회를 움직여 갈 수 있었다. 지금 한국교회가 겪는 문제는 바로 이 축을 이어 주는 연결고리가 끊기거나 버걱댄다는 것이다. 오늘의 상황을 통해 파악되는 교회 부흥의 가장 큰 걸림돌은 목회자와 평신도 지도력의 충돌이다. 협력하여 하나의 선(善)을 향해 달려가야 할 교회의 목표를 상실한 채 있어야 할 자리를 지키지 못하는 부품이 있다면 교회는 달려 나갈 수 없다.

담임목사로 섬기는 효성중앙교회는 20년 넘게 마을축제를 성황리에 치르고 있다. 매 해마다 5천여 명 주민이 참여하는 〈효성1004마을축제〉를 통해 지역사회에서 교회 위상이 높아졌을 뿐 아니라, 덩달아 목회자의 어깨도 으쓱 올라갔다. 이 거대한 행사가 치러질 수 있었던 것은 먼저 이 일을 놓고 하늘의 힘을 간구했던 기도의 힘이었고, 위로부터 온 그 힘이 구체적으로 땅에서 이루어질 수 있도록 온 시간과 열정, 재능과 물질을 드린 장로님, 성도님들의 힘이 있었기에 가능한 일이었다.

우리는 우리 스스로 동력원이 될 수 없다. 하지만 우리가 할 수 있는 일이 있다. 동력을 전달하는 크랭크축의 역할을 잘 감당하는 것이다.

"아버지께서 내게 하라고 주신 일을 내가 이루어 아버지를 이 세상에서 영화롭게 하였사오니"(요 17:4)

동시대적으로!

예수님은 산상설교 중에 "들의 백합화를 보라!"라고 하셨다. 야트막한 언덕에 둘러앉아 말씀에 귀를 기울이고 있는 농촌 출신 청중들의 '삶의 자리(Sitz im Leben)'를 고려하신 비유였다. 바울은 고린도 교인들에게 편지를 보내며 "운동장에서 다 달음질하여도 상 받는 사람은 한 사람입니다"라고 충고한다. 이 또한 고린도 교회의 성도들이 헬라문화권에 속한 도시인들임을 염두에 둔 표현이다.

이 땅에 세워진 교회는 사도들의 전통 위에 세워졌고, 또 다가올 하나님의 나라를 소망하는 종말론적 공동체이다. 하지만 우리가 알아야 할 더 중요한 교회의 정체성은 '현재'라는 같은 시간대(時間帶) 속에서 함께 숨쉬며 살아가야 하는 '동시대인(同時代人)'으로 존재해야 한다.

가령, 뜨거운 가슴과 불붙는 복음의 열정을 담아 아무리 큰소리로 설교한다고 해도 외치는 자리가 중국 천안문 광장이라면? 한국말로 중국인에게 선포하는 복음은 안타깝게도 한 생명도 살릴 수 없는 무의미한 잡음으로 들릴 것이다.

내용? 물론 중요하다. 하지만 귀하고 값진 내용일수록 '어떻게 전달할 것인가?'를 더욱 처절하게 고민해야 한다. '못 듣는다'는 말은 곧 '죽는다'는 말이기 때문이다.

우리 교회의 목적선언문 중 선교공동체에 대한 선언은 '시대에 맞는 효과적인 방법으로 이웃을 주님께로 인도한다'이다. 복음은 동시대적(contemporary)인 관점으로 재해석되어 선포되어야 한다. 'There no text without context.' 이 말은 사람들의 처해진 상황(context)에 대해 답을 주는 것이 복음(text)이라는 의미로 해석될 수 있다. 지금 나에게 의미 없는 설교, 지금 나에게 감동을 주지 못하는 예배, 지금 내 삶의 문제에 답을 주지 않는 복음은 생명력이 없다.

오늘날 교회는 안타깝게도 과거와 전통, 혹은 자기교만으로 말미암아 동시대의 사람들과 소통에 어려움을 겪고 있다. 예수님처럼 이스라엘의 잃어버린 양들이 살아가는 '삶의 자리'로 들어가야 한다. 화석화된 율법으로 인해 하나님께로 가까이 가지 못하는 이들 틈으로 예수님은 성큼 다가가셨고, 그들과 친구가 되어 어울리심으로 닫힌 생명의 물꼬를 틔워 주셨다.

하늘의 보좌에 머무르지 않고 동시대의 사람으로 함께 살아 주신 예수님. 나도 이 시대를 살아가는 현대인들에게 다가가 인간미 물씬 풍기며 함께 어우러지는 '친구'로 살아가고 싶다.

메신저가 곧 메시지

음악 듣기를 너무너무 좋아하던 시절, 고등학교를 졸업하자마자 아버지를 졸라 오디오 세트를 장만했다. 비록 청계천에서 중고 오디오를 샀지만 트랜지스터라디오만 듣던 나에게 음악적 감동을 주기에 충분했다.

그때부터 열심히 LP판을 사 모으기 시작했다. 판을 사기 위해서 점심을 굶기도 하고, 버스 타야 할 거리를 걸어 다니기도 했다. 기숙사 밥 먹을 식권 값으로 판을 사는 바람에 학기 내내 친구들에게 얹혀 밥을 얻어먹기도 했다. 그렇게 한 장 두 장 사 모은 LP판이 꽤 된다.

80년 대 초반, 그 시절은 상식이 통하지 않는 시대이다 보니 듣고 싶은 음악 가운데 금지곡이 여럿 있었다. 그런 노래를 들으려면 천상 청계천 골목을 뒤져서 '빽판'을 사야 했다. 그렇게 어렵사리 구한 LP판을 구해 정성스레 알코올로 먼지를 닦아 내고 턴테이블에 올려놓은 후 바늘을 얹었을 때 나던 그 지지직! 소리, 그 감동을 추억으로 간직하고 계신 분들도 많을 것이다.

시간이 흘러 CD 시대를 거쳐 이젠 mp3 파일로 원하는 음악을 얼마든지 찾아 듣기도 하고, 스트리밍 서비스로 언제 어디서나 듣고 싶은 음악을 들을 수 있는 시대가 되었다. 큼지막한 오디오는 휴대전화로 대체 되었다. 차 안에도 USB 포트가 달려 있어서 자그마한 USB 메모리에 담긴 수천 곡을 들을 수 있다.

그런데 최첨단 음향 장치에서 흘러나오는 노래는 여전히 '그때 그 시절'의 노래다. 나는 여전히 LP판으로 들었던 노래들을 듣고 있다. 듣는 매체가 달라졌을 뿐 여전히 내가 음악을 즐겨 들었던 시절의 노래들을 듣고 있다. 매체가 달라진다고 해서 음악이 달라지진 않는다. 사람들은 아무 거부반응 없이 LP에서 CD로, 또 CD에서 MP3 플레이어로, 그리고 휴대전화기로 매체 이동을 했다.

최근 뜻밖에 강연 요청이 몇 차례 있었다. '스마트폰 시대의 스마트한 목회'에 대한 강연 요청이었다. 많은 목회자들이 관심을 가지고 있는 것을 볼 때 매우 고무적이라고 생각한다. 한 영혼을 향한 사랑을 바탕으로 하는 목회의 본질은 변하지 말아야겠지만 방법론은 시대에 맞게, 기술의 진보에 발맞추어야 한다는 게 필자의 생각이다.

2천 년간 십자가 위에서 이루신 구원의 복음은 변치 않았다. 그리고 지금도 교회는 여전히 그 복음을 세상으로 흘러내 보내는 역할을 해야 한다. 더 효율적인 복음의 확산을 위해서는 매체에 대한 연구를 게을리 할 수 없다. 말이 통해야 하기 때문이다. 하나님께서는 베드로 보다는 말이 통하는 바울을 통해 하나님의 선교를 이루셨다.

젊은이들에게 내가 감동 있게 들었던 음악이라고 하면서 LP판을 건넨다면 그 친구는 그 LP판을 재생할 오디오 장치가 없어서 그 '감동 있는 음악'을 듣지 못할 것이다. 아마 그 LP판은 방 한구석으로 밀쳐져 있거나 책꽂이 한켠에서 영원히 잠을 잘 것이다.

기술의 진보는 결코 반기독교적이지 않다. 우리가 발전되는 매체들을 잘 이용하지 못하는 것이 더 문제다. 우리가 머뭇거리고 있을 때 어둠의 자녀들은 빛의 자녀들보다 더 지혜롭게 그것들을 사용하여 반기독교 정서를 확산시킬 것이다.

메시지가 소중한가? 그렇다면 그 메시지를 실어 나를 매체(메신저)에 대해서 더 많이 연구하고 익숙하게 사용할 수 있도록 습득해야 한다.

말이 좀 통합니까?

우리가 의사를 표현할 때 사용하는 가장 탁월한 수단은 역시 말과 문자이다. 우리는 언어나 글을 통해 내 생각을 다른 사람에게 전달할 수 있다.

바벨탑 사건 전까지 인간의 언어는 하나(창 11:1)였다. 하나된 언어의 힘은 인간이 하나님에게 도전할 수 있게 만든 가장 탄탄한 힘이었다. 하나님조차 "이 무리가 한 족속이요, 언어도 하나이므로 이같이 시작하였으니 이후로는 그 하고자 하는 일을 막을 수 없으리로다."(창 11:6)라고 격정할 정도이니 말이다. 하나된 언어, 하나된 말은 실로 막강한 힘을 발휘한다.

하나의 언어와 말로 합쳐진 힘으로 바벨탑을 건설하며 하나님께 도전했다면, 그런 인간들을 흩어 놓는 방법도 간단하다. 하나님은 힘 하나

안 들이시고 그들이 서로 말을 못 알아듣게 하는 것만으로도 간단히 바벨탑 짓는 일을 포기하게 하셨다.

"자, 우리가 내려가서 거기서 그들의 언어를 혼잡하게 하여 그들이 서로 알아듣지 못하게 하자고 하시고 여호와께서 거기서 그들을 온 지면에 흩으셨으므로 그들이 그 도시를 건설하기를 그쳤더라."(창 11:7-8) 무슨 일이 일어난 것인가? 말이 안 통하고, 대화가 단절되니 자동으로 도시 건설도 수포로 돌아가고 말았다.

'말이 통한다'는 것이 그래서 중요하다. 세상에 답답한 일이 있다면 말이 통하지 않는 것이다. 또 반대로 그나마 숨통이 트이고 살맛나는 것은 그래도 내 말을 들어주고 이해해 주는 사람이 있기 때문이 아니던가?

예수님 시대에도 말이 안 통하는 이들이 있었으니 바리새인이다. 예수님이 선한 일을 하셔도, 생명 살리는 일을 하셔도 그들은 자신만의 잣대로 판단한다. 한 자리에서 설교하실 때 그 말씀을 듣고 영혼이 살아나는 사람이 있는 반면, 그 설교를 들으면서 예수를 더욱 죽일 생각을 굳히는 이들이 있다. 왜 그럴까?

도그마(dogma)는 본래 기독교의 교리를 지칭하는 말이다. 그런데 '독단(獨斷:남과 상의하지 않고 혼자서 판단하거나 결정함)'으로 번역되기도 한다. 자신의 주장과 편견에 신앙적 확신이 더해지면 도저히 깨질 수 없는 자기 자신만의 논리가 굳어진다.

자신이 만들어 놓은 논리에 스스로 갇히게 될 때 흔히 '도그마에 갇혔다'라고 표현한다. 유대인들은 '할례받은 자만이 아브라함의 자손'이라는 도그마에 갇혔다. 초대 예루살렘 교회는 예수님의 직계 제자들이 즐비했던 교회임에도 불구하고 할례 도그마에서 갇히고 말았다. 결국 예루살렘 교회는 세계선교의 바통을 안디옥 교회와 바울에게 넘겨 주고 사도행전에서 사라지고 만다.

등산길에 고사(枯死)된 나무를 보았다. 칡넝쿨이 온통 나무를 칭칭 감싼지라 그 기운에 눌려 그만 죽어버린 것이다. 그 나무를 보면서 한국교회를 본다. 빛이 청청하게 자라야 할 한국교회! 그런데 자라지 못하게 칭칭 동여매서 숨막히게 하는 도그마의 무서움을 본다.

자신의 주장만을 고집하는 도그마에서 벗어나 하나의 언어, 진리의 말로 돌아가야 교회가 산다. 목회자와 장로가 말이 통해야 교회가 산다. 교회와 사회가 말이 통해야 둘 다 살 수 있다.

오순절 성령강림은 서로 다른 방언으로 말해도 서로가 다 알아듣는 놀라운 기적의 체험이었다. 바벨탑 이후 서로 이해되지 않았던 말들이 서로 통하게 되었다. 성령께서 하신 일이다. 성령의 역사만이 살 길이다.

"주는 영이시니 주의 영이 계신 곳에는 자유가 있느니라."(고후 3:17)

하나님의 소원, 부흥!

누가 가장 교회의 부흥을 바라실까? 담임목사도 아니고, 성도들도 아니고, 교회 부흥을 가장 바라시는 분은 하나님이시다. 그렇기에 우리 모두가 갈망하는 교회의 부흥은 하나님이 하실 것이다. 거기엔 단서 조항이 딱 하나 붙는다. 인간이 하나님의 일을 훼방하지 않는다는 것! 누가 하나님의 일을 훼방하는가? 예수 안 믿는 사람들이 하나님을 훼방할까? 아니다. 교회 안에 있는 사람들이 하나님을 가장 훼방할 가능성이 높다. 예수님 시대에도 예수님의 구속 사역에 거세게 반항했던 사람들은 그 당시 가장 종교적인 영역의 중심에 서 있던 사람들이었다. 그들은 온갖 종교 권력을 다 손에 쥐고 있었기 때문에 굳이 하나님에게 기대지 않아도 된다고 생각했다. 하나님의 일을 한다고 생각했을 뿐 하나님을 믿지 않았던 사람들이었다. 하나님을 믿지 않으니 하나님이 바라시는 방향으로의 변화는 꿈도 꿀 수 없다. 결국 변화를 일으키는 갈릴리의 예수님을 사형장으로 몰아넣고 말았다.

예수님 이후 교회의 역사는 똑같은 패턴을 반복해 왔다. 종교권력은 끊임없이 부패했었고, 시대마다 하나님께서는 사사시대와 같이 준비된 사람을 보내셔서 다시 한 번 성경에 눈을 뜨게 하셨으며, 진정한 교회의 본질을 들여다보게 하셨다.

이제 종교개혁 500주년이 지났다. 오직 믿음, 오직 성경, 오직 은혜로 교회가 새로워져야 한다고 외치며, 살육과 피비린내 나는 전쟁의 희생을 겪으면서도 생명력 넘치는 교회를 이 땅에 세워야 한다고 외친 종교개혁이 시작된 지 어언 500년이다. 가톨릭은 1,600년 동안 교회를 존속시켜 왔지만 교회의 본질에서 멀어졌었다. 그런데 그런 교회의 타락상을 도저히 볼 수 없어서 분연히 새로운 교회를 이룬 개혁교회가 500년 만에 개혁이 필요하게 되었다. 한국교회는 130년 전통을 갖고 있는데도 세계의 그 어느 국가의 교회보다 더 '개혁'이 필요한 교회가 되고 말았다.

우리는 역사를 배우면서 그동안 기독교가 어떻게 타락했는지에 대한 일정한 패턴을 잘 알고 있다. 가난한 자에게 기쁜 소식을 전하던 교회가 어느덧 부자와 권력자에게 기쁜 소식을 전하면서 종교 타락의 조짐이 보이기 시작한다.

희생과 헌신으로 섬김의 모습을 보이던 성직자들이 성장한 교회를 등에 업고 사치와 호사를 누리게 되는 현상을 보면 어느덧 종교의 타락이 심각한 정도에 이르렀다는 증세이다. 한 걸음 더 나아가서 하나님의 영광을 사제들이 가로채고 더 많은 이들을 섬겨야 하는 종교지도자의 자리가 어느덧 권력화되어 이것을 탐하는 자들이 하나님을 섬기는 것보다 자리를 탐하는 것에 더 열중한다면 심각한 자각 증세를 느껴야 할 때이다. 이 자각 증세를 느끼고 회복시키려고 노력해도 자정능력이 마비되어 스스로 도저히 회복될 수 없게 된다면 하나님도 촛대를 옮기실 것이다.

지금 한국교회는 어디까지 와 있는가? 우리는 목숨을 걸고 개혁을 부르짖으며 부패하고 타락한 가톨릭교회를 박차고 나온 개혁자들의 후예다운가? 하나님의 영광을 위하여 존재하는 교회가 의미 없이 존재하고 있다면, "이 나무에서 열매를 구하되 얻지 못하니 찍어 버리라! 어찌하여 땅만 버리게 하겠느냐?"라고 꾸지람하신 예수님의 말씀처럼 찍혀 불에 던지어질 것이다.

묵은 땅을 기경할 때이다. 두렵고 떨리는 마음으로 자신을 쳐서 복음에 복종시킬 때이다. 자각 증세의 마지막 때를 지나고 있다는 생각에 찬바람이 내 가슴속을 훑고 지나간다.

가는 곳마다 비단길

신발이 없었던 시절의 이야기이다. 중국의 황실에는 비단을 까는 특별한 임무를 수행하는 신하가 따로 있었다. 그 신하의 임무는 황제가 가는 곳마다 비단을 까는 것이다. 황제의 발에 흙이 묻거나, 발에 상처가 나지 않도록 하기 위해 신하는 매일 수백 필의 비단을 깔았다. 하루는 신하가 황제를 알현하기를 청하여 나아가 이렇게 건의를 드렸다.

"황제 폐하. 소인이 만든 물건이온데 한 번만 황제 폐하의 발에 착용해 보시기를 간청하옵니다."

황제는 신하가 만들어 온 비단 주머니를 받아 살펴보았다. 발을 집어넣고 주머니 끝에 달린 끈을 발목에 묶는 물건이었다. 발에 묶고 일어나 걸어 보니 걷는 곳이 다 비단길이 되는 게 아닌가? 황제는 그 신하의 지혜에 감탄했고, 그의 아이디어를 받아들여 비단주머니를 발에 차고 다녔다. 이제 신하는 매일 수백 필의 비단을 길바닥에 깔지 않아도 됐다. (결국 할 일이 없어져서 실업자가 되었다는 후일담.) 이래서 신발이 세상에 나오게 되었다는 믿거나 말거나 한 이야기~!!

세상이 돌짝밭이라고 불평하는가? 내 인생에는 자갈길만 펼쳐져 있다고 불평하는 사람은 이런 투정을 입에 달고 살 것이다. '왜 내 주변에는 날 공격하는 사람이 많지?', '사람들이 왜 나만 미워하는 거야?', '우리 가족들은 날 이해하지 못해', '어째서 내겐 이런 악재들이 겹칠까?' 이런 생각을 하고 있다면 한번쯤 문제를 발생시키는 원인 제공자가 혹시 자신이 아닌지 돌아볼 필요가 있다. 상황을 탓하기 전에 되짚어 보라. 의외로 문제의 원인을 내가 제공하고 있을 수 있다.

누구나 세상이 다 비단길로 바뀌길 원할 것이다. 내 주변의 사람은 모두 비단결처럼 부드러운 사람이어야 하고, 내 주변 환경은 비단처럼 내 맘에 딱 맞춰져 있어야 한다고 생각한다. 그런데 놀라운 소식이 하나 있다. 세상을 몽땅 비단으로 덮지 않더라도 온 세상을 비단길로 바꿔 버릴 수 있는 방법이 있다. 그 방법은 바로 내 발에 비단을 신는 것이다.

우리가 부르는 찬송 중에 비단신을 신고 온 세상을 비단길로 바꾼 이가 작사한 곡이 있다.

"내 영혼이 은총 입어 중한 죄 짐 벗고 보니 슬픔 많은 이 세상도 천국으로 화하도다. 할렐루야! 찬양하세. 내 모든 죄 사함 받고 주 예수와 동행하니 그 어디나 하늘나라."

예수님을 내 삶의 비단신 삼아 인생의 돌짝밭을 걷다 보니 어느덧 그 길이 천국길이요, 하늘나라 길로 바뀌는 믿음의 기적을 경험한 이가 지은 가사라고 생각된다.

교회는 하나님의 몸으로써 온전하다. 단, 은혜의 비단을 신고 볼 때 그렇다. 오늘날 교회에 일어나는 숱한 문제들은 죄를 용서받은 은혜와 감격의 비단신을 잃어버린 채 자신의 영혼을 자갈밭에 세워 두기 때문에 일어나는 문제들이다. 교회에 문제가 있는 것이 아니라 죄사함의 감동을 상실한 메마른 영혼이 문제이다. 지금도 늦지 않았다. 구원의 감격을 속히 회복하라.

날아오르고 싶은가? 균형을 먼저 잡으라

땅과 하늘, 교회와 세상, 예배와 삶, 믿음과 행동 등 열거한 것들은 균형잡힌 양 날개와 같다. 둘 사이에 균형이 잘 잡혀 있어야 목적지를 향해 똑바로 잘 날아갈 수 있다.

어느 한 쪽으로 치우친 신앙은 분명 비뚤어진 신앙이다. 성경은 이 둘 사이의 균형감각을 유지하며 한 쪽으로 치우치지 않는다. 예수님은 성경에 빼곡히 기록된 율법과 선지자의 강령을 압축하고 또 압축하여 딱 두 가지로 정리해 주셨다. '하나님 사랑'과 '이웃 사랑'이 바로 그것이다. 이 둘은 하늘과 땅의 균형이고, 신령한 믿음과 착한 행실의 균형감각인 것이다.

바울은 디모데에게 "믿음과 착한 양심을 가지라!"(딤전 1:19)라고 명하였다. 예수님도 "너희 의가 서기관과 바리새인보다 더 낫지 못하면 결코 천국에 들어가지 못하리라"(마 5:20)라고 하시며 믿음의 균형잡힌 삶을 살아갈 것을 명하셨다.

예수님께서 자신을 가리킬 때 즐겨 쓰신 호칭이 '인자(人子, the Son of Man)'이다. 예수님은 사람의 아들로 이 땅에 사람의 모양으로 태어나셨고, 자라셨고, 사람의 모양으로 십자가에서 죽으셨다.

예수님 자신이 그렇게 불리우길 원하셨던 '사람의 아들(인자)'을 자꾸만 사람들은 '신의 아들'로 바꾸려고 한다. 이 땅 위에서 살아가는 날 동안에는 우리도 당연히 예수님이 딛고 사셨던 땅에 발을 딛고 살아야 함에도 불구하고 구름 위로 붕붕 떠다니듯 신비로운 현상에만 몰두하는 잘

못된 신앙형태를 자주 본다.

하나님께서는 우리에게 감성을 주셨을 뿐 아니라 이성도 주셨다. 그리고 영성도 주셨다. 인간에게 주신 이런 감각들을 골고루 다 사용하여 하나님을 알고, 하나님을 느끼게 하셨다. 지성을 무시한 채 영성에만 치중하는 이들은 자주 이단사상에 빠진다. 허무맹랑한 음모론과 낭설에 미혹하다 보면 왜곡된 신앙 형태로 변질될 수 있다. 반대로 영성이 없는 건조한 지성으로 하나님을 알려고 하다 보면 공허하게 비어 버린 가슴을 부여안고 허무로 빠져든다.

한국사회와 한국교회가 앓고 있는 질병은 비슷한 병의 원인(病因)을 갖고 있다. 균형을 잃었다는 게 바로 그것이다. 균형감각을 잃은 서로는 반대편의 의견과 생각을 박멸해야만 자신이 살 것처럼 착각한다. 그러나 그렇지 않다. 그것은 이미 역사적으로 증명이 된 사실이다. 어느 한 쪽으로 치우친 민족주의, 한 쪽으로 치우친 신앙, 한 쪽으로 치우친 보수나 진보의 사상이 얼마나 우리를 병들게 했던가?

한국교회가 가장 부흥하던 때 한국교회는 부흥회의 뜨거운 영성이 있었고, 또 한편으로는 치열한 노동현장과 산업현장에서 노동자들과 빈민들과 함께 살아가며 삶의 개혁을 위해 헌신하던 이들이 균형을 이루고 있었다. 그렇게 한국교회는 위로부터 아래까지 온 국민을 끌어안는 넓은 품이었다.

하수(下手) 신앙은 분리하고 맞서는 것이다. 그래서 분열한다. 어우러지는 일에 서투르다. 자기 외에 다른 것들을 부정한다. 대표적인 사례가 바리새인이다. 예수님께서 가장 싫어하신 이런 모습을 요즘에도 주변에서 자주 보게 된다. 고수(高手)의 신앙은 품어주는 신앙이다. 심지어 원수까지 품어주는 가장 높은 수준의 사랑을 주님은 우리에게 요구하신다.

오늘 우리에게 잘라져 나간 한 쪽 날개는 무엇일까?

더 이상 자라지 않고 성장이 멈춰 버린 한 쪽 날개는 무엇일까?

더 멀리, 더 높이 날아갈 수 있기 위해 우리가 물어야 할 질문이다.

효성1004마을축제

Q 효성중앙교회하면 마을축제를 빼놓을 수 없겠죠? 이제 20년 넘게 이어오면서 어엿하게 지역사회의 큰 행사로 자리매김하였는데, 기억에 남는 축제가 있으신가요?

가장 기억에 남는 축제는 2007년도에 세계 기네스북에 도전한 〈1000m 김밥 만들기〉였습니다. 정말 많은 분들이 모여서 손을 모아 모아서 김밥을 완성했는데 한국기네스북 인증협회에서 와서 길이를 재니 '1004m'로 기록이 나왔습니다. 그래서 그때부터 〈효성1004마을축제〉로 축제 이름을 바꿔 부르게 됐어요. 지금 생각해도 참 놀라운 우연의 일치였다고 생각합니다.

〈효성1004마을축제〉가 지역사회에 어떻게 자리매김되기를 원하시나요?

〈효성1004마을축제〉는 이제 교회 행사가 아닌 명실공히 지역사회 전체를 아우르는 지역 대표 축제가 되었어요. 마을 주민들이 참여하여 지역에서 자체적으로 꾸려 가는 축제이기 때문에 더욱 의미가 있죠. 정부 지원에 의존하지 않고, 순수 지역자치단체의 협력과 후원금으로 운영되고 있거든요. 애향심이 가장 약한 도시가 인천이고, 그 중에도 효성동이 더욱 약하다고 들었어요. 물론 여러 가지 이유가 있겠지만, 내가 살고 있는 마을에 애착이 없다는 게 참 안타까웠죠. 교회는 마을을 떠나서는 의미가 없습니다. 마을이 있을 때 그 마을에서 자리잡은 교회도 있어야 할 의미가 있습니다.

또 하나의 생각은 교회는 마을 속으로 자연스럽게 스며들어가야 한다고 생각합니다. 그것이 예수님께서 하늘 보좌에서 내려오셔서 사람들과 같이 되신 성육신 목회가 아닐까요? 교회가 좀 더 문을 활짝 열고 세상으로 들어가 마을에 녹아들 때 복음은 더욱 빛이 드러날 것이라고 믿습니다. 그냥 즐기는 축제로 끝나는 게 아니라 예수님의 손과 발이 되어 세상을 섬기는 〈효성1004마을축제〉가 되길 기도합니다.

예배당 열린 공간으로 대관

Q 효성중앙교회는 교회 건물을 어린이집이나 체육관 등 각종 행사를 위해 자유롭게 대관해 준다고 들었습니다.

네. 가끔 토요일이 되면 교회 로비가 시끌벅적합니다. 어린이집 발표회, 피아노 연주회, 태권도 심사, 학교 축제 등 다양한 행사에 교회 장소를 대관해 주고 있지요. 그리고 매주 목요일 저녁은 한 공간을 고정해서 새벼리(효성동) 지역아동센터 오케스트라 아이들의 연습실로 사용하고 있습니다.

성남에서 처음 개척교회를 할 때에는 교회 문을 고집스럽게 잠그지 않았습니다. 교회는 언제든지 누구나 올 수 있는 곳이어야 한다는 생각 때문이었죠. 그래서 물건도 숱하게 도둑 맞기도 하고 교회에서 담배피는 분도 계셨고, 변을 보고 간 일도 있었는데… 그럴 때도 꿋꿋하게 교회 문을 잠그지 않았습니다.

지금도 그런 목회 철학은 갖고 있습니다. 아무래도 교회 건물이 커지다 보니 모든 공간을 24시간 오픈하는 것은 어렵지만 그래도 교회 공간을 사용하기 원하는 분들에게는 아낌없이 공간을 내어 드리자는 기본적인 생각엔 변함이 없습니다.

교회 문을 외부에 활짝 열어 둔다는 게 쉽지 않으셨을 텐데요?

요즘 생겨난 '카멜레존'이라는 신조어가 있죠? '카멜레온'과 'Zone'의 합성어인데, 하나의 공간을 다양한 용도로 활용하는 것을 말하죠. 교회도 그래야 한다고 생각해요. 소위 믿는 사람들만 들어오는 폐쇄적인 공간에서 벗어나 지역주민들이 편하게 오고 갈 수 있도록 문턱을 낮춰야 해요.

우리교회를 새롭게 건축할 때 각 실의 명칭에 'Hall' 이라는 명사를 붙였어요. '비전홀', '아트홀', '이리스홀', 이렇게요. '성전', '본당' 이라는 명칭을 사용하면 지역주민들에게 그만큼 낯설고, 어려울 수 있겠다는 생각이 있었죠. 건축할 때부터 교회를 지역주민들을 위한 문화 공간으로 활용해야겠다는 것을 염두에 둔 거예요.

당연히 좋아하시죵. (웃음) 그래서 정기적으로 이용하는 단체도 있습니다. 저렴한 대관료와 대관팀장님이 음향, 시설 등을 다 체크해 주시니 이만한 공간도 없죠? 토요일, 교회가 외부 행사로 활기에 넘치는 것을 보면, '참 잘 했다'라는 생각이 들어요. 우리가 그리스도인으로서 사명감을 가지고 세상에서 희생하고 헌신하는 것처럼, 교회도 건물로서만 존재하는 것이 아니라 사회적 의미의 환원이 이루어져야 하지 않을까요? 그럴 때 교회는 단순한 건물이 아닌 생명력이 넘치는 공간이 될 것입니다.

뮤지컬 예배

Q 부활절 때마다 뮤지컬, 그것도 창작 뮤지컬로 만들어진 예배로 드리고 있습니다. 뮤지컬 예배는 어떤 계기로 시작하게 되었나요?

뮤지컬 예배는 사실 구예배당 시절부터 있었어요. '문화예배', 즉 예배를 문화콘텐츠로 활용하는 것을 늘 꿈꿔왔거든요. 음악, 또는 뮤지컬은 교회와 사회 사이에서 아주 좋은 연결고리가 될 수 있어요. 이것을 사회와 소통하기 위한 콘텐츠로 활용하고 싶었죠. 뮤지컬을 관람하는 관객들은 지역사회에서 쉽게 공연을 접할 수 있고, 준비하는 교인들은 재능기부 및 달란트를 개발할 수 있으니 다방면으로 유익하지 않나요?

Q 아무래도 교회 입장에서는 지역주민들이 많이 참석하기를 바랄 것 같은데요, 반응은 어떠한가요?

뮤지컬 주제는 모두 성경적인 내용이에요. 그렇지만 딱딱하거나 지루하지 않아요. 예수님을 믿어야 한다고 강요하며 부담을 주지도 않고요. 오직 성경

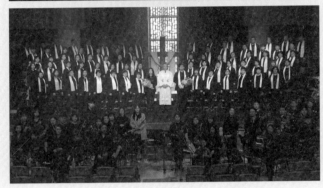

의 내용으로 퀄리티 높은 작품을 만들려고 애쓰죠. 공연에 오신 분들이 놀라요. "그냥 교회에서 하는 성극 정도겠지 뭐~"하면서 큰 기대 없이 왔다가 연기, 음악, 의상, 무대장치 등을 보고 "공짜로 보기 아까운 멋진 무대였습니다. 제대로 된 공연 하나 보고 갑니다" 하면서 칭찬하실 때 뿌듯합니다. 아무래도 우리 교회가 위치한 효성동이 문화생활하기가 여의치 않기 때문에 더 의미있다고 생각합니다. 지역에 계신 분들, 교회가 낯선 분들이 오셔서 즐겁게 즐기고, 덤으로 교회에 대해 친숙함을 느끼신다면 그걸로 대만족입니다.

2

모로 가다간

서울
못 간다

"복 있는 사람은
악인들의 꾀를 따르지 아니하며"

시편 1:1

Re_formation

모로 가다간 서울 못 간다

{ 이야기 하나 }

지금 목회하고 있는 효성중앙교회 담임으로 부임하면서 있었던 뒷이 야기를 하려고 한다.

당시 농촌 교회에서 목회하고 있는 차에 목회자 초빙 공고를 보게 되 었다. 주변 분들의 조언에 힘입어 도시목회의 비전을 품을 수 있었다. 이 력서를 비롯한 필요한 서류를 다 갖춰 마감 하루 전날에야 지원서를 발 송하였다.

초빙 결과를 기다리던 중에 전화를 받았다. 효성중앙교회에 영향을 줄 수 있는 유력한 분이 내가 지원한 사실을 알게 되셨는데, 장로님들에 게 전화해서 나를 지지하겠다는 것이다. 나를 도우시겠다는 말씀이 무척 고마웠다. 하지만 통화하고 나서 고민이 되었고, 다시 전화를 드렸다. 통 화 내용은 이러하다.

"저를 도와주신다니 먼저 감사드립니다. 그러나 가만히 생각하니 제 가 누군가의 도움을 받아 효성중앙교회에 부임한다면 하나님께서 이곳 에 저를 보내셨다는 확증을 가질 수 없을 것 같습니다. '아무것도 사람이 뭔가를 더하지 않았으면 좋겠습니다. 아무런 수를 쓰지 않고 그 교회에 부임한다면, 하나님께서 전적으로 인도하셨다고 믿고 그곳에서 최선을 다하겠습니다'라고 기도하고 있습니다. 그러니 어떤 지원도 하지 않으시 면 좋겠습니다."

지금도 나는 하나님께서 효성중앙교회에 나를 보내셨다고 믿는다.

나를 이곳에 보내신 이는 사람이 아니라 하나님이시라는 확신과 소명이 있기에 어떤 문제나 어려움도 이겨낼 수 있었다.

{ 이야기 둘 }

예배당을 건축할 당시 정말 많은 선택과 결정을 해야만 했다. 부실건축회사 퇴출 시기가 겹쳐져서 건축경기는 경색되었고, 베이징 올림픽 준비로 인해서 건축자재가 모두 중국으로 가는 바람에 건축자재 값이 2배로 뛰어서 현금을 주고도 자재를 못 살 정도였다. 엎친 데 덮친 격으로 미국발 모기지론의 여파로 은행의 대출 창구가 모두 닫혔다.

이런 악재 속에서 건축위원들의 고민은 점점 더 깊어 갔다. 시공 회사가 벌써 공사를 시작했는데 계약금도 주지 못하고 있던 터여서 당시 은행대출 가능 여부는 큰 부담이었다. 부담 정도가 아니라 대출이 안 될 경우 이미 시작한 교회건축을 포기해야 할 상황이었다.

건축위원회가 모일 때마다 다양한 해법들이 나왔고, 우회로(迂廻路)가 있다는 솔깃한 이야기가 들릴 때마다 건축위원들 모두 귀가 쫑긋할 수밖에 없었다. 옆길로 돌아가고 싶다는 생각이 우리 안에 커지고 있을 때, 나는 건축위원회에서 이런 말을 했다.

"장로님, 만일 이 일이 정상적으로 안 된다면 하나님이 허락하시지 않는 것으로 알고 깨끗이 건축을 포기합시다. 하나님이 이 일을 기뻐하지 않으시는 일이라면 우리가 편법을 쓰고, 양심에 어긋난 방법을 동원해서 일을 꾸민다고 할지라도 이 일은 결국 안 될 것입니다. 정도(正道)가 아니면 가지 않기로 정하고 기도하며 기다립시다. 이 일이 하나님의 일이라

62

면 하나님이 풀어내 주실 것입니다."

그 후에 믿기지 않을 정도로 3가지 악재(惡材)가 모두 예배당 건축의 호재(好材)로 바뀌는 놀라운 경험을 하였다. 힘든 건축의 과정을 지나면서 큰소리 하나 없이 아름답게 건축이 잘 마무리될 수 있었던 이유는 어떤 선택이나 결정을 할 때도 편법을 쓰지 않았기 때문이 아닐까 생각한다. 손해가 나더라도 공정한 결정만 했기에 건축 과정을 통해 목회자에 대한 신뢰, 서로에 대한 신뢰를 덤으로 얻었다.

{ 이야기 셋 }

성도 중 한 분이 찾아와 간청한다. 자녀가 기독교대학교에 입학하기 위해서는 세례증서가 있어야 하는데 문제는 그 자녀가 아직 세례를 받지 않은 것이다. 다음 세례받을 때 반드시 세례를 받게 할 테니 한 번만 눈 감고 세례증서를 발부해 달라는 부탁이셨다.

마음이 아팠지만 거절할 수밖에 없었다. 만일 그 자녀가 편법으로 서류를 조작해 준 교회 덕분에 대학을 가게 되었다면 잠시 교회에 고마움을 갖겠지만 그 이후로 평생 교회를 신뢰하지 않을 것이기 때문이다.

{ 이야기 넷 }

사무실을 찾아 온 성도가 연말정산서 내용을 수정해서 발부해 달라고 부탁하신다. 자식이 회사에 제출하는 것인데 세제 혜택을 받을 수 있으니 그리 해 달라는 것이다. 마음 아프지만 그렇게 할 수 없다고 했다. 사회에서는 그렇게 문서를 조작하면 사문서 위조, 공문서 위조로 엄하게 처벌을 받는데 교회가 그런 일을 저질러서야 되겠는가?

교회에서 절대 사용하지 말아야 할 속담은 '모로 가도 서울만 가면 된다'이다. 교회는 모로 가면 서울(천국) 못 간다. 수단과 방법을 가리지 않고 목적을 달성하는 것에 대한 유혹에서 벗어나야 한다. 하나님은 수단과 방법을 더 유심히 지켜보시기 때문이다.

복 있는 사람은 악인의 꾀를 따르지 않는다. 주님은 의도만으로도 죄로 보시는 무서운 분이시다. 주님 앞에 설 날을 두려워하며, '순결한 신부'가 되기 위해 오늘도 죄된 육신을 쳐서 복종시키며, 하나님 앞에 몸부림치며 살아간다. 호랑이는 굶어 죽어도 풀을 먹지 않기에, 목사로서의 자존감을 잃지 않기 위해 오늘 하루를 두려움으로 맞는다.

이상주의 vs. 현실주의

적절한 갈등은 성장과 성숙을 위한 훌륭한 자양분이다. 그 중 이상주의와 현실주의의 갈등은 인류가 겪고 있는 여러 갈등 가운데 가장 오랜 역사를 지닌 갈등이 아닐까 싶다.

이상주의자들은 현실 파악이 안 된다는 비판을 받기 마련이다. 속된 말로 분위기 파악을 못한다는 것이다. 뜬구름 잡는 듯한 그들의 고상한 이상은 현실 상황에서 맞닥뜨리는 갖가지 난제들을 넘어서기엔 역부족으로 보인다.

반면 현실주의자는 지금의 상황에 매몰된다. 그들에게서는 더 이상 꿈과 비전을 볼 수 없다. 눈앞에 닥쳐오는 순간순간의 문제들을 풀어내느라 더 먼 곳을 바라볼 여유도, 능력도 갖고 있지 못하다.

그러면 교회는 어떠해야 할까? 이 답을 찾기 위해서 우리는 역할 모범(role model)이신 예수님을 먼저 봐야 한다. 결론부터 내리자면 예수님은 지독하다 싶을 정도로 이상주의자시다. 그분이 꿈꾸시던 나라는 이 세상에 건설될 유토피아 정도가 아니었다. 그분이 꿈꾸신 나라는 '하나님 나라(The kingdom of God)'였다.

예수님은 공생애 첫 시작을 "하나님의 나라가 가까이 왔다!"라고 외치며 시작하셨다. 공생애 시작 즈음에 나사렛의 한 회당에서 이사야서의 예언을 낭독하시며 가난한 자에게 기쁜 소식을, 포로된 자들에겐 자유를, 눈먼 자에게는 다시 보게 함을, 눌린 자가 자유케 되는 이상적인 세상을 선포하셨다. 모든 이들이 높은 자리에 앉으려고 눈치작전을 펴는 것이 당연한데도 그 상황에서 예수님은 높아지고자 하는 자는 낮아져야 하고 오히려 섬겨야 할 것을 명하셨다. 그런 예수님의 이상적인 꿈은 십자가에서 잠시 좌절을 맛보았지만 그 꿈을 따르는 숱한 이들을 통해 지금도 면면히 각박한 현실 세상에 한 줄기 시원한 샘물이 되고 있다.

예수님은 오늘날도 많은 크리스천에게 왕따를 당하신다. 예수님처럼 생각하고 결정하는 것은 교회에서조차 공동체를 위기로 몰아갈지 모른다고 생각하기 때문이다. 그러나 그럼에도 불구하고 하나님이 여전히 교회에 기대를 걸고 계시다면 그 기대는 교회 안에 아직 꿈꾸는 자들, 이상주의자들이 있기 때문이라고 확신한다.

이제까지의 역사는 우리에게 묵묵히 웅변해 준다. 역사를 이끌며, 하나님이 높임을 받으시고, 사람이 사람답게 살 수 있도록 이끌어 온 힘은 결코 현실주의자들이 있었기 때문은 아니라는 것을 말이다.

지금 우리에게 필요한 사람은 현실주의자가 아니다. 물론 현실을 분석하고 파악해서 현실에 맞는 대안을 제시해 주는 사람도 필요하다. 하지만 그보다 더 필요한 사람은 '꿈꾸는 자들'이다. 꿈을 좇아 길을 떠나는 자들 말이다.

현실에만 눈을 돌린 채 하나님의 개입하심에 대한 꿈을 잊진 않았는가? 하나님이 우리에게 '하나님의 나라'를 만들어 달라고 부탁하신 그 기대감마저 우리 스스로 포기하고 살고 있진 않은가? 하나님이 바라시는 그 교회, 하나님이 꿈꾸시는 그런 세상을 포기한 채 살아가기에는 내 삶이 얼마나 아까운가? 나는 꿈꾼다. 고로 기도한다. 나는 현실에 지고 싶지 않다. 고로 나는 여전히 하나님을 바란다.

착한 교회, 착한 성도

성령의 9가지 열매 중 하나인 '양선'은 성경(한글성경)에 단 한 번 등장하는 단어이다. 하지만 영어식 표현인 'goodness'는 영어성경(NIV)에 23번 등장한다. 'goodness'는 복, 선하심, 은혜, 은총 등으로 번역되었는데, 이 단어들을 모두 아우를 수 있는 말이 '착함'이다.

성도들에게 설교 중 물었다. "구원 얻기 위하여 예수님을 믿으십니까?" 아니면, "착하게 살려고 예수를 믿으십니까?" 당연히 앞의 질문에 모두 손을 들었다. 어린 시절 목청껏 불렀던 찬양이 생각난다. '돈으로도 못 가요 하나님 나라, 맘 착해도 못 가요 하나님 나라~ ♬' 틀릴 게 하나 없는 찬양의 가사이다. 우리의 구원은 행위로 난 것이 아니다. 예수님의 먼저 주신 은총으로 말미암아 구원을 받았다. 그리고 구원의 확고한 목표를 갖고 믿음의 길을 걷고 있다.

그런데 조금은 억지를 부려서 짓궂은 질문을 하나 해 보자. '착하지 않은 구원받은 성도', 이런 단어의 조합은 가능한 걸까? 이 질문에 대한 답변은 이미 성경에 준비되어 있다. "빛의 열매는 모든 착함과 의로움과 진실함에 있느니라."(엡 5:9) 구원받은 성도가 착하지 않을 수 없다는 말이렷다.

호감 가는 종교를 조사한 통계자료(2009년 기윤실 조사 자료)를 보니 불교 31.5%, 가톨릭 29.8%에 이어 기독교는 20.6%였다. 사회복지의 52%를 감당하는 한국교회, 민간단체 대북지원사업의 40%를 감당하는 한국교회, 해외원조단체 중 36%를 감당하는 한국교회로서는 억울한 조사결과일 수밖에 없다.

나는 그 이유를 '착함'에서 찾는다. 안타깝게도 교회 밖의 사람들은 그 집사님이 얼마나 교회 예배에 성실히 참석하시는지, 그 권사님이 얼마나 교회의 사역을 훌륭히 감당해 내고 있으신지, 그 장로님이 얼마나 목사님을 잘 도와 교회에 큰 기여를 하시는지 알 재간이 없다. 교회 밖의 사람들이 유일하게 교회를 볼 수 있는 창은 교회 바깥에서 살아가는 우리네 삶이다. "착하다고 천국 가나?"라고 우리가 외치고 있을 때 그들은 "착하지 않다면 교회 갈 이유가 없다"라고 외친다. 우리는 십자가의 공로로 구원받았다고 믿고 있는데, 그들은 "내가 왜 나보다 착하지 않는 크리스 천의 전도를 받고 교회에 가야 하느냐?"고 묻는다.

성경은 아주 많이 우리에게 착할 것을 요구한다. (마 5:16)[4] 교회의 지 도자를 세울 때에는 "외인에게서도 선한 증거를 얻은 자"(딤전 3:7)[5]를 세 우라고 권면한다. 비방과 마귀의 올무에 빠질 것을 염려하기 때문이다. 바나바는 "착한 사람"(행 11:24)[6]이었고, 그로 인하여 큰 무리가 주께 더해 지는 부흥의 열쇠가 되었다. 하나님이 찾으시는 사람은 "착하고" 충성된 사람이다. (마 25:23)[7] '우리는 믿는 사람이니 당연히 착하겠지'라는 환상 에서 깨어나 더 구체적으로 착한 교회, 착한 성도의 모습을 고민해야 한 다. 그래야 우리의 착한 행실을 보고 하나님 아버지께 영광을 돌리게 될 것이다.

맏아들 이야기

복음서를 읽다 보면 지나치다 싶을 정도로 편향된 복음서 의 시각을 보게 된다. 기도하러 올라 간 두 사람 바리새인과 세리 중 주님

---

4) 이같이 너희 빛이 사람 앞에 비치게 하여 그들로 너희 착한 행실을 보고 하늘에 계신 너희 아버지께 영 광을 돌리게 하라 (마 5:16)
5) 또한 외인에게서도 선한 증거를 얻은 자라야 할지니 비방과 마귀의 올무에 빠질까 염려하라 (딤전 3:7)
6) 바나바는 착한 사람이요 성령과 믿음이 충만한 사람이라 이에 큰 무리가 주께 더하여지더라 (행 11:24)
7) 그 주인이 이르되 잘하였도다 착하고 충성된 종아 네가 적은 일에 충성하였으매 내가 많은 것을 네게 맡 기리니 네 주인의 즐거움에 참여할지어다 하고 (마 25:23)

은 세리의 손을 들어 주신다. 강도 만난 사람을 구출해 내는 영웅은 사마리아 사람이다. 비교 대상으로 물망에 오를 때마다 번번이 사람들의 기대는 깜짝쇼 같은 반전(反轉)에 무너지고 만다. 하지만 예수님께서 누차 자신을 소개하면서 "의인을 부르러 온 것이 아니요, 죄인을 부르러 왔노라"라고 말씀하신 것을 기억해 낸다면 그런 결과는 그리 놀랄 일이 아니다. 의사는 병든 자에게 쓸 데 있기 때문에(막 2:17)[8] 그분은 세리와 죄인의 친구셨고,(눅 7:34)[9] 이스라엘의 잃어버린 양에게로 가는 목자(마 10:6)[10]였다.

당시 유대인은 선민의식에 충만해 있었다. '우리끼리'라는 마약에 취해 있다 보니 하나님으로부터 버림받은 자임에도 불구하고, 영적 불감증으로 인해 심각한 병이 들었음에도 불구하고 자각증세조차 없었다. 도끼가 나무뿌리에 놓였음에도 덤덤했다. 그토록 자랑하는 아브라함의 혈통 따위는 돌들로도 얼마든지 만들 수 있는 알량한 것임을 잊은 채 자만심에 충만해 있었다.

그 모든 현상을 연기해 낼 배우가 무대에 등장했으니 소위 '탕자의 비유'에 등장하는 첫째 아들이다. 사실 이 비유는 탕자가 들으라고 하신 말씀이 아니다. 그러니 탕자들이 들으며 감동받기 전에 먼저 첫째 아들이 듣고 감동받아야 할 이야기이다.

---

8) 예수께서 들으시고 그들에게 이르시되 건강한 자에게는 의사가 쓸 데 없고 병든 자에게라야 쓸 데 있느니라 나는 의인을 부르러 온 것이 아니요 죄인을 부르러 왔노라 하시니라 (막 2:17)
9) 인자는 와서 먹고 마시매 너희 말이 보라 먹기를 탐하고 포도주를 즐기는 사람이요 세리와 죄인의 친구로다 하니 (눅 7:34)
10) 오히려 이스라엘 집의 잃어버린 양에게로 가라 (마 10:6)

복음서에서 가장 완벽한 시나리오가 나온 배경은 이렇다. 세리와 죄인들이 예수님께 가까이 오는 것을 보고 바리새인과 서기관이 수군거린다. 죄인과 함께 음식을 먹는 것에 대하여 불만을 가진 그들의 표정이 심상치 않다. 이를 눈치 챈 예수님께서 이야기로 그들의 생각을 꼬집어 준다. 그러니 당연히 이 이야기의 1차 청취자는 첫째 아들임이 확실하다.

맏아들의 극적인 등장을 위한 빛나는 조연이 있으니 차남 역을 맡은 배우이다. 그는 맏아들과 대조되는 악역을 도맡아 연기한다. 아버지에게는 버르장머리 없는 아들이요, 재산을 허비한 못된 자식이고, 그럼에도 불구하고 뻔뻔하게 집에 돌아와서 잔칫상을 받는 낯 두꺼운 아들이다.

반면, 맏아들은 얼마나 훌륭한가? 그는 잔치가 열리는 중에도 밭에 나가 일하고 있었다. 아버지의 바람을 한 번도 저버린 적이 없는 착한 아들이니 아버지의 재산을 유흥비로 다 날리고 돌아온 동생을 위해 송아지를 잡은 아버지의 처사에 대해 기가 막혀서 항의한다고 해서 뭐가 문제될 것인가? 불만을 말할 만하고, 정당하게 항의할 일에 항의하는 맏아들. 그러나 그가 모르는 것이 하나 있었으니 그것은 바로 '아버지의 마음'이었다.

현실로 이 이야기를 옮겨 다시 배역을 정해 보자. 신약성서 최고의 스토리인 이 드라마의 맏아들 역할은 누가 맡아야 할까? 필자가 배역을 맘대로 정하자니 부담이 크다. 그러니 독자들께서 연출자가 되어 최적의 배우를 캐스팅해 보라! 오늘날 교회는 이 이야기를 다시 곱씹어야 한다. 집안사람 모두가 기뻐하는 잔치가 열릴 수 있으려면 어떻게 해야 할까? 맏아들의 성질이 죽어야 한다. 맏아들의 기득권과 '나는 잘 해 왔는데'라는 유치한 자기만족적 의(義)를 내려놓아야 한다. 내 기분에 휘둘리지 말고 아버지의 마음을 헤아려야 한다.

이제 맏아들은 진지하게 자신을 향해 질문을 던져 봐야 한다.

"나는 아버지의 마음으로 세상을 보는가? 아니면 형의 마음으로 세상을 보는가?"

사람이 안 바뀌는가? 그렇다면 시스템을 바꾸라!

'시스템(법)을 바꾸면 뭐하나? 사람이 안 바뀌었는데'라는 말을 자주 한다. 정말 그럴까? 사람의 이기적인 근본성은 쉽게 바뀌지 않는다는 말에 동의한다. 조금이라도 나 하나 편하자고 하는 일들을 보면 가관이다. 특히 줄 설 때 인간성이 다 보인다. 남들보다 조금이라도 먼저 가고 싶다. 틈만 보이면 더 앞으로 가기 위해 새치기를 하고 싶고, 내 앞의 사람이 급한 전화를 받고 어디론가 가 버렸으면 하는 바람도 은근히 갖는다.

얼마 전 외국에 다녀올 일이 있었다. 출입국 관리 창구를 통과하기 위해 줄을 섰는데, 닫혀 있던 창구에 직원이 와 앉았다. 그것을 보고 뒷줄에 서 있던 사람들이 앞다투어 그 줄의 맨 앞으로 가려고 요란을 떠는 것을 보았다. 이런 성향은 인종과 나라를 막론하고 나타나는 걸 보면 '아하! 이게 사람이구나'라는 생각이 절로 든다.

질적 차이가 조금 있을 뿐 사회에서 일어나는 온갖 정치적 추태나, 교계 안팎에서 벌어지는 자리싸움이나 가만히 들여다보면 오십보백보이다. 하나님도 인정하셨다. 인간이 마음으로 생각하는 모든 계획이 항상 악할 뿐인 것(창 6:5)[11]을 아시고 규율(율법)을 정해서 직접 돌판에 새기기까지 해서 인간에게 제시하셨다. 즉, 인간이 품고 있는 근본악을 최소화하고 절제시키기 위해 법을 만드신 것이다.

예전엔 은행에서 일을 처리할 때마다 내가 선택한 창구에 줄을 섰다. 어떤 창구는 일을 빨리 처리하는데 비해 내가 서 있는 줄의 일 처리 속도가 늦으면 속에서 불이 난다. 힘깨나 쓰게 생긴 사람들은 양해 아닌 양해를 구하면서 순서를 바꿔 앞으로 나가기도 했다.

그런데 그런 인간의 본성을 정리해 주는 시스템이 나타났다. 띵동~ 하는 벨소리와 함께 내가 뽑은 번호표의 숫자가 전광판에 뜨면 창구에 다가가는 시스템이 개발되었다. 그 시스템 하나로 이기적인 인간의 본성이 조절되었다. 합리적인 해결책이 나온 것이다.

예전에 인터넷 실명제 도입을 해야 한다는 규제안이 나오자 많은 네티즌들의 반대 여론이 들끓었다. 여전히 인터넷에서는 익명성을 악용하는 이들이 존재하고 있지만, 페이스북이나 카카오스토리 등 SNS 서비스가 등장하면서 자연스럽게 모든 사람들이 실명으로 활동하게 되었다. SNS 구조상 실명으로 안 하는 것이 오히려 더 불편하고 다른 사람들에게 신뢰를 주지 못하기 때문이다. 자연스럽게 실명제가 정착되었다.

새 술은 새 부대에 넣으라고 했다. 새로운 미래를 담아내기 위해서는

---

11) 여호와께서 사람의 죄악이 세상에 가득함과 그의 마음으로 생각하는 모든 계획이 항상 악할 뿐임을 보시고 (창 6:5)

새로운 시스템의 등장이 필요하다. 오늘날 교회와 교계를 보면 시스템 (법)이 교인들의 성숙도를 따라가지 못하는 것을 볼 수 있다. 교계의 선 거시스템은 낡을 대로 낡아서 마치 끈기가 사라진 거미줄처럼 파리 하나 잡을 수 없이 무기력해 보인다. 부담금 책정의 기준인 재정보고를 냉철 하게 검증할 시스템은 있는가? 만일 허위보고가 있다면 이에 대해 강력 히 제재할 장치는 있는가?

우리 교회 재무부에 자주 각인시키는 말이 있다. '돈'에 있어서는 '나 도 나를 믿을 수 없다'는 마음으로 임해야 한다고. 담임목사도 믿지 말고, 재무부장인 장로님 자신도 믿지 말라고 말한다. 인간은 근본적으로 죄성 을 갖고 있기 때문이다. 그래서 서로를 견제하여 안전하게 재정을 관리 할 수 있는 시스템을 만들어 달라고 요청한다. 물론 담임목사도 그 시스 템에 순종하면서 자기 스스로를 견제해야 함이 마땅하다.

본 휘퍼 목사님이 말한 것처럼 미친 운전자가 사람들을 해치며 운전 할 때 그 운전자를 내버려 두지 말고 끌어내려야 한다. 한걸음 더 나아가 서 다시는 미친 운전자가 운전대를 잡지 못하는 시스템을 만들어 내야 한다.

거 참~ 부담되네

'부담없이 성장 없다'는 명제는 진리이다. 마냥 편하게 지낼 수 있다면 얼마나 좋겠냐마는 편안함과 인생을 맞바꾼다는 것은 어리석은 거래이다.

하나님은 '부담'이라는 이름으로 다가오신다. 멀쩡히 잘 살던 본토, 친척, 아비 집을 떠나서 알지 못하는 세상으로 떠나라고 하신다. 평범한 고기잡이의 삶 가운데로 오셔서 배와 그물을 버리고 나를 쫓으라고 부르신다. 거룩과 대면한 삭개오는 스스로 느낀 부담감 앞에 무릎을 꿇고 자진해서 재산의 절반을 포기하고 다른 이들에게서 빼앗은 것까지 갚아야겠다고 결단한다. 하지만 율법은 물론 영생에 대한 지극한 관심까지 있었던 부자 청년은 재산에 대한 부담감을 극복하지 못하고 근심하며 집으로 돌아간다.

운동의 원리 중 '과부하의 원리(Overload Training Principle)'가 있다. 근력을 증가시키기 위해서는 기존의 자극보다 좀 더 높은 강도의 자극을 줘야 한다는 운동의 기본 원리이다. 가령 5kg를 들 수 있는 사람이라면 5kg만 들면 안 되고, 6~7kg의 무게여야 근력이 증가된다는 원리이다.

일부러라도 나를 부담되는 자리에 세워야 한다. '벼랑 끝'에 설 때 비로소 우리는 진실된 마음으로 하나님을 만난다. 수술대 위에 누워 마취를 기다리는 자리에서 깊이 있게 주님을 만나고, 도저히 감당할 수 없을 만큼 벅찬 사역이 주어졌을 때 내 속엔 거룩한 흥분이 느껴진다. 내 힘으로 할 수 없는 일이기 때문에 더욱 하나님의 손길이 기대되는 것이다.

하나님은 '부담'이라는 통로를 통해 사랑을 표현하신다. 자녀를 사랑하는 부모는 당연히 자녀에게 부담을 준다. 자녀가 더 성장하기를 바라기 때문이다. 유아기에 뒤집기에 도전하게 하고, 기어다닐 때는 일어설 수 있도록 응원하고, 아이가 일어선 다음에는 걸음마을 뗄 수 있도록 조금 떨어져서 손을 벌리고 기다려 준다. 그럴 때 아이는 비로소 두려움을 떨쳐 내고 한 발 한 발 내디디며 걸음마를 배운다.

하나님이 교회에 요청하는 부담을 회피해서도, 억울해 해서도 안 된다. 하나님께서는 하나님을 향한 거룩한 부담감을 느끼는 교회를 쓰실 것이다. 선교를 향한 부르심, 지역사회를 섬기길 원하시는 하나님의 요청을 회피하지 않는다면 하나님은 미리 예비하신 힘도, 여건도 허락하실 것이다.

여력이 남지 않는 후회 없는 헌신. 아끼다가 녹슬어 버려지는 삶이 아니라 달리고 달리다가 닳아 없어지는 삶이 되고 싶다. 자신에게 익숙해지고 부담없이 무엇인가를 우습게 해낼 때, 그때가 나에겐 영적 사형선고일 것이다.

교회여, 부담감을 가지라. 그것이 교회를 교회답게 하리라!

파도인가, 해일인가?

바다는 늘 파도가 친다. 바다도 숨을 쉬어야 살 수 있다. 하지만 배를 띄울 수 없을 정도의 큰 파도가 밀려와도 수심 10미터 아래로 깊이 들어가면 고요하다. 아무리 큰 파도라고 해도 저 깊은 바다 속까지 산소를 공급해서 숨쉬게 하기에는 역부족이다. 그래서 바다가 살아 숨쉴 수 있으려면 해일이 필요하다.

사람에게는 태풍이나 거센 해일은 재앙이지만 자연의 입장에서 대기의 순환을 위해서는 꼭 필요한 요소이기도 하다. 그렇다! 대자연이 한 번씩 용트림을 해서 대기를 순환시키고, 해일을 통해 바다 속 깊이 산소를 공급해야 바다는 살 수 있다. 그러니 태풍이나 해일이 없다면 오히려 자연계가 더 큰 몸살을 앓게 되고, 예측할 수 없는 끔찍한 자연재해로 발전할 가능성이 더 높다.

교회도 늘 파도가 친다. 예배 때마다 은혜의 파도가 밀려와서 눈물이 나기도 하고, 은혜로운 찬양에 가슴이 울렁이기도 한다. 설교 말씀을 들으면서 자신의 삶을 되돌아보며 가슴을 치는 회개도 할 것이다. 주여! 삼창과 통성기도, 뜨거운 찬양, 열정적인 예배, 이 모든 것들은 영적 파도를 경험하게 하는 요소이다.

그런데 내 가슴엔 '이 정도 파도로는 안 되는데' 하는 위기의식이 있다. 지금 교회 안에 일렁이는 파도에 안심해서는 안 된다면서 스스로 경각심을 주지시킨다. 왜 그럴까? 바다를 살려 낼 '변화'를 위해서는 파도도 필요하겠지만 더 큰 해일이 필요하다.

목회자로서 최대의 갈증과 고민은 '왜 예수님을 믿는데, 예배를 드리는데 변화가 일어나지 않는가?'이다. 더 깊은 고민은 오래 믿어 믿음의 연한이 긴 성도일수록 더 변화가 일어나지 않는다는 데 있다.

더 깊은 심연으로부터의 해일이 필요하다. 얕은 감정만 건드리다가 마는 식의 예배는 얼마나 안타까운가? 귓가에서 달콤하게 맴돌고 고개를 끄덕이게 하지만 예배실을 빠져 나감과 동시에 사라져 버리는 말씀, 유려한 문장으로 흠잡을 데 없이 드리는 기도가 하나님께 드리는 기도가 아니라 사람들에게 연설하듯 외쳐대는 대표기도는 아닌지, 악보대로 화음과 음정을 정확하게 맞춰 부르지만 예배의 진정성이 느껴지지 않는 찬양, 애쓰고 힘겹게 번 물질을 헌금으로 바치는 손에 주님께 감사하며 인격적인 정직함이 있는지 곰곰이 생각하게 된다.

바닷가의 찰방거리는 파도에 취해 지내다 보면 어느덧 '익숙함의 덫'에 걸린다. 영혼에 산소 공급을 받지 못해 점점 숨이 막혀 가는 데도 알아차리지 못한다. 잠시 눈물 한두 방울 흘린다고 해서 모든 죄가 용서될 수 있을까? 주일 예배 한 시간 드리는 것으로 내 삶이 그리스도의 피가 묻어 있는 삶으로 바뀔 수 있는가?

찰방거리는 파도만 치는 신앙을 경계하라!

나뭇잎만 흔들다가 지나가 버리는 바람을 부끄러워하라!

내 영혼 깊은 속까지 뒤흔들어 놓는 해일을 기대하라!

성품이 바뀌고, 꿈이 바뀌고, 삶의 방식을 바꿔 내는 영적 해일을 기대하라!

평양대부흥운동은 하디 선교사가 자신의 전 존재가 뒤집어지는 영적 해일을 경험하는 데에서부터 시작되었다. 오늘날도 성령의 바람은 거세게 불고 있다. 성령의 바람을 온몸으로 맞아들이며 지금도 영적 해일을 사모하는 자에게 거룩한 변화가 임할 것이다.

간절히 기도한다.

주님, 우리 교회가 이 시대에 영적 해일을 일으키는 교회가 되게 하옵소서. 하나님의 숨결이 온 대지에 가득할 수 있도록 영적 태풍을 일으키는 교회가 되게 하옵소서.

현재 위치는?

집에서 출발하면서 내비게이션을 작동하면 내비게이션이 묻는다. "고속도로에 있습니까?" 우리 집 위치가 경인고속도로와 근접해 있기 때문에 현재 나의 위치가 고속도로 위에 있는지 아니면 집 앞 골목인지 확인하는 것이다. 머나먼 길을 떠나는 나에게 길 안내를 해줄 내비게이션이 가장 먼저 확인해야 할 것은 다름 아닌 나의 현재 위치이다. 그것부터 파악해야 정확히 안내할 수 있다.

하나님께서는 인간에게 위대한 질문을 던진다. 에덴동산에서 불순종의 죄를 저지르고 길을 잃은 인간에게 "아담아, 네가 어디 있느냐?"(창 3:9)라고 물으신다.

길을 잃은 사람에게 가장 필요한 정보는 내가 지금 어디 있는지를 아는 것이다. 큰 쇼핑몰이 가면 건물의 안내도가 있는데 반드시 표시해야 하는 것은 '나의 현재 위치'이다. 내가 지금 서 있는 위치가 어딘지 모른다면 아무리 자상한 안내도도 무의미하다.

뜻있는 분들이 교회를 걱정한다. 교회가 길을 잃은 것은 아닌가 하여 안타까운 마음으로 숱한 조언을 쏟아 낸다. 다 맞는 말이다. 그리고 새겨들어야 할 말이다. 우리가 나아가야 할 방향도 분명하지는 않더라도 모두가 암묵적으로 공감하고 동의하는 방향성이 있다.

그러나 이제 우리가 좀 더 돌아보아야 할 것이 있다. 바로 우리의 현재 상태를 좀 더 정확히 진단하는 것이다. 국가도 나아가야 할 방향을 정확히 진단하기 위해 5년마다 인구센서스 조사를 실시하고 있다. 전에는

10년마다 조사하였지만 점점 사회변동 속도가 빨라짐에 따라 5년마다 조사한다. 다가오는 2020년이 인구센서스 조사가 실시되는 해이다. 무엇인가 중요한 프로젝트를 구상할 때 반드시 필요한 것 가운데 하나가 통계자료를 작성하는 것이다. 정확한 현실파악이 선행될 때에 미래로 나아가야 할 방향도 정확히 예측해낼 것이다.

개인도 마찬가지이다. 자기 자신을 점검해야 한다. 교회 안에서 내가 있어야 할 위치에 자리잡고 그 자리를 잘 지키고 있는지를 점검해야 한다. 목회자는 목양의 자리에 있어야 빛이 난다. 장로는 교회를 섬기는 자리에 있을 때 가장 빛이 난다. 성도들도 각자가 자신의 맡은 바 교회의 자리에 위치하고 있을 때 가치가 빛난다. 가장 기본적인 포지션이 흔들릴 때부터 온갖 문제들이 생겨나기 시작한다.

운동경기도 각자의 위치에 맞게 자신에게 주어진 소임을 다할 때 팀이 승리할 수 있다. 그처럼 교회도 목회자와 장로, 목회자와 성도가 포지션을 지켜야 오늘날의 위기에서 벗어날 수 있다고 믿는다. 아무리 아름다운 머릿결을 자랑하고 가꾸었더라도 그 머리카락이 밥그릇 속에서 나오면 밥맛이 뚝 떨어진다. 자리를 이탈해 엉뚱한 곳에 들어 있는 것은 추하기 때문이다.

하나님을 하나님의 자리에 모시는 것! 우리가 있어야 할 자리에 있는 것이 바로 예배의 출발점이다. 작전에 실패한 군인은 용서할 수 있어도 경계에 실패한 군인은 용서할 수 없다는 말처럼 신앙인은 봉사에 실패할 수도 있고, 사역에 실패할 수도 있다. 하지만 예배에 실패하는 것은 용서가 안 된다. 가장 기본적인 것이고, 가장 우리의 순종을 증명할 수 있는 첫걸음이기 때문이다.

예배를 드리면서 우리는 우리의 위치를 더 잘 알게 된다. 하나님 앞에 서 있을 때 나의 현재 위치가 더 선명해진다. 기본부터 시작해 보자. 영적 내비게이션이 우리에게 질문할 것이다. '현재 예배자의 자리에 있습니까?'라는 이 질문에 '네'라고 대답할 때 우리가 나아가야 할 개혁의 지도, 갱신의 지도, 부흥의 내비게이션이 비로소 작동하기 시작할 것이다.

갑과 을의 자리

몇 해 전 예배당 건축을 하면서 '갑과 을'의 관계를 확실히 알게 되었다. 건축주로서 교회는 언제나 갑의 위치에 있었다. 갑의 위치에 있기에 여러 업체들과 계약할 때마다 언제나 유리한 위치였고, 을에게 이런저런 조건들을 까다롭게 제시해도 될 만한 자리였다.

예배당이 완공된 후, 많은 단체의 모임이 우리 교회에서 열렸다. 효성중앙교회의 예배당은 설계부터 다양한 종류의 모임을 할 수 있도록 설계하였고, 다양한 목적의 모임 장소로 쓰기에 적합하기 때문이리라. 장애인들의 활동 공간으로, 지역사회 활동가들의 모임 장소로, 각종 모임의 집회장으로, 때로는 콘서트 홀로, 인근 학교의 축제의 장으로, 마을 축제의 마당, 작품을 전시하는 갤러리로 예배당 공간이 쓰이는 것은 참 보람된 일이 아닐 수 없다. 그렇게 예배당 공간을 내어 드릴 때마다 교회의 위치는 '갑의 자리'이다.

교회 밖의 문화로 본다면, 갑의 위치에 선다는 것은 유리한 고지를 차지했다는 말이다. 상대방보다 우위(優位)에 서서 뭔가 요구할 수 있고, 내 주장을 관철시킬 수 있는 자리이다. 그런데 교회 안에서는 그러면 안 된다. 교회는 그런 자리에 설 때 조심해야 한다. 예배당 공간을 필요한 분들에게 내어 드릴 때마다 아직도 익숙해지지 않는 것이 있다면 그분들로부터 넘치는 감사를 받는 일이다.

그분들이 고개를 숙일 때, 그때가 위험한 때이다. 그래서 교회 공간을 빌려 쓰길 원하는 분들에게 더 조심하게 된다. 그분들의 마음은 쉽게 상처받을 수 있기 때문이다. 관리를 맡은 실무자들에게도 자주 주지시킨다. 더 겸손하게, 더 미리 알아서 챙겨 주고 배려하라고. 그러나 그럼에도 불구하고 사람의 마음은 간사하게도 갑의 자리에 서는 순간 자리의 힘이 주는 유혹의 미끼를 물고 만다. 교회가 갑의 자리에 서서 턱을 높이 드는 모습은 얼마나 꼴불견이며, 얼마나 추한가?

하나님은 끊임없이 목이 곧아지고 턱을 치켜드는 이스라엘을 꾸짖으셨다. 이집트에서 종살이하던 때를 기억하라 하신다. 빈손으로 이 세상에 온 존재라는 것을 상기시키신다. 거저 받았으니 거저 주라 하신다.(마 10:8)[12] 뭔가 이뤘다고 생각할 때 내 능력과 내 손으로 그것을 이루었다고 착각하는 것이 심각한 오류의 시작점이다.(신 8:17)[13] 0점일 때를 생각한다면, 빈손으로 왔던 때를 잊지 않는다면 누가 감히 갑의 자리에서 우쭐

---

12) 병든 자를 고치며 죽은 자를 살리며 나병 환자를 깨끗하게 하며 귀신을   아내되 너희가 거저 받았으니 거저 주라 (마 10:8)
13) 그러나 네가 마음에 이르기를 내 능력과 내 손의 힘으로 내가 이 재물을 얻었다 말할 것이라 (신 8:17)

댈 수 있겠는가?

　문안받는 자리, 회당의 높은 자리, 잔치의 윗자리를 좋아하는 마음은 갑의 마음이다. 주님을 슬프게 하는 자리이다. (눅 20:46)[14] 주님이 분노하시는 자리이다. 그러므로 교회는 언제나 '을의 자리'에 서도록 자기 스스로를 채찍질하며 단속해야만 한다. 바울 사도는 자신의 자유를 스스로 제한했다. 때로는 자신의 권리를 스스로 포기했다. 갑의 자리에 설 자격이 충분했지만 스스로 을의 자리를 선택했다. (고전 9:19)[15] 주장하는 자세보다 먼저 모범을 보이는 시범자로서의 삶이야말로 크리스천의 삶인 것을 성경은 말하고 있다. (벧 5:3)[16]

　우리 스스로가 냉정하게 돌아보자. 오늘날 교회가 과연 빚진 자의 마음으로, 빚을 갚는 자세로 섬기고 있는지 말이다. 섬긴다고 하면서도 갑의 마음으로 섬긴다면 그 섬김은 오히려 선교를 가로막고 교회를 욕되게 하는 것이다. '을의 자리'야말로 하나님 보시기에 교회가 영원히 서 있어야 할 자리이다.

---

14) 긴 옷을 입고 다니는 것을 원하며 시장에서 문안 받는 것과 회당의 높은 자리와 잔치의 윗자리를 좋아하는 서기관들을 삼가라 (눅 20:46)
15) 내가 모든 사람에게서 자유로우나 스스로 모든 사람에게 종이 된 것은 더 많은 사람을 얻고자 함이라. (고전 9:19)
16) 맡은 자들에게 주장하는 자세를 하지 말고 양 무리의 본이 되라 (벧전 5:3)

비교의 함정

요한복음 21장은 부활을 목격했음에도 불구하고 물고기 잡으러 가겠다며 낙향한 제자들을 조명한다. 베드로의 사랑을 재확인하시고 베드로에게 내 양을 치라는 부탁을 하신 후 예수님은 베드로에게 엄청난 명령을 내리셨다. "나를 따르라!"

사랑의 고백 후에 내려진 명령이니 부담되더라도 이젠 되물릴 수도 없다. 그 순간, 재미난 장면이 이어진다. "나를 사랑하느냐?"는 질문과 "내가 사랑하는 줄 아시잖아요!"라는 달달한 사랑의 고백을 서로 나눈 후, 예수님은 베드로에게 "늙어서는 남이 너를 묶어 네가 원하지 않는 곳으로 데려 갈 것이라"라고 말씀하셨다. 그 말을 듣는 순간 베드로의 가슴에 서늘한 바람 한줌이 지나가지 않았을까? '이건 뭐지?'하면서 잠시 생각하는데 곧 이어 예수님의 음성이 천둥처럼 귓가를 울린다. "나를 따르라!"

물고기나 잡으려던 차에 예수님으로부터 "나를 따르라!"는 어마어마한 요청을 받다니! 이 요청에 응답해야 할 순간, 베드로는 주변의 동료를 둘러본다. 그의 눈에 '예수께서 사랑하시는 제자'가 들어온다. 그 제자는 마지막 만찬석에서 주님의 품에 의지해 있던 자가 아니던가? 그 시간에 베드로의 마음은 억울함이었을까? '예수님은 나에게만 이렇게 가혹한 요청을 하시는 것은 아닐까?'라는 의문이었을까? 예수님의 사랑을 듬뿍 받고 있는 것 같아 살짝 얄밉기도 한 그 동료에게 예수님은 나한테 하신 것처럼 같은 요구를 하실 것인지 궁금했다. 베드로는 이런 질문을 예수님에게 던졌다.

"주님, 이 사람은 어찌되겠습니까?"

베드로에게 이런 대답이 돌아왔다.

"그 친구에게 내가 잘해 준다고 해도 그게 네게 무슨 상관이냐 너는 나를 따르라!"

C.S. 루이스는 비교의식이야말로 마귀가 가장 좋아하는 도구라고 했다. 비교하며 열등감에 빠지고, 비교하며 우월의식에 사로잡힌다. "나를 따르라!"는 예수님의 명령에 따르면 될 텐데 굳이 옆을 보며 비교하고 싶어진다.

목회자만큼 비교 대상에 오르내리는 사람이 또 있을까 싶다. 같은 신학교, 같은 목회, 같은 양의 설교를 하고, 서로 비슷한 목양의 짐을 지고 간다. 그런데 참 비교된다. 정보가 많이 공개되어 있기 때문일까? 아무개 목사는 이렇고, 아무개 목사는 저렇고. 그렇게 대화가 오가면서 때로는 부러움으로, 때로는 열등감으로, 때로는 무시하기도 한다.

교인들도 비교의 눈길로 주변을 살핀다. 나와 하나님과의 관계보다는 '내가 아무개보다는 낫지'라고 하든지 또는 '아무개 때문에 믿음생활 못하겠어'라며 비교의식에 무릎 꿇는다. 권사는 '장로가 안 하니깐 나도 안 해', 집사는 '권사가 안 하는데 내가 왜 해?', 성도는 '속장도 안 나오는 걸'하며 스스로 자신을 망가뜨릴 때가 있다. '아무개 때문에 난 천국 안 갈 거야'라는 식의 믿음생활은 곤란하다. 시퍼렇게 일갈하시는 예수님의 음성을 들으며 마음 한켠 찔끔했다.

"그럴지라도 네게 무슨 상관이냐? 너는 나를 따르라!"

영혼 노동자

최근 '감정 노동자'라는 용어를 자주 접한다. '감정 노동'이란 다른 사람의 감정을 위해 자신의 감정을 규제하는 행위, 즉 고객을 중시하는 직종에 근무하는 직업군에 속한 사람들에게 주로 사용하는 용어로서 개인의 감정보다 고객의 감정을 존중하는 일을 한다고 해서 '감정 노동자'라고 부른다.

오늘날 기업의 판매 경쟁을 보면 '고객'을 위한 '맞춤 서비스'에 집중하고 있는 것을 알 수 있다. '고객 감동'을 넘어 '고객 졸도'라는 우스갯소리까지 나오고 있는 실정이니 말이다. 누군가를 감동시키기 위해서는 필연적으로 나의 희생과 절제가 우선되어야 한다. 나는 음식점을 선택할 때 음식의 맛도 중시하지만 먼저 그 음식점의 서비스를 먼저 고려한다. 만일 손님을 대접해야 하는 자리라면 그 비중은 더 커질 수밖에 없다.

물건을 파는 장사꾼들도 자신의 감정을 절제하며 고객을 위하여 최대한의 배려를 하고 있다. 그런 시각으로 우리 자신을 한 번 돌아볼 필요가 있지 않을까? 교회는 마케팅이 아니다. 하지만 최소한 감정 노동 정도의 수준은 넘어설 수 있어야 한다. 상한 감정을 받아 주고, 목마른 감정의 소리를 들어 주고, 육체적으로 섬겨 주는 것 정도는 넉넉하게 감당해야 진짜 교회, 진짜 성도이다. 감정을 추스르지 못해 뿜어져 나오는 갈등과 분열은 신앙을 운운하기 전에 한 사람의 인격자로서도 자격미달이다.

교회는 감정 노동 그 이상의 것이 더 필요하다. 우리가 믿는 신앙은 '교회 나오세요. 마음이 편해지실 겁니다'라는 식의 얄팍한 차원을 넘어

선다. 마음이 편해지는 정도라면 좋은 카페에 앉아서 은은한 커피향과 함께 좋은 음악을 듣고 있기만 해도 얻을 수 있다. 교회는 그 이상의 것을 줄 수 있어야 한다. 교회는 영혼을 어루만지는 곳이기 때문이다. 교회는 영혼 노동자들이 많아야 한다. 영혼을 걱정하며 기도하는 곳이 교회이다. 한 사람 한 사람의 영적 상태를 돌보며 그들에게 맞춤형 영적 돌봄이 있어야 건강한 교회라고 부를 수 있다.

일만 스승이 있으면 뭐하겠는가? 아버지의 마음을 품은 한 성도가 일만 스승보다 낫다. 한 마리 잃은 양을 끝까지 찾으러 다니는 목자의 걸음은 육체의 노동 이상의 것이다. 아흔아홉 마리의 양을 남겨 둔 채 잃어버린 한 마리를 찾아 나서는 목자의 마음을 생각해 보라. 그것은 이미 낙오된 한 마리의 양에 대한 분노를 넘어서는 마음이다. 한 마리의 양을 찾은 기쁨을 함께 나누고자 이웃과 친구를 초청할 정도가 되면 이미 감정 노동, 그 이상의 단계라고 할 수 있다. 잃어버린 한 마리의 양, 즉 길을 잃고 헤매는 영혼에 대한 진정한 사랑이 있기 때문이다.

하나님을 위하여 육체 노동조차 하고 있지 않다면 이제 무언가 시작해야 한다. 그리고 만일 하나님의 일을 하기로 마음먹었다면 최소한 감정 노동 차원 정도는 유지하자. 교회 일을 하면서 맘 상하거나, 서로의 감정 다툼으로 교회에 심려를 끼치는 일 정도는 넘어 서자. 판매 점원이나 음식점 서빙하는 분들보다야 나아야 하지 않겠는가?

여기에서 한 단계 더 욕심을 부리고 싶다. 바로 '영혼 노동' 차원으로 승화시켜 나가는 것이다. 그리스도인이라면 험한 광야를 헤매고 있는 한 마리의 어린 양, 그 영혼을 품고 기도하며 주님께로 인도하기 위해 애를

써야 하지 않을까? 주님이 우리를 사람을 낚는 어부, 즉 '영혼 노동자'로 부르셨다는 것을 기억하며 말이다.

강제 휴식 명령

목회자들은 쉰다는 것에 부담을 갖는다. 목회자이셨던 아버지는 쉬지 않으셨다. 아버지께서 은퇴하실 때 성도들에게 보낸 목회서신을 최근 다시 읽어 보았는데 목양의 삶 속에서 월요일도 휴일로 보낸 적이 없으셨다는 고백도 읽을 수 있었다. 맞는 말이다. 우리 가족은 아버지랑 살갑게 놀아 본 적이 거의 없었다. 그 당시 목회자에게 여가는 죄책감마저 드는 것이었으리라.

얼마 전 부끄러운 뉴스를 접한 적이 있다. 알 만한 유명 교회의 부목사가 은밀한 사진을 몰래 촬영하다가 경찰에 적발된 것이다. 필자가 운영하는 온라인 목회자 그룹에 그 사건을 주제로 토론이 벌어지기도 했는데, 대형교회의 시스템이 주는 과도한 스트레스와 부담감을 건강하게 풀지 못하고 왜곡된 방향으로 해소되었으리라고 조심스레 몇몇 목회자들이 진단했다.

현대인들은 누구나 엄청난 스트레스와 과도한 양의 일에 시달리고 있다. 이제는 목회자도, 성도도 '쉼'에 대해 다시 생각할 때가 되지 않았나 생각된다. 어쩌면 휴식은 예방주사와도 같다. 예방주사는 병에 걸리지 않으면 괜히 맞았나 싶기도 하지만 예방주사를 맞지 않고 덜컥 병에 걸렸을 때에는 예방주사 안 맞은 것이 뼈아픈 후회를 남길 것이다.

서울에서 목회하시는 선배님에게 부탁드릴 일이 있어서 문자를 드렸더니 '현재 안식년 중'이라는 답변을 보내오셨다. 두 말 않고 '넉넉하게 쉼을 가지시라'는 답 문자를 드렸다. 안식년을 실행하신 목사님의 용기보다 목사님에게 안식년을 배려한 그 교회의 장로님들과 성도들이 더 대단해 보였다. 목회자의 쉼은 목회자의 결단과 성도들의 배려가 잘 어우러져야 할 수 있기 때문이다.

예전에 이름만 대면 알 만한 목사님과 같이 일을 할 기회가 있었다. 신학교 행사 때문에 자주 연락을 주고받아야 할 일이 있었는데 문자도, 전화도 안 되는 것이었다. 그러기를 며칠, 드디어 그 목사님에게 전화가 왔다. 사연인즉, 그 교회의 장로님들이 목사님에게 강제 휴가를 권했다는 것이다. 각종 외부집회와 집필, 밀려드는 많은 횟수의 설교 등 어쩔 수 없이 밀려오는 대로 해내야만 하는 일들로부터 목회자를 보호하기 위한 그 교회 성도들의 특별한 배려였다. 배려해 주신 성도들의 고마운 마음에 대해 빚진 마음으로 목사님 자신도 휴대폰을 켜지 않고 온전히 재충전의 시간을 가지고 계시는 중이라고 말씀하셨다. 그 당시에는 잘 이해가 안 되었고, 그런 배려를 할 줄 아는 교회가 흔치 않기 때문에 낯설게 느껴졌던 경험이다.

하나님은 우리에게 '강제 휴식 명령'을 내리셨다. 아마 우리 인간의 속성을 누구보다 잘 아는 하나님이시기에 그런 안식 명령을 내린 것이리라. 정신없이 앞을 보고 가다 보면 '조금만 더!, 조금만 더!'라며 브레이크 없는 욕망에 사로잡혀 버린다. 그런 질주를 인간 스스로 절제할 수 없다는 것을 하나님은 잘 알고 계셨다. 그리고 안식이 없는 인간이 얼마나 황폐해지고 내면이 메마르게 될 것을 아셨다. 그래서 '강제 휴식 명령'은 값진 하나님의 선물이다.

나는 쉰다는 것 자체에 죄책감을 갖고 있다. 새벽에 나가 열심히 일하고 밤늦게야 집에 돌아와 쓰러지듯 잠자리에 드는 생활을 현재도 반복하고 있다. 보람도 있고, 성취감도 느낀다. 하지만 점점 더 영적으로는 고갈되고 있는 중이라는 것을 나 스스로 감지할 수 있다. 아직 대안은 없다. 내가 감당해야 할 몫이기 때문이다. 그럼에도 불구하고 뭔가 대책을 세워야 한다는 마음을 갖게 된 것이 많이 발전된 내 생각이다.

목회자 자신도 건강한 휴식 방법을 찾아야 한다. 목회 외에 집중할 것 하나 정도는 갖고 있어야 자신만의 동굴 속에서 재충전할 수 있다. 성도들에 둘러싸여 있는 중에도 가족, 좋은 친구와의 관계를 놓치지 말아야 할 것이다. 그래야 안전하다. 또한 교회의 평신도 지도자들도 더 멀리 내다보면서 자신들의 영적 지도자가 가져야 할 휴식에 대해서도 각별한 관심을 가지고 배려할 수 있어야 한다. 목회자의 정신 건강이 무너지면 교회 전체가 무너질 수 있다는 생각으로 먼저 안식을 권면할 필요도 있지 않을까?

함께할 줄 알아야 일꾼이다

예수님께서 공생애를 시작하시면서 가장 우선적으로 하신

일은 자신과 함께 할 사람을 찾는 것이다. 성경은 제자를 세운 이유를 이렇게 말한다.

"이에 열둘을 세우셨으니 이는 자기와 함께 있게 하시고"(막 3:14)

12명의 제자들을 선발하시고 최선을 다해 그들을 세우셨다. 제자들은 가르치고 지키라는 예수님의 분부를 충실히 수행하였다. 하나님은 뭔가 큰일을 꾸미실 때 반드시 '한 사람'을 찾으시고 그와 함께 멋진 일을 만들어 가신다. 성경에는 하나님과 함께 동행했던 이들의 이야기로 가득 채워져 있다.

교회에서 일꾼을 세울 때 고민하게 만드는 사람이 있다. 개인의 능력과 자질은 훌륭하여 혼자서 할 때엔 맡은 일을 탁월하게 잘해 내는데 다른 사람과 함께 일하는 데 서툰 사람이다.

교회는 원톱(one top) 시스템이 아니다. 단독 드리블을 잘 하는 한 사람만으로 움직이는 곳이 아니다. 다 함께 나아가지 않는다면 무슨 의미가 있겠는가? 목회가 달리 힘들겠는가? 뒤처진 이들까지 함께 붙들고 가야 하는 것이기에 힘들다. 불평하는 사람, 심지어 반대하는 사람마저 품고 함께 가야 하기 때문에 어려운 것이 목회이다.

넘어진 사람을 세워주는 이, 뒤처진 이를 북돋아주는 이, 관망만 하던 이를 주인공이 되도록 밀어주는 성도에게 목회자는 가장 큰 고마움을 느낀다. 그 일이야말로 가장 소중한 목양적 사역이기 때문이다.

세상 일은 목표 성취와 업적 달성이 최고의 가치이다. 하지만 교회는 그렇지 않다. 일이 안 되더라도 사람은 놓치지 말아야 한다. 교회 일은 사람을 놓치는 순간 실패한 것이다.

연합하는 것은 멋진 일이고, 더 큰 위력을 발휘한다. 우리는 하나되게 하신 것을 힘써 지켜야(엡 4:3) 할 의무가 있다. 멋진 정일품송이라도 한 그루만으로는 숲을 만들 수 없다. 저자 신영복은 그의 책 『더불어 숲』에서 이렇게 말했다.

'나무가 나무에게 말했습니다. 우리 더불어 숲이 되어 지키자.'

그렇다. '더불어'의 철학은 정말 멋지다. 우리는 성경에서 다니엘의 멋진 행적을 본다. 우리가 눈여겨 볼 것은 다니엘이 다니엘이 될 수 있었던 것은 친구들이 함께 있었기 때문이다. 환관장에게 왕의 음식을 거절하는 테스트에 자원한 이들의 수는 4명이었다. 느부갓네살 왕의 꿈을 풀어내는 일에도 다니엘은 3친구와 함께(단 2:17) 이 문제를 풀어 나간다. 함께! 더불어! 그 길을 가는 것은 하나하나의 힘을 훨씬 뛰어넘는 놀라운 능력을 발휘한다.

마지막 날의 특징 가운데 하나는 '사람들이 자기를 사랑'(딤후 3:2)하는 것이다. 이기주의, 개인주의가 마지막 날의 특징이다. 이럴 때일수록 교회는 더 옆 사람을 봐야 한다. 예수님의 계명은 '서로'라는 말로 가득 차 있다. '서로'가 이루어지려면 어떻게 해야 하는가? '홀로'로는 불가능하다.

서로 다른 소리를 조율해 주는 일꾼, 갈등을 화목으로 변환시켜 주는 일꾼, 언저리의 사람들을 중심부로 이끌어 내는 일꾼, 뒤처진 이들을 기다려주며 함께 갈 줄 아는 일꾼이 많았으면 좋겠다.

믿는 사람이 다 함께 있어

자성(磁性)을 지닌 금속은 서로를 끌어당기는 힘이 있다. 성령의 감동을 지닌 사람들도 마찬가지로 '더불어, 서로, 함께'라는 자성으로 서로를 끌어안는다.

우리가 본받아야 할 교회의 모델인 초대교회의 모습을 사도행전은 이렇게 보여준다.

"믿는 사람이 다 함께 있어, …날마다 마음을 같이하여 성전에 모이기를 힘쓰고…"(행 2:44, 46)

성령강림 이후 믿음의 자성을 지닌 사람들은 함께 모이기 시작했다. 그냥 모인 것이 아니라 힘써서 모였다. 모여서 함께 있다는 것만으로 의미를 삼은 것이 아니라 모든 물건을 서로 통용했다. 재산을 공유하는 유무상통의 공동체를 이뤘다. 이것이 교회이다.

교회는 하나님만 바라보면서 나만 잘 믿으면 되는 아닌가?라는 말이 성립될 수 없다. 또 성립되어서도 안 된다. 이런저런 형태로 교회에서 관계의 상처를 받은 분들이 있다. 자연히 다른 사람과 엮이는 것을 두려워하게 되고, 또 다시 상처받을 것이 두렵기 때문에 친밀한 관계로 들어가는 것을 거부하게 된다. 어찌 보면 참 편한 믿음생활이다. 상처받지 않으려면 상처받을 만한 상황 자체를 만들지 말아야 하니 말이다.

하지만 교회는 그럴 수 없다. '사랑하라! 한 번도 상처받지 않은 것처럼'이라는 시구(詩句)처럼 상처 따위로 인해 교회의 본질인 '함께', '서로'라는 소중한 가치를 버려서는 안 된다.

초대교회만큼 모이기 어려운 상황이 또 어디 있겠는가? 당시 그들은 모이는 것만으로도 권력층의 따가운 눈초리를 받아야 했다. 그들은 예수의 이름으로 모인다는 이유 하나만으로 사울과 같은 검사들의 포획 목표가 되었다. 그들이 모이는 곳, 각 집은 위험하기 짝이 없는 장소였고, 사울은 각 집에 들어가 남녀를 끌어다가 옥에 넘겼다(행 8:3). 모이는 그들을 바라보는 주변의 눈빛은 먹잇감을 노리는 맹수의 눈처럼 위협과 살기가 등등했다(행 9:1).

그럼에도 불구하고 초기 기독교인들은 그들 속에 내재된 성령의 감동으로 말미암아 모이는 일을 포기할 수 없었다. 그들은 흩어졌지만 흩어지게 해도 또 모였다. 불이익을 당해도 또 모였다. 그렇게 모인 그 모임이 서서히 '교회'로 자랐다.

최근 십수 년간 교회는 '모이는 교회'에서 '흩어지는 교회'로 나아가기 위해 노력했다. 세상에 대한 책무(責務)를 다해야 하는 교회의 사명에 대해 고민했다. 더 낮은 곳으로, 더 넓게 세상으로 나아가 교회가 세속 속에서 존재해야 할 이유에 대해 응답하기 위해 애써 왔다.

하지만 그런 와중에도 절대로 놓치지 말고 꾸준히 지켜야 할 기본이 있다. 그것은 '모이는 교회'가 되는 것이다. 오늘 우리가 안고 있는 숙제, 즉 사회 속에서 역할을 감당해야 하는 한국교회에 대한 고민은 양면성을 지닌다. 아이러니하게도 그것은 한국교회의 성장에 바탕을 두고 있다는 것은 부인할 수 없는 사실이다.

성장 정체, 혹은 성장 하락의 시대로 접어드는 오늘, 우리는 '모이는 교회'라는 기본을 다시 생각해 볼 때이다. 내가 섬기는 교회도 재적 성도수와 출석 성도수의 격차가 점점 더 벌어지고 있는 추세이다. 영혼을 책임져야 할 목자로서 큰 고민이다.

'날(日) 연보'를 드리며 주일성수를 목숨처럼 지켰던 믿음의 선배들을 떠올려 본다. '주일은 주님과 함께' 보내는 이 땅의 크리스천들이 더 많아지기를 기대한다.

목회는 기술이 아니다?

'목회는 기술이 아니다'라는 명제에 대해서 100% 찬성하는 바이다. 하지만 기술을 무시하는 목회에 대해서는 반대하는 입장이다. 가령, 정말 영적으로 잘 준비된 설교를 선포하는 시간에 마이크를 사용하는 기술이 없어서 청중들이 그 설교 내용을 들을 수 없다면?

마이크 사용법은 분명히 비본질적인 것임엔 틀림없지만, 때로는 비본질적인 것을 무시하다 보면 본질적인 것마저 지켜내지 못하는 경우도 있음을 주지해야 한다. 스트라디바리우스 같은 비싼 명품 악기는 비닐 케이스에 담아 놓지 않는다. 안에 담긴 내용물이 너무도 소중하기 때문에 악기케이스도 그에 걸맞게 튼튼하고도 안전한 것을 사용하는 것이 마땅하다.

한때 인기를 끌었던 〈나는 가수다〉라는 쇼 프로그램이 있었다. 그 프로그램이 감동적일 수밖에 없는 이유 중에는 가수의 '진정성' 위에 하나 더 얹혀진 '기술력'이 있을 것이다. 세션들의 연주 실력, 관객들의 뜨거운 반응, 치밀하게 계산된 연출력이 만들어 내는 경연이라는 설정이 긴박감을 더해 준다. '실력이냐? 기술이냐?'를 따질 수 없이, 어느 것 하나 소홀할수 없는 팽팽한 긴장감이 존재하는 그 시간 속에서 사람들은 감동한다.

예배는 하나님의 영광을 담아내는 거룩한 그릇이다. 그렇기에 더욱기술적인 준비가 필요하다. 예배 순서, 예배당의 환경. 그렇게 잘 준비된이들이 정성으로 드리는 예배는 하나님께는 향기로운 냄새요, 예배에 참석한 이들에게는 치유와 회복의 시간이다.

혹자는 '예배가 쇼냐?'라는 단순한 질문으로 예배를 향한 수다한 기술적 노력들을 무시하기도 한다. 구약성서의 제사는 어떤 면에서는 정말'쇼'이다. 동물의 비명소리, 제단에 뿌려지는 피, 게다가 제사장이 입은옷에는 형형색색의 보석이 반짝이고, 옷술에 달린 방울은 청각을 자극한다. 이 모든 '쇼'는 하나님을 향하여 드려지는 인간이 할 수 있는 최고의몸짓이다. 때문에 더 철저하게 준비되어야 하고 제사 중 어느 한 대목도허술하게 진행할 수 없다.

가령, 진심과 열정 그리고 성실성으로 장부를 기록하고, 정직하게 정리하기 위해 하나하나의 데이터를 하루 종일 책상에 앉아서 꼼꼼히 적어나가는 사람이 있다고 하자. 반면에 표 계산 SW를 활용해 1시간 만에 그일을 정확하게 끝내고 여유 있게 다른 일을 하는 사람이 있다면 하나님은 둘 중에 누구를 칭찬하실까? 1시간 안에 끝낼 수 있는 기술이 있음에도 불구하고 그 기술을 배울 생각도 하지 않고, 도입하기도 귀찮아서 '구관이 명관'이라는 생각으로 옛것을 고집하는 것을 하나님은 과연 기뻐하실까? 오히려 기능적인 일을 빨리 끝내고 좀 더 본질적인 것에 시간을 할 애한다면 하나님은 그 일을 더 기뻐하시지 않을까?

기술, 방법론, 기능, 도구 등 이런 것은 목회 현장에서 상대적으로 천대받던 것들이다. 그러나 교회를 사랑하고, 양떼에 좀 더 마음을 쏟는 목회자라면 그런 것들을 좀 더 잘 다루기 위해 노력해야 한다고 믿는다. 목회는 기술이 아니다. 그러나 잘 다듬어진 기술이 목회를 도울 때 목회는 더욱 빛이 난다.

살리는 말, 죽이는 말

『세상을 밝히는 이야기(Sower's Seeds of Virtue)』에 나오는 이야기이다. 남아프리카 부족 중 하나인 바벰바 부족 안에서는 좀처럼 반사회적이거나, 반인륜적인 범죄가 일어나지 않는다. 가난하지만 자연과 벗 삼아 원시적으로 살아가는 바벰바 부족이 전통적으로 행해 오는 이색적인 공개재판 때문이다.

그 공개재판은 이렇게 진행된다. 부족 안에 범죄 사건이 발생하면 먼저 죄인을 광장 한복판에 세운다. 그리고 마을 주민 모두를 불러 모은다. 모두 한자리에 모이면 마을의 최고 연장자로부터 시작해서 어린아이까지 차례로 한마디씩 범죄자에게 하는데, 특이한 것은 그들이 범죄자에게 해 주는 말이다. 그 말은 죄인의 잘못에 대한 비난과 질책이 아니다. 엉뚱하게도 그가 과거에 행했던 좋은 일에 대한 이야기만 한다.

"이 사람은 지난번에 우리 가족에게 식량을 나누어 주었어요."

"저번에는 실력을 발휘해 큰 사냥을 성공으로 이끌었어요."

"지난번 마을에 일손이 필요했을 때 적극적으로 나섰답니다."

이렇게 그 범인의 긍정적이고 발전적인 속성 및 능력, 헤아릴 수도 없이 많았던 친절한 행동들이 이웃 사람들에 의해 낱낱이 발표된다. 단! 그 순간 거짓 증언이나 과장된 표현, 혹은 농담은 절대 금기사항이다.

이 특이한 재판은 밤낮 며칠을 계속해서 진행된다. 모든 이웃들이 그 범인이 저지른 현재의 잘못 대신에 그의 과거에서 더듬어 찾아낼 수 있는 모든 선행들이 더 이상 나오지 않을 때까지 계속한다. 그렇게 끝없는 칭찬을 듣는 죄인은 어느 순간 진심으로 자신의 잘못을 반성하고 참회한다. 그러면 마을 사람들 모두가 그 죄인이 새사람이 되라는 격려와 축복을 담아 한바탕 축제를 벌이고 죄인은 다시 부족의 품으로 환영받으며 돌아오게 되는 것이다.

실제로 이 놀라운 칭찬 릴레이는 죄짓고 위축되어 다른 사람들에게 마음을 열지 못하는 사람의 마음을 회복시켜 주고, 나를 향한 가족과 이웃의 사랑에 보답하는 생활을 해야겠다는 눈물겨운 결심을 하게 만든다.

이 이야기는 우리에게 가장 기독교적인 방법으로 문제를 풀어내는 지혜를 가르쳐 준다. 성경은, "너희를 박해하는 자를 축복하라 축복하고 저주하지 말라"(롬 12:14)라고 한다. 또, "네 원수가 주리거든 먹이고 목마르거든 마시게 하라. 그리함으로 네가 숯불을 그 머리에 쌓아놓으리라"(롬 12:20)라고 하셨다. 숯불을 머리에 쌓아 놓는다는 뜻은 얼굴이 벌겋게 달아오른다는 뜻이다. 즉, 부끄럽게 만든다는 말이다.

주변에 날카로운 비판, 예리한 분석, 철저한 반성을 촉구하는 말들이 난무한다. 그러다 보니 상대적으로 격려하는 말, 칭찬하는 말, 부추겨 주는 착한 말들이 점차 사라져가는 안타까운 모습을 본다. 말은 살리기도 하고, 죽이기도 한다. 이왕이면 말로 살리는 일을 하는 게 좋지 않겠는가?

담임목사와 부담임목사의 관계

{ 이야기 하나, 존중 }

한 기독교언론기관에서 담임목사와 부담임목사와의 불편한(?) 관계에 대해 집중 보도한 적이 있다. 많은 부분 공감하면서도 마음 한켠에는 알 수 없는 답답함이 마음을 누른다. '목회하러 왔다가 소모품 되어 간다'라는 기사의 제목만으로도 오늘의 목회 현장에서 부담임목사가 어떻게 자리매김하고 있는지를 보여준다. 목회자들 사이에서 자주 회자(膾炙)되는 농담이 있다. 부목(副牧)을 副木, 浮木, 腐木 등으로 패러디하며 쓴 웃음을 짓는다. 그리 희망적인 상황에서 나온 농담이 아니기에 뒷맛이 개운하지 않다. 이제 그런 농담이 사라질 수 있는 교회 문화를 만들어 가야 할 때이다.

담임목사와 부담임목사의 새로운 관계 설정은 한국교회가 건강한 교회 구조를 만들어 내기 위해서는 꼭 풀어내야 할 과제라고 확신한다. 새로운 패러다임이 절실하다. 담임목사는 부담임목사가 목사로서 세워질 수 있도록 더 배려하고, 인정해야 한다고 생각한다. 생각해 보라. 같은 목사로서 존중해 주지 않고 하대(下待)한다면 그 부메랑은 누구에게로 돌아오겠는가? 결국은 자신에게로 돌아온다.

부담임목사 시절, 담임목사님과 교우들을 모시고 강원도 봉평에 있는 농촌교회를 지원하기 위해 가게 되었다. 기사 집사님이 계셨지만 그날은 내가 운전을 맡았다. 담임목사님께서는 그날따라 늘 앉던 승합차 운전석 뒷자리에 앉지 않으시고 굳이 조수석에 앉겠다고 하신다. 다들 극구 말리고, 나도 뒷자리에 편하게 앉아 가시라고 권했다. 그런데도 고집을 꺾지 않으시고 옆자리에 앉으신 후에야 출발하게 되었다. 차가 출발하자마자 담임목사님께서 나만 들리도록 나지막히 말하셨다.

"정 목사, 내가 뒷자리에 앉으면 정 목사가 기사가 되는 거야."

나는 부목사로 3년간 담임목사님을 모시면서 마음으로부터 존경심을 담아 추호도 부끄러움 없이 정말 최선을 다해 사역했다. 없는 일도 만들어서 했고, 함께 섬겼던 부담임목사님과도 밤을 새워 가며 교회를 걱정했고, 부담임목사로서 우리가 해야 할 일에 대해 고민했다. 담임목사님의 의중을 읽고 먼저 나서서 방패막이도 되어 드리고, 궂은 일은 일부러 맡아 하려고 애썼다. 그때 모셨던 담임목사님은 지금도 만날 때마다 그 시절이 목회 중 가장 행복했던 때였노라고 말씀하신다. 그 말을 들을 때마다 내 마음도 뿌듯하다.

나를 존중해 주는 사람, 나에게 선한 기대감을 갖는 사람, 나를 진심으로 사랑해 주고 아껴 주는 사람이 가장 무섭다. 그 사람을 위해서는 정말 죽을힘을 다해 최선을 다해야 하기 때문이다.

가장 강력한 감시(監視)는 '사랑'이다. 사랑한다면 눈에 보이지 않는 곳에서도 성실할 것이다. 사랑한다면 아무도 보지 않아도 최선을 다한다. 보고서 몇 장으로 눈에 보이지 않는 시간까지 통제할 수 없다. 억압과 통제로는 절대 그 사람이 발휘할 수 있는 능력의 최대치를 끄집어낼 수 없다.

"그리스도의 사랑이 우리를 강권하시는도다."(고후 5:14)

바울은 옥에 갇혀도, 풍랑을 만나도, 사람들에게 온갖 지탄을 받아도 쉬지 않고 충성심을 갖고 달려갔다. 그 힘이 대체 어디에서 나왔을까? 사랑이 그를 강권했기 때문이다. 함께 동역하는 부담임목사님들이 사랑받고, 존중받는 교회의 문화를 기대한다.

{ 이야기 둘, 기대 }

담임목사와 부담임목사 관계를 단면적으로 보여주는 이야기가 하나 있다.

부담임 목사에게 이런 질문이 던져진다. '당신이 생각하기에 담임목사님의 뜻과 하나님의 뜻이 상충될 때 어느 편을 들겠습니까?'라는 질문에, '나는 담임목사님의 뜻을 따르겠습니다'라고 대답해야 정답이란다. 듣기에 따라서는 교회가 일관성 있는 목회철학을 세우고 나아가는 데 교회를 섬기는 이들이 마음을 하나로 합쳐야 한다는 뜻으로 해석하고 싶다.

'불순종'과 '건의'의 차이에 대해 혼동한다면 부담임목사가 건의하는 것이 불순종으로 오해될 수 있다. 부담임목사 입장에서 담임목사에게 올리는 건의가 불순종, 혹은 하극상(下剋上)으로 받아들여진다면 아예 입을 닫아 버릴 것이다.

만일 부담임목사가 담임목사가 시키는 일만 기계적으로 수행해 내는 '단순 순종적'인 사람이라면 그 교회는 큰 손해를 보게 될 것이다. 신학대학, 대학원까지 졸업하고 각 교단이 정한 코스를 밟아 목사된 이들은 최소 6년 이상, 또는 10년 정도 목회자로서의 훈련을 받은 이들이다. 그리고 대부분의 경우 담임목사와 비교할 때 20년에서 30년 이상 다른 세대를 살아온 이들이다. 그런 목회자에게 '단순노동(?)'만 시킨다면 고급 인력을 제대로 활용하지 못하는 것이다. 그러면 교회가 손해이다. 시키는 일만 하는 사람이라면 신학 교육, 또는 목회자가 되기 위한 그 어려운 과정을 밟을 필요가 있겠는가? 담임목사가 미처 생각지 못한 아이디어를 적극적으로 받아들일 때 부담임목사의 역량을 제대로 흡수할 수 있다.

한편으로는 다른 세대의 생각과 건의에 귀를 기울이면서 자칫 화석화(化石化)되기 쉬운 교회에 생기를 불어넣을 수 있다. '내 생각이 다 옳은데'라고 생각할 때가 퍼뜩 정신 차리고 다른 이들의 말에 귀를 기울여야 할 때이다.

노희경 작가가 이런 글을 썼다.

"생각이 늙는 걸 경계하라. 몸은 늙어도 마음은 늙지 않는다. 그러나 생각은 늙을 수 있다. 지금 내가 하는 모든 생각이 편견인 것을 직시하고 늘 남의 말에 귀 기울일 것! 자기 생각이 옳다고 하는 순간 늙고 있음을 알아챌 것!"

부담임목사의 건의와 의견이 목회에 반영이 되면 될수록 부담임목사는 섬기는 교회에 더 많은 애정을 갖게 될 것이고, 더 책임감 넘치게 일하며, 한 가지 일을 하더라도 의미를 담아 더욱 열정을 다하는 목회 동역자로 세워질 것이다.

한국교회가 풀어내야 할 큰 숙제 중에 하나가 바로 담임목사와 부담임목사와의 올바른 관계 설정이다. 나 자신도 아직 완전하지는 못하지만 위와 같은 생각을 순간순간 잊지 않고 실천하려고 애쓰는 중이다. 때로는 후배를 바라볼 때 성에 안 차고, 아직은 경험의 미숙으로 어설프게 보일 때도 있지만 마음속으로 이렇게 생각하곤 한다.

'나도 그 시절엔 선배들이 보기에 얼마나 어설픈 사람이었던가?'

더 자랄 것이고, 더 완전해질 것이다. 그리고 또 더 깊어질 것이다. 한 인간에 대한 '기대'가 멈출 때 그것은 어떤 의미에서 '살인'이다. 기대할 때 더 자랄 것이고, 기대한 만큼 자라리라 믿는다. 이 글을 읽는 담임목사님들이 부담임목사님들을 기대하며 응원해 줄 때 우리의 다음 세대는 더 멋진 세상이 되리라 확신한다.

{ 이야기 셋, 자리 매김 }

부담임목사라는 사역의 자리는 담임목사가 되기 위해 잠깐 걸치는 징검다리로 여겨질 수 있다. 현실적으로는 그렇게 되는 것이 가장 부러워하는 성장의 모습일 수 있다. 하지만 점점 더 목회지 부족 현상은 신학교가 정원을 감축하지 않는 한 가속될 것이 분명하다. 현재의 상황 속에서 부담임목사라는 자리를 어떻게 매김해야 할지 방향을 잡을 때이다. 이 문제는 해결해야 할 다른 문제에 비해 비중이 적을는지 모른다. 하지만 목회자의 문제가 곧 교회의 문제이다. 한 교회의 문제가 전체 교회의 사활을 결정할 수 있는 변수가 될 수 있다고 본다면 시급히 해결해야 할 한국교회의 중요 과제임이 분명하다.

위의 두 글을 통해 담임목사와 부담임목사가 어떻게 상존(相存)할런지에 대한 생각을 나눴다면 마지막으로 부담임목사들에게 몇 마디 조언을 하고 싶다.

나 또한 9년간의 부담임목사 시절을 지내면서 여러 생각을 했다. 또 주변 목회자들과 만나면서 부담임목사라는 자리에 대한 여러 생각들을 접하였다. 그러면서 얻은 결론이다.

1. 자신이 목사인 것을 절대 잊지 말라 : 가장 어리석은 일은 자기 스스로 자존감(自尊感)을 깎아 내리는 것이다. 자기 스스로 품격을 지키지 않는다면 다른 사람은 더더욱 그 사람의 품격을 지켜주지 않는다.

2. 전문가가 되어라 : 부담임목사의 역할은 전체 교회의 사역 중 일부일 수 있다. 때론 교육 파트, 행정 파트, 교구 파트를 맡고 있다. 그렇다면 지금 맡고 있는 파트에 대해서 전문가가 되려고 노력해야 한다. 지금의 시대는 융합(hybrid)의 시대이다. 지금의 경험은 후에 엄청난 자산이 될 것이다.

3. 전문적인 지식으로 담임목사에게 조언하라 : 뻔한 조언은 결례가 되겠지만 충분히 알아보고 숙성된 생각과 정보를 담임목사에게 조언해 주는 부담임목사가 있다면 나는 그분을 마음으로부터 존경하고 싶다.

4. 새로운 일에 도전하고 모험하라 : 이 일은 담임목사의 전적인 동의가 필요한 것이지만 부담임목사의 입장에서도 적극적으로 시도해 봐야 한다. 부담임목사 시절에는 책임은 덜 지고 사역의 현장에서 뭔가 과감하게 시도해 볼 수 있는 절호의 기회이다. 담임목회자는 부담임목사들의

도전에 길을 열어 주고 그 도전이 교회에 새로운 바람을 불어 넣을 수 있도록 지지해 주어야 한다.

5. 설교할 기회는 자청해서라도 하라 : 설교할 수 있는 기회는 부담임목사 시절 취할 수 있는 가장 큰 재산이다.

6. 준비하고 있으라 : 단독으로 목회할 임지에 대한 기대를 갖지 않은 부담임목사는 아마 한 분도 없으리라. 하지만 그 기대만큼 자신을 준비시키고 있는가?

7. 자신감을 가지라 : 겸손은 훌륭한 품성임에 틀림없지만 자신감마저 무너뜨려서는 안 된다. 혹여나 부담임목사이기 때문에 엄벙덤벙하는 것이 용납될 것이라는 생각은 갖지 말아야 한다. 신학교, 대학원, 목회 경험 등 그 정도면 누구나 '목회의 달인'이다.

8. 타산지석으로 삼으라 : 담임목사의 목회를 배우기도 하고, 또 비평적 시각으로 바라보면서 자신만의 목회철학을 하나씩 세워 가라.

9. 교회를 사랑하라 : 너무나 기본적인 말이다. 하지만 너무 중요하고, 또 자주 잊는다.

10. 담임목사가 추천하고픈 목사, 기억하고픈 목사가 되라 : 후배들은 자리가 없다고 불평하고, 교회는 모실 목사님이 없다고 불평한다. 어디에 추천해도 부끄러울 것이 없는 목회자, 담임목사가 은퇴할 때 자신의 목회의 뒤를 이었으면 좋겠다는 바램을 가질 수 있게 하는 부담임목사를 많이 만나고 싶다.

메모리얼 교회

Q 효성중앙교회를 둘러보면, 곳곳에 '기념'할 만한 장소들이 있는 것을 보는데요. 어떤 이유로 하신 것인가요?

우리 교회를 둘러보시면 3층 복도 벽면을 장식한 타일 벽이 있습니다. 이 예배당을 짓기 시작한 2010년 기공예배 때에 참석한 분들 모두 타일에 가족의 이름과 소망을 적었습니다. 그런 후 예배당이 완공 되었을 때 그 타일을 3층 벽면에 붙여 기념한 것입니다.

예배당을 건축할 때 다니셨던 성도들은 아마 강단을 예사롭지 않게 보실 거예요. 강대상 바닥인 마루를 덮기 전에 그 위에 성도님 모두가 기도제목과 이름을 쓴 후 덮었거든요. 그래서 이 강단 위에 설 때마다 그 기도제목이 기억나실 것입니다.

지금 비전홀 강단 위에 놓여진 큰 성경책은 입당을 기념하며 전교인이 성경 필사를 해서 남긴 성경이고, 아트홀 강단에는 창립 60주년을 기념하여 전교인이 성경을 필사한 성경이 놓여 있습니다. 물론 그 성경에는 페이지마다 필사하신 분의 이름이 적혀 있습니다.

2층 비전홀 입구에는 예배당 건축에 헌신하신 분들의 이름을 동판에 새겨 놓았습니다. 또 매년마다 실시하는 특별 기도회인 〈카타콤기도회〉 개근자의 이름을 동판에 새겨 1층 로비에 전시하여서 늘 오가며 볼 수 있게 하고 있습니다.

Q 사실 교회에서는 오직 예수님의 이름만 소중히 여기고 사람의 이름은 드러내지 말아야 한다는 문화가 있지 않습니까? 그런데도 그렇게 이름을 남기는 이유가 있으신가요?

성경은 수많은 이들의 이름이 기록된 책입니다. 하나님의 말씀과 행적이 기록되어 있기도 하지만 믿음을 따라 살았던 사람들의 행적이 기록되어 있지요. 저는 우리교회가 역사를 기억하고, 교회를 세우시느라 헌신했던 수많은 헌신들을 잊지 않기를 바라고 있습니다.

우리의 기억은 영원하지 않지요. 어떤 것은 희미해지거나 또 잊혀질 것입니다. 그래서 인류는 '기록'합니다. 또 '기념'합니다. 무엇인가를 '기념'한다는 것은 결국 '이름을 기억'하는 것이라 생각해요. 그래야 지금! 여기에서 교회를 섬기는 이들도 꿈을 갖게 됩니다. 하나님 나라 건설에 내 소중한 이름을 남긴다는 꿈을 말이죠. 하나님께서도 우리의 이름을 불러 주신다고 했습니다. 하나님의 나라에서 상 받을 때 내 이름이 불려진다고 상상해 보세요. 얼마나 멋진 일입니까?

저는 기대합니다. 교회 곳곳에 새겨진 이름들이 날마다 늘어나기를, 그리고 그 이름들이 생명책에서 빛나기를 간절히 소망합니다.

엘림교회 분립

Q 오늘날 소위 '비전교회'라고 부르는 개척교회, 혹은 미자립교회의 문제가 한국교회에 던져진 큰 숙제라고 생각됩니다. 2년 전에 '분립 개척'을 하신 걸로 아는데 그 이유와 과정은 어땠나요?

재작년은 우리 교회가 효성동에 처음 교회로 세워진 지 60주년이 되는 해였습니다. 오래 전부터 저의 꿈 가운데 하나가 '교회를 낳는 교회가 되고 싶다'였습니다. 여전히 넉넉한 환경은 아니었지만 좋은 조건이 생기면 뭔가 하겠다는 생각은 대부분 실행되지 못한 채 그저 꿈으로 끝나 버리더군요. 그래서 우리 교회도 여건이 잘 갖춰진 상황은 아니었지만 하나님의 도우심을 믿고 실행에 옮기기로 했습니다.

저와 함께 동역하셨던 한광수 목사님을 중심으로 하여 6가정을 엘림교회로 파송했습니다. 저도 그랬지만 파송받는 분들도 선(線)을 넘는 도전이 필요한 일이었죠. 보내는 교회도, 보냄 받는 성도들도 결코 쉽지 않은 결정이었지만 우리 스스로가 그어 놓은 선을 넘는 일을 통해 더 놀라운 하나님의 역사하심을 보게 될 것이라고 기대하고 나아갔습니다. 그리고 그 기대가 귀한 열매로 맺혀지는 것을 보게 되어서 너무 감사하고 있습니다. 한광수 목사님께서 이런 글을 보내 주셨어요.

저는 9년 동안 정연수 목사님과 함께 효성중앙교회에서 동역하다가 2년 전에 분립개척하여 엘림교회를 담임하고 있는 한광수 목사입니다. 함께 길을 나서 주신 성도들 모두 열정적이고 헌신적이었습니다. 지난 2년 동안 우리는 좋은 교회 공동체를 만들기 위해 서로 부대끼며 애써왔고, 지금은 주일에 약 30명 정도의 성도들이 함께 모여 예배를 드립니다. 여기까지 오는 데에는 우리 성도님들의 눈물겨운 헌신과 기도가 있었습니다. 우리를 위해 뒤에서 기도하는 분들이 많다는 것은 언제나 힘과 위안이 됩니다. 그렇기에 그 때나 지금이나 행복하게, 건강하게, 또 꾸준하게 성장하고 있는 게 아닐까 생각합니다. 교회 크기에 관계없이 분립개척이라는 결코 쉽지 않은 결단을 내려주신 정연수 목사님과 효성중앙교회 성도님들의 깊은 사랑과 섬김에 다시 한 번 감사의 마음을 전합니다.

앞으로 기회가 생긴다면, 아니, 기회를 만들어야겠죠? (웃음) 계속해서 '교회를 낳는 교회'의 감격과 기쁨을 또 누려 보고 싶습니다.

3

수건을

벗어
던지라

"그러나 언제든지 주께로 돌아가면
그 수건이 벗겨지리라"

고린도후서 3:16

Re_formation

수건을 벗어 던지라

교회를 관찰하던 목회자 바울은 고린도교회에서 없어져야 할 것이 무엇인지를 깨달았다.

"그러나 그들의 마음이 완고하여 오늘까지도 구약을 읽을 때에 그 수건이 벗겨지지 아니하고 있으니 그 수건은 그리스도 안에서 없어질 것이라."(고후 3:14)

아직 벗겨지지 않은 수건은 무엇인가? 시내산에서 계명을 받고 내려온 모세의 얼굴에 광채가 나자 수건으로 얼굴을 가린 데에서(출 34:35) 유래한 전통이다. 첫 시작은 당연한 이유에서 시작되었다. 하지만 세월이 흘러갈수록 이 일은 전통과 습관이 되었다. 사도 바울이 살던 시대에는 얼굴에 광채가 나지 않는데도 불구하고 여전히 그 수건을 쓰고 구약을 읽었다. 바울은 이 전통의 '허구성'을 꿰뚫어 봤다. 이미 시효가 만료되어 용도 폐기되어야 마땅한 전통이 교회의 발목을 붙잡고 있는 것을 본 것이다.

현재 섬기는 효성중앙교회에 부임하자마자 새롭게 적응해야 할 일이 많았다. 그 중 하나가 새벽기도회 때 지켜야 할 규칙이었는데, 반주자가 오늘 연주하고 있는 찬송을 반드시 그날 기도회 찬송으로 불러야 한다는 것이었다.

처음에 교회가 줄곧 해 오던 일이기에 별 고민 없이 해 나가다가 '왜 설교하는 목회자가 그날에 맞는 찬송을 선택할 수 없는 건가?'라는 의문을 갖게 되었다. 알아본 결과, 이런 전통은 아주 오래 전 새벽기도회 반주하던 분 때문에 시작되었다는 것을 알았다.

그 당시 피아노 실력이 조금 부족했던 새벽기도회 반주자는 다음날 새벽에 부를 찬송 한 곡을 열심히 연습해 와서 또 피아노를 치고 있으면, 목사님은 반주자를 배려해서 연습하던 그 곡을 선정했던 것이다.

그런데 제가 부임할 무렵에는 새벽기도회 반주자의 피아노 실력이 뛰어나서 아주 능숙하게 연주할 줄 아는 반주자였다. 어떤 찬송을 선정해도 척척 칠 수 있는 반주자였으나 예전의 규칙에 묶여 있었던 것이다. 그 규칙이 시작된 이유를 알게 된 후 그때부터 그 규칙을 없애기로 결정하였다. 그 규칙은 당연히 존재할 이유가 없는 시효만료 규칙이었다.

교회에 아직 벗겨지지 않은 수건이 있진 않은가? 그 수건을 찾아내 벗겨야 한다. 바울은 그 수건이 벗겨지지 않는 이유를 말해 준다. "마음이 완고"하기 때문이다. 당연히 "그리스도 안에서" 없어져야 할 수건인데 쉽사리 벗어 던지지를 않고 있다. 그렇다면 어떻게 수건을 벗겨낼 수 있는가? 바울은 방법도 제시한다.

"그러나 언제든지 주께로 돌아가면 그 수건이 벗겨지리라"(고후 3:16)

그렇다! 교회는 주께로 돌아가야 한다.

뻔한 교회는 앞날이 뻔하다

뻔한 것에 기대하지 않는다. 식상한 것에는 관심도 갖지 않는다. 세상은 감동을 원한다. 사도행전을 읽다 보면 자주 접하게 되는 단어가 '소동'이다. 교회는 세상에 등장하자마자 긍정적 의미로서의 소동을 일으켰다. 교회는 세상 사람들에게 뻔한 모습으로 나타난 것이 아니라 세상이 깜짝 놀랄 만한 뒤집혀진(Upside down) 모습이었기 때문이었다.

한국 땅에 선교사가 발을 내딛은 지 130년. 처음 이 땅에 도착한 '바로 그 복음'은 한국사회를 놀라게 하기에 충분했다. 가까운 강화의 선교 역사를 보다가 감동적인 교회, 뻔하지 않은 교회의 모습을 보게 되었다.

강화에 두 번째로 세워진 교회인 홍의감리교회는 선교사의 도움 없이 자립으로 교회를 세우고 학교를 세웠다. 홍의교회 교인들은 스스로 자신들이 죄인임을 고백하고 모두 흰 옷을 입던 시절, 검은 물을 들여 검은 옷을 입기 시작했다. 또한 양반 상놈의 신분을 초월해 하나님 안에서 평등함을 깨달은 후 빚 문서를 불태워 빚을 탕감해 주기도 했다.

더 나아가서 그 당시 한국사회로서는 깜짝 놀랄 만한 일을 해냈는데 성(姓)은 조상에게 물려받은 것이니 바꿀 수 없고 이름을 바꾼 것이다. '한 날 한 시에 믿었으니 같은 형제요, 우리는 믿음의 첫 열매'라는 뜻으로 한 일(一)자를 끝 돌림자로 모두가 정했다고 한다. 가운데 자는 성경이나 기독교 신앙에 있어 좋은 의미를 지닌 글자를 쪽지에 적어 함에 넣은 다음 각자 제비뽑기를 통해 결정했다는데, 가령 '능(能)'자가 뽑히면 '능일'이 되고, '신(信)'자를 뽑으면 '신일'이 되는 식이었다. 홍의마을의 훈장이자 첫 교인 박능일(朴能一)도 그런 식으로 바꾼 이름이다.

강화의 안디옥 교회라고 불리울 만한 홍의교회는 복음의 불모지이던 강화 구석구석이 세상 끝인 것처럼 여기며 말씀 전하기에 앞장서며 목숨을 귀히 여기지 않았다. 그렇게 홍의교회는 기독교를 토착화하고, 성경

말씀을 삶으로 체화한 한국기독교 역사에 길이 남을 훌륭한 교회였다. 오늘날 강화에 세워진 교회는 '뻔하지 않은 교회', '뻔하지 않은 선배'가 우리에게 물려준 소중한 유산이다.

사람들은 신실한 교인들의 모습을 보면서, 때로는 파격적인 삶으로 그들을 깜짝깜짝 놀라게 만드는 교회에 호감을 갖게 되었고, 교인들을 경외의 눈으로 보게 만든 것이다. 그런 경험들은 당연히 그들을 교회로 발걸음을 옮기게 했다.

어린 시절, 아버님이 목회하시던 만안교회 주일학교엔 매 주일 울면서 교회에 나오던 친구가 있었다. 그 친구의 아버지는 동네 박수무당이었다. 그 친구는 어린 나이였으나 자신이 교회에 나가지 말아야 할 처지인 것을 알고 있었던 듯싶다. 그런데 박수무당 아버지는 그 친구를 매 주일 때려서라도 교회로 보냈다. 그러니 매 주일 울면서 교회에 억지로 나온 것이다. 그 아버지가 그 친구를 교회에 보내는 이유는, '나는 이렇게 살더라도 너는 교회 가서 사람답게 살아야 한다'는 것이었다.

그렇게 교회는 사람답게 살기 위한 시작이었고, 당시 '교회 속장에겐 차용증서 없이도 돈을 꾸어 준다'는 말이 있을 정도로 교인들은 '정직'과 '신의'의 기준이었다. 또한 여성을 존중해 주고, 신분 여하를 막론하고 서로를 균등하게 대접해 주는 곳이었으니 그 당시 사람들이 보기에 결코 교회는 '뻔한 곳'이 아니었던 것이다.

오늘의 우리 모습 속에 혹시 뻔한 모습이 보이지 않나 생각해야 한다. 교회 안에 여전히 존재하는 서열문화는 너무 뻔한 모습이다. 사람 사는 곳에서는 어디에서나 볼 수 있는 갈등과 다툼들이 여전히 교회에서도 보게 되는 것은 교회 밖의 사람들이 교회 안으로 도저히 들어올 수 없게 만드는 걸림돌이다. 교회 안에 분쟁이 있는 것은 뻔한 일이다. 그렇지만 그 해결하는 방식은 뻔하지 않아야 한다.

그리스도의 사랑으로 먼저 용서하고, 먼저 나보다 남을 낮게 여기는 것으로 해결되는 모습은 결코 뻔한 모습이 아니다. 신선하고도 그리스도인다운 모습이기에 오히려 그런 갈등이 더 전도의 문을 열게 된다. 사람들은 좋은 얘기를 듣는 것이 아니라 좋은 사람의 얘기를 듣는다. 오늘날 교회의 부흥과 전도는 '뻔하지 않은 스토리'가 교회를 통해 흘러오는 것에 달려 있다고 해도 과언이 아니다. 뻔한 목사, 뻔한 장로, 뻔한 교인이 되지 말고 세상을 뒤집을 수 있고, 소동을 줄 수 있는 아름다운 이야기를 기대해 본다.

궁금한 교회

한때 '예배를 보다'와 '예배를 드리다'의 차이를 논쟁한 적이 있다. 믿음 좋은 크리스천이라면 예배를 하나님께 '드리는 것'이 마땅하기에 예배를 '본다'는 표현은 교회에서 사라져야 한다는 지적이었다.

그 지적에 담긴 의미는, 예배를 '드리는' 사람은 신앙의 목적이 분명하고, 예수 그리스도를 구주로 온전히 고백하는 성도이지만 예배를 '보러' 오는 사람은 아직 구원에 대한 확신 없이 예배 자리에 건성건성 와 있거나 그저 교회가 궁금해서 온 사람일 것이라는 판단이다.

하지만 생각해 보라! 한국교회가 큰 폭으로 성장을 거듭할 때, 교회엔 늘 예배 보러 오는 이들로 북적였다. 여름성경학교가 시작되면 동네 꼬맹이들은 모두 교회로 몰려왔다. 그렇게 예배를 '보러' 왔던 친구들이 지금 한국교회를 든든히 떠받치는 기둥이 되어 있음은 부인할 수 없다.

교회에 예배 보러 오는 사람이 많았으면 좋겠다. 예배를 드리는 사람만 있는 교회는 미래가 없다. 바리새인은 전통과 예전에 묶여서 자신이 제외된 대중을 정죄하고 그들의 실수만 들추어내는 데 급급했다. '나는 너희와 달라!'라고 외친 그들에 반해 예수님은 '나는 너희와 같아!'라고 하시며 다가가셨다. 죄인의 집에 들어가셨고, 그들과 거리낌 없이 밥을 드시면서 어울리셨다. 예수님 주위에는 늘 '예수님 보러' 온 사람들이 북적였다. 예수님을 보기 원했던 삭개오는 결국 예수님을 주님이라고 고백하고 회심하였다. 예수님은 세리와 죄인의 친구(눅 7:34)가 되어 주신 것이다.

예수님의 목회를 원점부터 다시 배워야 한다. 병든 자에게 더 쓸모 있는(마 9:12) 복음인가? 아니면 건강한 자만 누리는 복음인가? 수고하고 무거운 짐진 자(마 11:28)들이 있는 곳인가? 그 짐을 다 벗어 버린 사람들끼리 모이는 곳인가?

교회는 뻔한 곳이 되어서는 안 된다. 교회는 기웃거리는 사람들이 많아야 한다. 교회를 궁금해 하는 이들이 많아야 희망이 있다. 오늘도 교회를 향해 질문을 던진다.

"우리(교회)는 충분히 교회 밖의 사람들에게 궁금한 존재인가?"

두려움을 줄 수 있는 교회인가?

우리는 교회의 원형(原型)을 사도행전 2:43~47에서 찾아볼 수 있다. 물론 그때의 교회 모습을 지금의 교회에 그대로 적용시키는 것은 말도 안 된다. 하지만 원형교회에서 우리는 지금의 교회를 만들어 낸 유전자를 충분히 발견할 수 있다. 원형교회를 묘사한 성경의 첫 구절은 이렇게 시작된다.

"사람마다 두려워하는데…."

당시의 상황은 기독교인들이 수적으로 아주 적은 때였다. 사회적 지위는 약자일 수밖에 없었다. 그들이 추종하던 예수님은 십자가 처형을 당했고, 제자들은 공회에 끌려가서 예수에 대해 전하지 말라는 경고를 듣는다. 그런데 사람들은 교회를 두려워했다. 약체(弱體)인 교회를 왜 그토록 두려워했을까?

회중을 대표해 기도하는 분들이 이런 기도를 드릴 때가 많다.

"이 나라의 위정자들이 하나님을 두려워하게 하옵시고…."

정치인과 경제인들이 하나님을 두려워하기 전에 먼저 하나님을 두려워해야 할 사람들은 기독교인이다. 기독교인조차 하나님을 두려워하지 않는다면 힘을 가진 정치인이, 돈을 가진 경제인이 하나님을 두려워할 까닭이 없지 않은가?

영국의 무신론자들이 버스에 광고까지 내면서 외친 구호가 있다.

'신은 없을 것이니 걱정 말고 인생을 즐기라!(There's probably no God. Now stop worrying and enjoy your life!)'

그들의 광고 문구는 신을 두려워할 필요가 없다는 말이었다. 무신론자들이 가장 우선적으로 깨고 싶은 신앙의 뿌리는 신에 대한 경외심(敬畏心)이다.

오늘날 교회는 - 긍정적 의미로서 - 사람들에게 두려움을 줄 수 있는 존재인가, 아니면 만만하게 보이는 존재인가? 예수님 생전에 제자들에게 말씀하시기를, "몸을 죽이고 그 후에는 더 못하는 자들을 두려워하지 말고 죽인 후에 지옥에까지 던져 넣는 권세를 가진 그를 두려워하라!"라고 충고하셨다. (눅 12:4)

제자들은 잠시 두려움에 사로잡혔지만 다시 거리로 뛰쳐나와 복음을 전하기 시작하면서부터는 하나님 외에 그 어떤 것도 두려워하지 않는 사람들처럼 행동했다. 그런 그들을 보면서 사람들은 그들의 모임(교회)을 두려워했다. 하나님을 두려워하는 교회는 사람들에게 두려움을 줄 수 있는 존재가 되지만, 하나님을 두려워하지 않는 교회는 사람들에게 만만하게 보일 뿐이다.

성경에는 사람을 무서워했던 사례가 몇 차례 나온다. 예수님 당시 관리 중에서 예수님을 믿는 이들이 있었지만 그들은 자신의 믿음을 드러내지 못했다. 바리새인의 눈치를 봐야 했고, 출교가 두려웠기 때문이다(요 12:42). 빌라도는 본인의 신념으로는 예수님의 무죄를 확신했지만 그는 자신의 신념과는 전혀 다른 방향으로 결정을 내려야만 했다. 무리에게 만족을 주고자 했기 때문(막 15:15)이다.

기독교인으로서의 자존심과 신앙의 기준을 삶 속에서 지켜 내는 것은 몹시 위험한 행동을 수반한다. 사람들과의 갈등을 만들어 내기도 하고, 왕따가 될 수도 있다. 그럼에도 불구하고 초대교회 성도들은 올곧게 자신의 신앙을 고수했다. 그런 교회를 사람들은 두려움에 찬 시선으로 바라볼 수밖에 없었다.

세속의 권력 앞에 비굴한 교회를 사람들이 두려워할 리가 없다. 돈을 무서워하는 교회, 목사, 성도를 사람들이 무서워하겠는가? 원형교회 성도들은 물건을 나눠 쓰며 자기 것을 자기 것이라고 욕심부리는 짓을 하지 않았다. 그런 모습들이 사람들에게 두려움을 준다. 교회가 순결할 때 구원받은 사람의 수가 날마다 더해지는 자연스러운 결과를 낳았다.

오늘의 교회를 보면 원형교회의 모습과는 정반대로 되어 가는 것 같아 안타깝다. 사람들은 교회를 더 이상 두려운 존재로 보지 않으니 구원받는 사람의 수가 날마다 줄어 간다.

특별함의 특별한 위험

생물학 분야에 '무효자극(無效刺戟)'이라는 용어가 있다. 일정한 자극이 지속적으로 가해질 경우 일정 한도 이상의 강도로 자극이 가해지지 않으면 자극이 되지 않는다는 이론이다. 아이를 교육할 때 매일 충격요법으로 공부를 시킨다면? 처음에는 반짝 효과를 볼 수 있다. 하지만 더 자극적이 되지 않으면 충격요법도 실효를 거둘 수 없다. 인간은 적응하기 때문이다.

특별함이 일반화되는 것만큼 위험한 일이 또 있을까? 교회마다 행사나 프로그램이 준비될 때마다 '특별'이 넘친다. 특별새벽기도회, 특별전도집회, 특별교육 등. 특별하지 않으면 반응하지 않는 무덤덤한 시대를 향한 고민의 흔적이지만 이 또한 얼마 못 가서 시들해지고 말 것이 분명하다.

그밖에 자극적인 표어가 넘쳐나는 교회도 흔히 볼 수 있다. 강도가 쎈 표어가 더 많이 노출될수록 표어의 자극에 대해서 둔감해질 것이고, 더 강하고 자극적인 용어를 찾으려고 할 것이다. 그 결과 군대에서나 볼 수 있는 전투적이고 폭력적인 용어가 교회 안에서 볼 때가 많다.

좀 더! 쎈 자극들로 인한 피해는 성도와 목회자 모두의 몫으로 돌아온다. 목회자는 점점 더 자극의 강도를 높이기 위해 자신의 용량을 초과해서 에너지를 사용하다가 쉽게 탈진한다. 일단 탈진에 빠지면 그것으로부터 벗어나려고 탈출구를 찾는데, 그러다가 잘못된 길로 나가는 사례가 많다. 성도들은 성도들대로 교회에서 영적인 쉼을 얻지 못하고 온갖 표어와 구호 속에서 피로감을 느낀다.

평범함으로 비범함을 이룰 수는 없을까? 일상의 삶 속에서 하나님의 손길을 느낄 수는 없을까? 평범한 신앙생활 가운데 잔잔히 내게 다가와 말씀하시는 하나님의 음성을 들을 순 없는 걸까?

목회 계획을 세울 때 자극적인 구호나 특별한 이벤트를 절제하려고 애쓴다. 젖 뗀 아이가 엄마 품에서 평안함을 누리는 것처럼 하나님의 품에서 깊은 쉼의 은혜를 경험할 수 있는 푸근한 교회이고 싶다. 특별함이 주는 특별한 위험이 우리를 상하게 만드는 칼날이 되어 부메랑처럼 되돌아오는 어리석음을 범하지 않기를 바란다.

예배는 제사가 아니다

예배는 제사가 아니다. 우리가 드리는 예배의 원조(原祖)는 예수님 부활 이후 그리스도인들이 안식 후 첫날(일요일), 부활의 감격과 기쁨을 기념하며 모이면서 시작되었다. 초대교회 성도들은 성전에서 모이기를 힘쓸 뿐 아니라 집에서 모이는 모임도 병행했다(행 2:46). 이는 성전 제사와 공동체의 예배가 별도의 모임이었다는 것을 알 수 있다.

예배 집례자는 제사장이 아니라 사도들이었다. 사도들은 레위 지파 출신이 아니었다. 그들은 예수의 가르침대로 떡(성찬)을 떼며 기쁨(축제)으로 음식을 나눠 먹고(성도의 교제) 하나님을 찬미(찬양)했다. 그들에게는 더 이상 필요치 않았다. 예수님께서 단번에 몸을 드려 희생의 어린 양이 되심을 굳게 믿은 그들에겐 더 이상 동물을 잡아 바치는 제물은 의미가 없었기 때문이다.

목회자 가정에서 태어난 나는 한 번도 조상신을 모시는 제례(祭禮)를 경험하지 못했다. 하지만 영상물을 통해서나마 분위기를 엿볼 수 있었다. 종갓집에서 조상신을 섬기는 제례 때는 숨을 죽이고 침묵해야 하는 무거운 시간이다. 제사에 참여하는 이들은 웃음기 없는 심각한 표정으로 참여한다. 여성들은 뒷전으로 물러나 부엌에 있으면서 음식을 준비하고, 행여나 제사 순서에 따른 음식 준비가 미흡했다면 불호령이 떨어질 수도 있다. 이게 제사의 이미지이다.

그런데 '예배'와 '제사', 이 두 용어를 혼용해 쓰면서 제사의 이미지가 기독교의 예배에 차용되었다. 우리 기독교는 주님의 죽으심과 고난을 기억하는 절기인 사순절 기간의 주일은 사순절 기간에 포함시키지 않는다. 주일은 안식 후 첫날, 즉 부활의 축제일이기 때문이다. 다시 살아나시고 승리하신 부활의 주님을 높여 드리는 주일예배와 죽은 자를 추모하는 제사의 이미지는 하늘과 땅 만큼이나 분위기가 다르다.

그럼에도 불구하고 여전히 예배의 본질이 엄숙함에 있다고 보는 것은 무리가 아닐까? 엄숙과 거룩은 본질적으로 다르다. '거룩'은 '엄숙'을 포함하고 있지만 '엄숙'이 '거룩'이 될 수 없기 때문이다.

명절 때 긴 시간 차를 몰아 부모님 집에 도착하면 어머니께서 하시는 말씀이다.

"얘야, 힘들게 운전하고 왔으니 피곤할 테니 좀 쉬어라."

어머니는 아들이 집에서 쉬는 것을 보고 싶어하신다. 나를 사랑하시기에 내가 행복하기를 바라신다. 내가 웃는 것을 보면 더 웃으시고, 내가 행복해 하는 것을 보시면 자신이 행복할 때보다 더 행복해 하신다. 낳으신 어머니도 그러하실진대 하물며 하늘의 아버지는 어떠실까? 우리가 회복해야 할 예배의 본질 가운데 하나는 기쁨이다.

"여호와로 인하여 기뻐하는 것이 너희의 힘이니라."(느 8:10)

3유 3무(三有三無)

유럽교회 지도자들이 한국교회를 둘러본 후 남긴 뼈아픈 충고가 있다. 한국교회에 3가지는 있는데, 3가지는 없다는 지적이었다.

'돈은 있는데 고난은 없다', '하나님은 있는데 윤리는 없다', '나는 있는데 이웃이 없다' 이 세 가지이다.

첫째, 돈은 있는데 고난은 없다.

무속종교의 초점은 내가 잘 되고, 잘 먹고, 잘 사는 것에 맞춰져 있다. 이것이 하등종교의 특징인데 그것을 한마디로 정리한다면 '고난의 회피'라고 할 수 있다. 그런 맥락에서 본다면 기독교는 참 희한한 종교이다. 기독교는 고난을 자처한다. 십자가에서 도망할 수 있었음에도 불구하고 그 잔을 기꺼이 마시는 예수님을 우리는 따른다. 십자가를 빼고 어떻게 우리가 영생과 구원을 말할 수 있겠는가? 순교와 핍박 없이 교회의 태동과 성장을 말할 수 없듯이 '고난'을 빼고 기독교 신앙을 말할 수 없다.

개인에게도 그렇지만 교회에도 적절한 고난은 자신을 지키는 건강성이다. 목회하셨던 아버님은, '교회 통장에 잔고가 남으면 교회가 타락하고, 목사 통장에 잔고가 남으면 목회가 타락한다'는 말씀을 하셨다. 그때는 잘 이해하지 못했지만 지금은 그 말씀의 의미를 확연히 알고 있다.

교회가 이 민족과 함께 고난을 같이 겪을 때 백성들은 교회로 몰려와 예배자로 서는 것으로 답하였다. 일제 강점기에도, 전쟁의 가난 속에서도, 군부독재시절의 암흑기를 지나면서도 교회는 늘 약자의 편에 서서 백성들의 희망의 출구가 되어 주었다. 김민기가 만들고 가수 양희은이 부른 노래 중에 〈금관의 예수〉라는 곡이 있다.

"얼어붙은 저 하늘 얼어붙은 저 벌판 태양도 빛을 잃어 아 캄캄한 저 곤욕의 거리…"

이렇게 시작되는 이 노래는 굉장히 기독교적인 용어와 기독교적인 가사를 갖고 있음에도 불구하고 교회용(?)으로 만든 곡이 아니다. 암울한 시대의 터널을 지나오면서 그 시절, 그때는 예수님이 희망이었고 교회가 등대였다. 그렇게 교회 밖의 사람들에게서도 이 노래는 입에서 입으로 전해지면서 불리웠다. 후렴부를 부를 때마다 크리스천인 나는 감동에 겨워 전율하였다.

"오 주여 이제는 여기에. 오 주여 이제는 여기에. 오 주여 이제는 여기에 우리와 함께 하소서."

지금 나는 다시 묻는다. 지금 교회는 '오 주여 이제는 여기에~'라고 부르짖는 이들의 편에 서 있는가, 그 반대편에 서 있는가? 교회는 늘 고난받는 자의 편에 머물러 있었고, 그때 교회는 가장 교회다웠고 빛났다. 교회가 기득권층에 머무를 때 교회는 가장 교회답지 못했고 부끄러웠다. 그것은 2천 년간의 교회사와 세계사가 증언해 주는 역사적 증명이다.

'교회는 늘 가난해야 하나? 성도들은 다 가난해야 하나? 목회자는 모두 빈곤층에 머물러 있어야 하나?'라는 반문도 여전히 내 마음에 존재하고 있다. 어느덧 나도 기득권에 서 있게 됐고, 이제는 감히 '가난'이라는 단어를 함부로 입에 올릴 수 없는 목사가 되어 버렸다.

그럼에도 불구하고 내 영혼의 고향, 내 목회의 뿌리인 성남의 판자촌 별나라를 잊지 못한다. 그곳에서의 첫 목회를 잊지 못한다. 그 가난의 영적 추억을 간직하고자 나름대로 고뇌하며 살아가고 있다. 지금도 내게 주지시킨다. 그때를 잊는 순간, 나는 건강한 목회자임을 스스로 포기한 목사가 된다는 사실을 잘 알고 있다.

둘째, 하나님은 있는데 윤리는 없다.

하나님이 좋아서, 성경 말씀이 좋아서, 예수님이 좋아서 교회를 찾아왔다가 사람에게 실망하는 일이 자주 있다. 목사로서 가장 하기 부끄러운 말이 있다. 성도간에 다투어 상처받은 이를 위로하면서 "사람 보고 예수 믿지 마시고, 하나님만 보고 예수 믿으세요"라고 말할 때이다. 이 말은 맞는 듯하고 은혜로운 권면인 것 같지만 사실은 잘못된 말이다.

교회에 갓 나온 이들은 아직 하나님에 대한 영적인 체험이나 신령한 성령의 은사를 체험하지 못한 상황이다. 그런 새신자가 하나님을 만날 수 있는 길은 먼저 믿은 주변 성도들의 삶을 보고 따라하는 것이다. 그렇게 따라하다가 믿음의 길도 걷게 되고 성장도 한다. 그런데 사람을 보지 말라니? 도대체 새신자는 더 나은 믿음으로 성장하기 위해 어떤 본보기(role model)를 따라야 한단 말인가?

목회를 잘하고 있는 후배 목사님의 교회를 방문하였다. 자신의 목회 현장을 소개하고 그 교회의 5대 비전을 말하는데 눈길이 가는 항목이 있었다. 흔히 교회의 비전은 전도나 선교, 섬김, 예배 등이 앞에 나오는데 반해 그 교회의 첫 번째 비전은 '정서적으로 건강한 교회'였다. 이야기인즉 목회를 하다 보니 교회를 가장 힘들고 어렵게 하는 것은 정서적으로 건강하지 않은 임원이나 성도들 때문이라는 것이다.

믿음이 부족해서도 아니고, 열정이 없어서도 아니다. 인격적으로 거듭나지 못하고 자신의 감정을 잘 조절하지 못하는 이들로 인하여 겪었던 교회의 아픔을 돌아보면서 세운 비전이었다. 왠지 공감되면서도 또 한편으로는 씁쓸한 뒷맛을 느낄 수밖에 없었다.

오해 없이 들으시길 바란다. 교회에 나오기 시작한 성도는 '사람 보며' 예수님을 믿기 시작한다. 그래서 먼저 믿은 우리는 "예수님 믿는 우리를 보십시오! 예수님 믿을 충분한 이유가 보이지 않습니까?"라고 소리칠 수 있어야 한다.

1903년에 있었던 하디 선교사님의 회개를 기념하는 큰 행사를 준비하고 있다는 소식을 접하였다. 좋은 일이다. 평양대부흥운동의 기폭제가 되었던 하디 선교사님의 회개! 그 회개를 보면서 한국교회 성도들이 회개하기 시작했다. 마룻바닥에 엎드려 통곡하는 길선주 목사님의 회개를 보면서 평양의 성도들도 통곡의 울음으로 회개하기 시작했다. 그렇게 변화를 일으키는 기독교인들을 보면서 '도대체 교회에서 무슨 일이 있길래 사람이 이렇게 바뀌었나?'라는 궁금증을 가진 이들이 하나 둘 교회로! 교회로! 모여들면서 한국교회는 민족의 희망으로 우뚝 서게 되었다.

'맘 착해도 못 가요. 하나님 나라'라는 이 찬양을 교회에서 많이 불렀다. 의인(義認)의 과정, 성화(聖化)의 과정도 전적으로 하나님의 은혜로 가능한 것이라는 개혁주의 신학도 들었다. 하지만 예수님의 말씀을 담은 복음서를 읽다 보면 마땅히 해야 할 일, 즉 '윤리'에 대한 말씀이 가득하다. 이 자리에서 신학적인 논쟁을 할 수는 없지만 적어도 '하나님'을 믿는 자라면 당연히 좋은 열매를 맺는 '윤리적 성숙된 삶'을 살아야 하지 않겠는가?

"이같이 너희 빛이 사람 앞에 비치게 하여 그들로 너희 착한 행실을 보고 하늘에 계신 너희 아버지께 영광을 돌리게 하라!"(마 5:16)

셋째, 나는 있는데 이웃이 없다.

신앙의 시작이 지극히 개인적인 데에서부터 시작된다는 것에 크게 이의(異議)를 달고 싶지 않다. 하지만 신앙이 개인적인 한계에 머물러 있다면 그것은 큰 문제이다.

우리는 하나님과 나만의 비밀스러운 영적 교통을 경험하며 새로 태어난다. 흔한 표현대로 '하나님과의 인격적인 교제'가 일어난다. 그런 영적인 은밀한 만남이 일어나지 않은 채 신앙생활을 한다는 것은 너무나 공허한 신앙이 될 것이고, 형식과 전통만 남은 회칠한 무덤 같은 신앙으로 전락할 것이 뻔하다.

복음서를 읽다 보면 당혹스러운 장면을 대면하게 된다. 그렇게 믿음 좋은 레위인, 종교적인 사람의 대명사격인 제사장이 강도 만난 사람을 지나쳐 버린 후에 비호감형인 사마리아 사람이 강도 만난 사람의 이웃이 되어 주었다는 이야기. 예수님께서 왕으로 심판대에 섰을 때 왼편의 염소들이 지옥으로 가야 하는 이유는 옥에 갇혔을 때 찾아 봐 주지 않았던 일, 목마를 때 물을 주지 않았던 것, 헐벗었을 때 입혀 주지 않은 일 등. 즉 이웃에게 무엇인가 하지 않은 일들로 인해 단호한 벌을 받았다는 이야기가 바로 그것이다.

'오직 믿음으로만' 구원을 받는다는 것을 철저하게 믿는 개혁주의 신앙인들에게 이런 성경구절은 다소 불편하게 다가온다. 이런 복음서의 말씀은 불편한 진실이다.

예수님께서 우리에게 주신 새 계명은, '서로 사랑하라!'이다. 서로 사랑해야 우리가 제자라는 말씀을 바꿔 말하면 '서로'의 관계가 깨진 사람은 그리스도의 제자가 아니라는 말이다. 신앙의 중심축을 오직 '하나님과 나'의 관계에 놓고 살아가는 이들에게는 이웃에게 행하는 일로 인해 천국과 지옥이라는 갈림길이 된다는 것은 매우 불편한 진실일 것이다.

나는 믿는다. 하나님과의 관계 속에서 구원의 신비와 비밀을 깨달은 자는 당연히 그 열매로 나무를 알게 될 수 있는데 그 열매는 나와 이웃과의 관계를 통해 증명된다는 것을 말이다. 그러므로 구원받은 자라면 당연히 이웃에 관심을 갖는다. 이웃뿐 아니라 사회와 국가의 공평함과 정의에 관심을 가질 수밖에 없다. 더 나아가 우리가 사는 이 세상과 자연환경까지도 끌어안을 수 있는 영성의 지경이 넓혀질 것이다.

'서로'라는 관계없이는 주님이 우리에게 주신 새 계명, "서로 사랑하라!"는 말씀을 실천할 수 없다. 이웃 없이는 실현될 수 없는 계명이다. 그래서 우리는 지극히 작은 자 하나를 예수님으로 보고 살아가야 한다. 교회에서 만나는 성도 한 사람 한 사람을 예수님으로 볼 줄 아는 영혼의 깊은 눈이 떠질 때 비로소 우리는 성숙한 그리스도인이라는 칭찬을 받게 될 것이다.

뇌관의 힘

[뇌관 / 雷管] : 명사 - 포탄이나 탄환 따위의 화약을 점화하는 데 쓰는 발화용(發火用) 금속관. 충격에 의해서 발화된다.

러시아의 수도 모스크바에 영성훈련을 갔을 때이다. 주일 저녁부터 수요일까지 104명의 러시아인들을 대상으로 영성훈련을 했는데, 영성훈련을 마칠 즈음에 그들에게 이런 말을 해주었다.

"한국은 폭탄이 아닙니다. 한국의 역할은 뇌관입니다. 뇌관만 터져서는 폭탄이 위력을 발휘할 수 없습니다. 폭탄은 거대한 양의 폭약이 터질 때 엄청난 파괴력을 갖게 됩니다. 한국은 러시아를 섬기면서 뇌관의 역할을 감당하고 있습니다만 진짜 위력은 당신들, 러시아를 통해서 나타나길 소망합니다. 옛 소비에트연방에 속해 있었던 러시아어 문화권의 다른 민족에게 그리스도의 사랑을 전하는 사랑의 불꽃이 되어 주십시오."

이 말을 중국에서도 했다. 중국인들도 이 말에 큰 자극을 받았다. 하나님의 선교를 이뤄 가는 놀라운 계획 속에 자신들이 놓여 있다는 것을 깨닫는 것을 볼 수 있었다. 중국과 러시아는 아시아와 유럽을 포함하는 거대한 영토의 나라이다. 그 나라를 대상으로 한국이 선교를 하고 있다. 계란으로 바위를 치는 듯하지만 언젠가는 그 바위가 온통 계란으로 뒤덮여 계란말이가 될 것으로 기대하며 무모한(?) 도전을 계속하고 있는 것이다.

예수님의 전도는 효율성 면에서는 낙제 점수이다. 사람들이 많이 모이는 예루살렘에서 활동해야 하는데 갈릴리가 그분의 주무대였다. 더 드러나게 해야 효과가 극대화 될 텐데 오히려 좋은 일도 '쉬쉬' 하면서 나발 불지 말 것을 부탁하셨다. 그러고 나서 주님은 아주 적은 무리를 남겨 두고 가셨다. "적은 무리여 무서워 말라! 너희 아버지께서 그 나라를 너희에게 주시기를 기뻐하시느니라(눅 12:32)"라는 말씀은 우리에게 큰 도전을 주는 말씀이다. 선교는 미련한 짓이다. 그러기에 하나님의 일이다. 하나님은 전도의 미련한 방법(고전 1:21)[17]으로 세상이 구원되길 원하신다.

지금의 한국교회는 믿음의 선배들이 뿌린 씨앗에서 달콤한 열매를 따 먹고 있다. 그러나 이렇게 열매만 따 먹다가는 곧 기근이 닥쳐올 것이 자명하다. 믿음의 선배들이 얼마나 죽의 장막(중국), 철의 장막(러시아)이 열리길 기도했던가? 이 대륙의 나라에 복음의 대폭발이 일어나도록 하나님은 한국을 준비시켜 주신 것으로 믿고 있다.

뇌관은 폭탄의 아주 작은 부분이다. 그러나 폭탄을 터뜨리는 데 없어서는 안 될 아주 중요한 역할을 맡고 있다. 먼저 뇌관이 터져야 폭발이 일어난다. 그래서 뇌관은 폭발하기에 앞서 먼저 희생하는 역할을 맡는다. 누군가 뇌관의 역할을 자청하지 않는다면 땅 끝까지 이르러야 할 복음의 폭발은 일어날 수 없다.

매번 선교지에 나올 때마다 인간적인 솔직한 마음으로 '억울하다'는 생각이 들기도 한다. 그럴 때마다 또 한편으로는 생각한다. '억울하니까 선교다!'라고. 선교지에서 누리면서 선교하는 선교사님을 볼 때도 있고, '참 억울하게 묵묵히 사역하고 계시구나'라고 생각되는 선교사님을 볼 때도 있다. 그렇게 묵묵히 뇌관의 역할을 감당하는 분들을 통해서 하나님은 복음의 두나미스(능력)를 폭발시켜 왔음을 믿는다.

2011년 조사자료에 따르면, 1979년 93명 선교사 파송을 했던 한국은 이제 파송 선교사 23,331명을 파송하는 선교강국이 되었다. 그러나 아직

---

17) 하나님의 지혜에 있어서는 이 세상이 자기 지혜로 하나님을 알지 못하므로 하나님께서 전도의 미련한 것으로 믿는 자들을 구원하시기를 기뻐하셨도다 (고전 1:21)

도 갈 길은 멀다. 한국교회가 기꺼이 세계선교의 뇌관 역할을 감당하기를 소망한다.

현역인가, 예비역인가?

대학 시절에 같은 학년이라도 두 부류가 존재했다. 현역과 예비역이었다. 이 구분이 생긴 이유는 의무적으로 국방의 임무를 감당해야 할 대한민국의 독특한 상황 때문이다. 현역은 고등학교를 졸업한 후 대학에 입학해서 아직 군대를 가지 않은 학생들이고, 학교를 다니다가 군대를 다녀온 후 다시 복학한 선배는 예비역이라고 불리었다.

예비역은 몇 가지 특징이 있던 것으로 기억된다. 일단 MT에 오지 않는다. 2~3년씩 아래의 동생들이 주류를 이루는 모임에 참석하는 것이 어색했기 때문일 것이다. 예비역은 동아리 활동도 거의 하지 않았다. 좀처럼 학교생활의 중심부로 다가오지 못하고 언저리에 서 있었다. 어떤 분은 예비역으로서 대우를 받고 싶어하셨는데 그것이 너무 티가 나면 현역들은 슬금슬금 그분 곁에서 떠나 버려 외롭게 학교를 다니는 분도 계셨다. 반면 현역들과 스스럼없이 잘 어울려 주실 뿐 아니라 가끔 밥도 사주시는 예비역도 있었는데 인기가 하늘을 찌를 듯했다.

나는 4학년 때 과대표를 맡아 복학한 예비역 선배들을 자의 반 타의 반으로 잘 대해 드렸는데 그때 만난 선배들과 지금도 무척 친근하게 지내며 지금까지도 목회와 인생에 큰 도움을 받고 있다.

목회하면서 교회 안에도 현역과 예비역이 존재하고 있는 것을 보게 된다. 교회 안의 예비역들이 자주 사용하는 말은 "옛날엔…"이다. 역사를 잊고 사는 것은 문제이다. 하지만 역사에 붙잡혀 사는 것은 더 큰 문제이다. 안타깝게도 과거의 화려한 역사를 들춰내는 일에 집착하면 할수록 오히려 그것은 현재가 과거에 비해 초라하다는 것을 나타내는 반증(反證)이 될 뿐이다. 교회 안의 예비역은 늘 알아주기를 바란다. 다시 말해서 대우받기를 바란다. 연장자를 대우하고 존경하는 것은 얼마나 멋진 모습인가? 그것은 현역들의 상급이 될 것이다. 그러나 더 멋진 모습도 있다. 예비역 자리에 있는 분들이 스스로 대우받을 권리를 내어놓는 것이다. 예우받는 자리에서 스스로 내려와 함께 현역들과 어우러지는 모습은 참 멋진 모습이다.

바울은 평생 현역으로 산 사람이다. 그는 평생 하나님 앞에 헌신했지만 그것에 만족하지 않고 자기 자신을 현역으로 여기며 살았다. 그는 많이 이루었지만 잡은 줄로 여기지 않았다. 그는 누구도 넘볼 수 없는 위대한 업적을 남겼지만 자신이 한 일, 즉 뒤에 있는 것은 잊기로 작정했다. 그리고 앞에 있는 것을 잡으려고 계속해서 자신을 현역의 자리에 세웠다.

그는 평생을 현역의 마음으로 살아가면서 하나님의 명령을 수행하였고, 부름의 상을 받기 위하여 자기 속에서 돋아나는 나태함과 교만함을 쳐서 무릎 꿇렸다. 그의 상관되신 하나님께서 어찌 그렇게 달려갈 일을 다 가고, 선한 싸움을 다 싸운 영원한 현역 바울을 위해 승리의 면류관을 준비하시지 않을 수 있겠는가?

우리를 넘어뜨리는 적은 외부에 있지 않다. 외부의 공격을 받으면 받을수록 우리는 더 자신을 추스르면서 견뎌 내고 이겨 낸다. 그러나 맥없이 무너져 버릴 때는 자기 스스로 대접받는 자리에 앉고 싶어할 때이다. 치열하게 땀흘리는 현장에서 물러서서 지시하고 감독하려고 할 때 무너지는 모습을 우리는 너무 자주 본다.

예비역이 되고 싶은가? 조심하라! 당신은 주님을 만나는 날까지 아직 현역이다.

┃ 잠잠할 게 따로 있지~!

부활절이 유난히 늦은 해였다. 그러다 보니 일찌감치 연등을 내걸기 시작한 초파일과 맞물려 교회 앞 도로는 연등 물결이었던 기억이 난다. 굳이 의미를 따지자면 성탄절과는 비교도 안 될 정도로 중요한 절기가 부활절이다. 미국에서는 부활절에도 큰 세일이 있어서 상업적으로 부활절이 이용(?)된다는 소식을 듣기도 한다.

그렇지만 아직 우리나라에서는 이미 세속화될 대로 세속화된 성탄절과는 달리 상대적으로 '기독교의 전유물'이라고 여겨지는 절기가 바로 부활절이다. 시끄럽다고 기념이 잘 되는 것은 아니리라. 그런데 부활절을 맞는 교회가 조용해도 너무 조용하다. 거리에 넘실대는 연등의 행렬과 대조되어 더욱 그런 마음이 든다.

효성중앙교회에서는 해마다 부활절을 기념하는 뮤지컬 공연을 무대에 올리고 있다. 말이 쉽지 뮤지컬 한 편이 무대에 올리는 데에는 정말 어마어마한 노력이 들어간다. 매일 퇴근 후에 밤마다 교회에서 모여 대사, 안무, 동선 연습을 하는 배우는 당연히 분주하다. 무대 밖의 사람들도 무척 바쁘게 돌아간다. 창작 뮤지컬이기에 몇 달 전부터 작곡팀에서는 음악을 구상하고, 작곡하고, 오케스트라와 밴드 스코어를 만들기 위해 밤을 지샌다. 손재주가 있는 분들은 무대 의상을 만들기 위해 천을 떼어 오고, 디자인하고, 재봉질을 하며 부지런히 손길을 놀린다. 그래픽 디자인의 재능이 있는 청년은 포스터를 근사하게 디자인했다.

배우들의 연습하는 모습을 안타깝게 보신 여선교회 회원들은 팔을 걷어 부치고 참을 지어낸다. 남성들은 좀 더 실제감 넘치는 무대 장치를 세팅하기 위해 밤마다 지하에 모여 뭔가 뚝딱대며 만들고 있다. 때로는 용접기구를 가져와 불똥을 튕겨가며 일하기도 한다. 조명팀, 음향팀, 그리고 공연을 생생하게 카메라에 담아야 할 미디어팀도 한 몫 감당한다.

전도대원들도 신이 났다. 뮤지컬 홍보를 위해 홍보 인쇄물을 들고 골목골목, 집집마다 다니며 아직 교회에 발을 디디지 않는 분들을 초대한다. 스케일이 커지면서 오케스트라와 찬양대도 코러스로 합류했다. 찬양 연습으로 주중에도 계속 교회를 찾는다. 부족한 예산으로 올리는 무대라서 재정적으로 어렵지만 성도들이 푼푼이 마음을 모아 문화 사역을 위한 펀드를 조성했다. 그 외에도 헤아릴 수 없는 많은 손길들이 우리가 직접 만든 한 편의 뮤지컬이 무대에 올라갈 수 있도록 힘을 모아 가고 있다.

물론 교회 안에서는 뮤지컬 한 편에 소모되는 에너지를 낭비로 보는 시각도 없지 않아 있다. 하지만 그것은 달랑 공연할 때의 무대만 보는 좁은 시각이라고 생각한다. 이 일을 해 나가면서 우리는 부활을 기대하고 있는 것이다. 그리고 성도들이 와글와글대면서 계속해서 부활절에 대한 스토리를 나누고 있다는 것이 보이지 않는 무형의 소득이다. 그리고 부활절 뮤지컬이 무대에 올라가는 감동 넘치는 그 순간, 참여한 모든 스태프들은 어느 누구보다도 더욱 부활절의 의미를 피부로 느끼게 될 것이다.

모든 교회가 다 뮤지컬을 할 필요는 없다. 다만 부활을 기다리면서 그냥 가만히 있을 수는 없다는 그런 마음으로 우리 교회의 사례를 나누고 싶었을 뿐이다. 이렇게 외치고 싶다.

"잠잠할 게 따로 있지. 부활절만큼은 도저히 잠잠할 수가 없어!"

인생 통과의례

서구 기독교를 비판하며 하는 말이 있다. '기독교인은 3번 교회(성당)에 간다!'는 말은 세례받을 때, 결혼식할 때, 그리고 죽어서 장례를 치를 때나 교회에 간다는 말이다. 이미 문화화되어 버린 종교의 씁쓸한 단면을 보여주는 말이지만 그 말 속에서 우리가 엿보아야 할 중요한 말머리가 있다. 교회가 해야 할 중요한 역할 가운데 하나는 인간의 삶속에서 통과해야 할 중요한 순간마다 그 자리에 사제와 교회가 함께 있어야 한다는 사실이다.

우리는 숱한 인생의 통과의례를 지나야 한다. 백일잔치, 돌잔치, 그리고 매년 맞는 생일, 성년식, 세례식, 결혼식, 그리고 은혼식, 금혼식, 환갑잔치, 칠순잔치를 지나 장례식으로 생을 마감한다. 그 순간들은 생의 중요한 하나의 점(點)이고, 그 점과 점들이 이어져 인생이 된다.

생의 중요한 순간에 내 생을 하나님이 인도하실 뿐 아니라 나와 함께 늘 그 자리에 계심을 인정하는 것이, 통과의례 때마다 목회자를 모시고 예배를 드리는 정신이다. 이 일을 성도들도 중요시해야 할 뿐 아니라 목회자도 신중하고도 무게감 있게 보아야 할 것이다.

그런데 요즘 세속문화의 파도가 높다 보니 인생의 통과의례마저 '참을 수 없는 가벼움'으로 해치운다. 편하다는 이유로 뷔페에서 치러지는 돌잔치, 환갑잔치, 칠순잔치 등은 이벤트화되어 버린 지 이미 오래이다. 성도들은 이렇게 목회자에게 요구하기도 한다.

"사람들이 오기 전에 서둘러 예배를 마쳐 주십시오."

그럴 때마다 그 말이 이렇게 들린다.

"목사님, 예배 먼저 빨리 해치우고 이벤트를 해야 하거든요."

성경책 한 권 준비되지 않은 예배자들 앞에서 해치우듯 드리는 예배는 목회자에게도 부끄러운 시간이고, 그렇게 드려지는 예배로 자신의 아이가 하나님의 복을 받을 것이라고 믿는 것도 무리라는 생각이 든다.

환갑잔치나 칠순잔치는 좀 더 심하다. (뭐라고 부르는지 모르겠지만) 한복을 차려입고 잔치의 여흥을 돕는 이들에게 잔치자리를 빼앗긴 지 오래이다. 가족들도 이벤트하는 이들에게 휘둘리느라고 오랜만에 만난 가족들, 친지들과 따뜻한 정을 나누기도 힘들다.

최근 주례하느라고 방문한 몇몇 결혼식장은 더 요란하다. 점점 더 화려해지기만 하는 결혼 이벤트에 신랑·신부는 묻혀 버리기 일쑤이다. 결혼식장 이벤트를 위해서 주례자에게 무례하게 시간을 줄이라고 협박받는 일은 놀라울 일도 아니다. 가장 기독교적이어야 할 장례식도 더 이상 기독교식(式) 장례가 설 자리가 없다. 상조회사에게 이미 주도권을 빼앗기고 말았기 때문이다.

안타까운 마음으로 글을 쓰고 있다. 교회는 좀 더 인생의 통과의례에 대해 깊이 고민해야 한다. 성도들의 생의 한 자리에 서서 그들과 함께 울고, 그들과 함께 웃을 수 있는 목회자로서 자리매김하기 위한 치열한 고민을 할 때이다.

정체기를 성숙기로!

한참만에 본 아이의 달라진 모습에 깜짝 놀랄 때가 있다. 키도 부쩍 크고, 아이 때에 봤던 앳된 모습은 어디로 갔는지 사라지고 늠름한 성년이 되어 내 앞에 나타난 모습을 보노라면 감탄이 절로 나온다. 효성중앙교회에 부임할 때 교회 마당에서 뛰놀던 개구쟁이가 훌쩍 자란 것을 보며 세월의 흐름을 놀랍게 느낄 때가 있다.

반면에 어른이 되어 사귐을 갖기 시작한 분들을 만날 때면 흔히 "하나도 안 변하셨어요! 전에 뵈었던 모습이 지금도 그냥 그대로세요"라며 인사를 나눈다. 그 인사말에는 물론 빈말도 일부 들어 있지만 실제로 어른들은 아이들이 하루가 다르게 변해 가는 것과는 달리 그다지 큰 변화를 보기 어렵기에 빈말이 아닐 수도 있다.

인생의 변화와 마찬가지로 세상의 모든 조직, 기관 또 교회도 가파른 성장기를 지나고 나면 어느덧 완만한 그래프를 그리는 정체기를 맞게 된다. 그리고 더 진행이 되면 쇠퇴기에 접어든다. 우리 몸도 일정 정도 키가 자라면 더 이상 키가 자라지 성장이 멈춘다. 뜨겁던 연애도 미지근해질 때가 있고, 애틋한 사랑이 넘치는 부부에게도 권태란 것이 찾아오기도 한다. 개발도상국이었을 때 우리나라는 경제적으로 가파른 성장세를 유지하다가 이제는 성장 정체시기에 접어들었다.

그렇다면 신앙의 모습은 어떤가? 교회에 갓 등록하고 새가족반을 마친 성도들의 성장을 볼 때 참 보기 좋다. 신바람 나게 교회의 양육과정에 참여하여 이런저런 양육 코스를 밟아 나가며 점점 더 교회의 한 구성원으로서 자리를 잡아 나가는 모습이 여간 대견스럽지 않다. 어느덧 신앙이 더 성숙되어서 사역의 자리에서 한 몫 감당하면서 이러저러한 봉사와 섬김의 자리에도 서는 모습을 보면 목회자로서 정말 보람을 느낀다.

그런데 어느 날, 홀연히 찾아드는 순간이 온다. 정체기이다. 이때가 정말 중요한 때이다. 쑥쑥 눈에 띄게 자라는 성장은 멈췄더라도 이젠 일상의 생활 속에서 꾸준히 가야 할 때가 온 것이다. 이 시기가 신앙생활에서 가장 중요한 때이다.

흔히 '정체기'라는 표현은 부정적인 의미로 더 자주 쓰인다. 그러나 한편으로 긍정적인 눈으로 볼 때 이젠 꾸준히, 그리고 멀리 갈 때가 온 것이다. 더 멀리 갈 수 있도록 더 굵게 선을 그을 때가 왔다는 뜻이다. 지혜로운 신앙인은 스스로 원치 않게 찾아온 '정체기'라는 강을 긍정적인 에너지로 바꿀 줄 아는 사람이다.

교회 안에 자신이 생각해도 내가 신앙의 정체기에 접어들었다고 생각하는 분들이 많다. 예배는 지루하고, 봉사는 신이 안 난다. 열정은 사라지고 비판할 거리만 자꾸 눈에 들어온다. 눈물을 흘려 본 적은 언제인지? 빛이 안 나는 자리에서 이름 없이 섬겨도 신바람 났던 때는 언제적 기억인지? 나 자신을 돌아보는 시간보다 다른 사람의 단점과 실수를 찾아내 비난하기 일쑤이다.

일단 자신이 그런 정체기에 접어들었다고 생각될 때 먼저 일을 멈춰야 한다. 자신의 존재가치를 일로 증명해 내려는 과도한 의욕으로부터 벗어나야 한다. 그런 후 나 자신의 내면을 돌아볼 시간을 가져야 한다. 가장 좋은 것은 기도이다. 부르짖는 기도보다 하나님과 나 사이의 관계에 집중할 수 있는 나 홀로 하나님 앞에 서는 시간이 좋다. '정체기'는 조금만 다른 시각으로 보면 '성숙기'이다. 위치가 정체인가? 그렇다면 더 깊어지게 하자. 더 높게 바꿔 나가자. 하나님 입장에서 볼 때 그러한 고도의 차이가 성장이다.

보다 더 큰 관심

인간을 구성하는 심리 가운데 가장 큰 요소 중 하나가 '호기심'이다. 호기심은 어린아이 때부터 시작해서 줄곧 매우 큰 폭으로 자라난다. 아이들은 끊임없이 '이게 뭐야?'라고 물으면서 세상을 배워 간다. 커갈수록 다양한 분야에 관심을 갖게 되고, 더 다양하고도 구체적인 호기심을 품게 된다. 결국 그 호기심으로 말미암아 자신의 삶의 방향이나 자신의 직업을 결정하기도 한다. 지적 호기심을 적절히 잘 사용하는 사람은 뜨거운 학구열을 품게 될 것이고, 더 넓은 세상을 향한 호기심을 품은 사람은 그 호기심으로 말미암아 새로운 꿈을 품게 될 것이다. 다른 세상을 열어젖히는 견인차 역할을 하는 것이 바로 그 안에서 요동치고 있는 '호기심'이다.

문제는 나이가 들면서 그 호기심이 점점 사라져 간다는 것이다. 인생을 살아가다가 '왜?'라는 질문이 사라진 나를 발견한다는 것은 서글픈 일이다. 더 이상의 호기심을 갖지 않는다는 것은 이젠 더 이상 성장하지 않는다는 것을 의미하기 때문이다. 우리는 더 큰 호기심을 품고 자라가야 한다. 일상 속의 질문들이 잦아들 때 우리는 더 큰 관심을 품는 곳으로 애써 나아가야 한다. 우리네 삶이 품어야 할 더 큰 관심은 다음과 같은 것들이다.

첫째, 자신의 내면에 더 큰 관심을 기울여야 한다. 겉사람은 낡아질 수 있을 것이나 속사람은 시간의 소비와 관계없이 날로 더 새로워질 수 있으니 말이다. 자기 자신을 향한 호기심, 즉 자신의 인격과 삶의 깊이에 대한, 나 자신이 어디까지 자랄 수 있는지에 대한 호기심을 가져야 한다.

둘째, 자연에 더 큰 관심을 기울여야 한다. 산과 나무, 그리고 생명과 생태에 대해 관심을 갖기 시작하는 것은 나 아닌 더 큰 생명을 내 안에 품는 엄숙한 '잉태'이다. 고귀한 삶을 살다 간 많은 분들의 삶을 통해 배울 수 있는 것은, 대가(大家)들의 삶은 거의 예외 없이 삶의 정점에서 더 깊이 자연을 이해하고, 가슴으로 자연을 만나며 생명과 교감을 나눴다는 것이다.

셋째, 이웃에 더 큰 관심을 기울여야 한다. 이는 단순한 옆 사람 훔쳐보기의 차원을 넘어서는 것이다. 이웃이라는 범위는 느낌상 정겨운 거리의 사람들을 가리키는 말이지만, 실상 이웃의 개념은 더 큰 범위를 가리키는 의미 확장의 용어이다. 그 이웃에 대한 관심이 넓어져서 정점에 도달했을 때 비로소 '인류'라는 거대한 가치를 품안에 넣게 될 것이다.

마지막으로, 영혼에 대해 더 큰 관심을 기울여야 한다. 영혼이야말로 '나'라는 가치 존재의 '전부'가 아니겠는가? 신앙인은 굳게 땅에 발을 딛고 살아가는 존재이지만 또 한편으로는 이 땅에서 하늘의 영광을 바라며 살아가는 이들이다. 땅에 살아도 하늘을 누리는 삶! 그 삶은 영혼에 대해 더 깊은 호기심을 가지고 자신을 가꿔가는 사람의 몫이다.

늘 그래 왔던 건데

이천에서 목회할 때였다. 그 교회는 역사가 100년이 넘는 유서 깊은 교회였다. 면면히 흘러내려오는 전통이 있었고, 헌신하고 순종하는 멋진 교회였다. 대대로 내려오는 여러 전통 중 하나가 장로님들 모두가 주일마다 재무부 헌금 집계에 참여하는 것이었다. 예배 후 점심 식사를 마치면 장로님들이 모두 재무부실에 모인다. 그곳에서 헌금을 정리하셨다.

그 일이 불합리하게 보였다. 주일 예배 후는 어떤 시간인가? 가장 많이 성도들과 만나고, 부서마다 찾아가 격려해 주고, 오랜만에 나온 낙심

자들의 어깨를 두들겨 줘야 할 시간이다. 그런데 교회의 어른들이 그 시간에 안 보인다. 회사로 치자면 회사의 미래를 계획하고 업무를 추진해야 할 이사급 임원들이 모여서 말단 경리직원이 해야 할 일을 하고 있는 것과 같았다.

오랜 시간 동안 기도하고 여러 형태의 사전 교육을 통해 생각을 나누었다. 그리고 나서 장로님들과 함께 의논한 결과 재무부장을 제외한 모든 장로님들은 헌금 집계를 하지 않기로 결정했다. 그 대신에 주일에 결석하고 있는 남자 성도들의 가정을 남자 권사님들과 함께 두 가정씩 심방하기로 한 것이다.

성도들은 장로님들의 영적 돌봄을 받을 수 있어서 좋아했다. 장로님들은 행정만 보는 일에서 벗어나 성도들의 영적 멘토로서의 제 모습을 되찾으셨다. 장로님들이 목회적 돌봄으로 섬기는 역할을 감당해 줌으로 목회자에게 큰 힘을 보태는 동역자로서 서게 되셨다. 재무부는 전문적인 기능을 가진 성도들이 봉사하게 되어서 더 빠르고 더 정확하게 헌금 집계를 마무리할 수 있었다.

간혹 누군가에게 함께한 분들을 소개받게 될 때 (어떤 의도인지는 모르겠으나) '이 장로님이 이 교회 재무부장 일을 맡고 계십니다'라며 좀 더 목소리에 힘을 실어 설명할 때가 있다. 그 말의 뉘앙스를 모르는 바 아니지만 내 생각은 좀 다르다. 더 많은 경험이 있고, 교회에서 더 가지신 분들이 선교부, 교육부와 같은 실행 부서에서 일해야 하지 않겠나? 재무부는 사업 부서를 지원해 주는 보조부서이다. 당회에서 정해 준 예산안에 따라 집행하면 되는 부서이다. 창조성을 발휘하고, 불가능해 보이는 일이라도 추진력 있게 이끌 수 있는 영향력을 가진 분들이 사업부서를 맡아야 한다.

거꾸로 된다면 어떻게 될까? 사업부서는 예산의 통제를 받게 될 것이 뻔하다. 어느 조직이든지 예산이 없으면 움직일 수 없다. 하지만 예산이 사업을 통제한다면 그것은 이미 교회가 아닐 뿐더러 예산이 중심이 된 교회는 성령님이 훼방받을 수밖에 없다.

교회는 비전으로 움직이는 곳이다. 하나님이 주시는 사명의 푯대를 향해 움직여야 한다. '늘 그래 왔던 건데'라고 생각하는 것에 대해 진지하게 질문해 봐야 할 때이다.

"꼭 그래야만 할까?"

문제만 없으면 다인가?

연말이 다가오면 자주 인용되는 성구 중 하나가 열매 맺지 못한 나무를 꾸짖으시는 예수님의 꾸짖음이다. (눅 13:7)[18] 분명히 열매 맺어야 할 나무가 제 몫을 다하지 못할 때 그것은 낭비이고, 주님의 눈으로 볼 때에 찍어 버려야 할 대상이다.

교회에서 마땅히 사역을 감당할 만한 성도가 사역을 감당하지 못할 때에 목회자의 마음도 그러하다. 집사로, 권사로, 장로로 세움을 받았으

---

18) 포도원지기에게 이르되 내가 삼 년을 와서 이 무화과나무에서 열매를 구하되 얻지 못하니 찍어버리라 어찌 땅만 버리게 하겠느냐. (눅 13:7)

면 그 몫을 다해야 하는데 직분만 낭비하고 있다면 문제이다. 심지어 목회자로서 한 교회에 보냄받고 그 맡겨진 사명을 최선을 다해 감당해야 하는데 그렇지 못하다는 것은 정말 더 큰 문제이다.

흔히 '문제만 없으면'이라는 말로 영향력을 행사해야 할 의무감으로부터 도피하는 경우가 있다. 그것은 너무나 자기 스스로가 자신의 가치를 평가절하하는 행위이다. 교회는 이 세상에서 마땅히 그리스도의 몸으로서의 역할을 감당해야 할 것이고, 성도는 교회를 이뤄 나가는 지체로서 각자 맡겨진 사명의 자리에서 자기 몫을 해낼 때 건강하게 성장해 나갈 수 있다.

'문제만 없으면'식의 소극적인 자세로 교회가 존재하고 있다면 그것은 하나님 입장에서는 정말 큰 낭비이다. 이름만 대면 알 만한 큰 교회들이 교회가 머물고 있는 지역사회 속에서 엄청난 영적 파도를 만들어 내야 할 책임을 잊은 채 스스로 교회 안에 자신을 가두고 평지풍파를 일으키지만 않으려고 웅크리고 있는 것은 하나님 나라의 자산을 낭비하는 최악의 경우이다.

그러므로 교회에 대한 기대치를 상향 조정해야 한다. 이 땅의 교회는 문제만 없으면 칭찬 들을 정도로 나약한 존재로 세워지지 않았다. 사도행전을 읽다 보면 교회 때문에 '소동'이 일어나는 장면을 보게 된다. 사도들이 가는 곳마다 소동이 생긴다. 교회는 어떤 의미에서는 '소동을 일으키는 진원지'여야 한다. 교회 밖의 사람들에게 오히려 도전하여 영적인 문제의식을 촉발시켜야 한다. 지역사회 안에서 온 성이 들썩이도록 영향력을 끼쳐야 한다.

이 시대의 교회에 묻는다. "문제만 없으면 다인가?" 답은 "아니다!"이다. 무균실에 들어가 있는 사람은 각종 질병으로부터 안전하게 자신을 지킬 수 있겠지만, 거친 산을 타고 오르며 맛보는 대자연의 장엄함을 느낄 수 없다. 망망대해의 거친 파도가 주는 감동도 맛볼 수 없다. 자신의 인생에 불어닥치는 바람을 맞서 이겨 내며 느끼는 짜릿한 성취감과 보람도 없다. 교회는 문제를 두려워하지 말고 자기 스스로를 문제의식 속에 내던져야 한다. 교회여! 이곳에 존재해야 할 이유를 스스로 증명해야 하지 않겠는가?

서열과 합리성이 충돌할 때

서열(序列)! 서열은 삶을 살아가는 데 있어서 없어서는 안 될 인간됨의 기본이다. 인간 세상에서는 마땅히 지켜야 할 질서가 있어야 하고, 어른을 존경하며 관록을 존중해 줘야 한다. 장유유서의 전통을 갖고 있는 한국사회에서 서열은 그 어떤 덕목보다도 중요하게 생각하지 않으면 안 될 덕목이기도 하다.

한국사회는 서열 문화에 익숙해져 있기 때문에 누구를 만나더라도 둘 사이에 빨리 결정해야 할 것이 서열 문제이다. 누가 나이가 많은지, 누가 직급이 높은지, 누가 선임인지를 빨리 결정해 놓고 만남이 시작되어야 편하기 때문이다. 서열이 잡혀야 존칭어를 어떻게 써야 할런지도 결정된다. 존대어와 하대어를 분류해서 사용하고 있는 우리말의 특성상 빨리 서열이 결정되어야 말하기도 편해진다. 여러 모로 서열은 우리 사회를 떠받치고 있는 문화의 한 기둥이다.

그런데 이 서열이라는 것이 문제가 될 때가 있다. 바로 합리성과 부딪힐 때이다. 객관적이고 합리적인 방법으로 문제를 해결하려 하기 보다 서열로 간단히 문제를 해결하려 할 때 그 사회는 건강한 사회로 발전하지 못한다. 사회의 구성원들도 원칙 중심으로 합리적으로 살아가기 보다는 서열에 길들여져서 적당히 줄을 잘 서기만 하면 되니 발전이 안 되는 것이 당연하다. 교회야말로 우리 사회의 어떤 집단보다 더 서열문화가 지배하는 곳이다.

내가 속한 교단에서는 해마다 영어사전 두께의 주소록을 만들어 배포한다. 전국의 모든 교회의 주소와 목회자들의 연락처가 들어 있는 아주 유용한 자료이다. 20여 개에서 50여 개 교회가 묶여져 한 지방회를 구성하는데, 특이한 것은 주소록의 배열이 가나다 순 배열이 아니다. 연회에 속한 지방회의 배열도 역시 가나다 순이 아니다.

오랫동안 봐 왔던 것이라서 이제는 익숙하게 찾아 보고 있기는 하지만 늘 볼 때마다 합리적이 아니라는 생각을 하게 된다. 주소록의 지방회 이름은 물론 교회 이름 배열도 창립 순이기 때문이다. 그나마 잘 알고 있는 지역은 별 문제가 없지만 가령 목포에 있는 ○○교회를 찾는다고 가정하면 문제가 달라진다. 가나다 배열이 아니기 때문에 목포시에 있는 교회 이름을 다 훑어 보아야 간신히 찾아낼 수 있다. 문제는 교회 창립 순서를 거의 모든 사람이 모른다는 데 있다. 다른 자료라면 몰라도 주소록이라면 여러 사람이 편하고, 빠르게 찾아볼 수 있게 만들어야 한다는 것이 나의 지론이다.

이런 불편함은 곳곳에 있다. 해마다 열리는 회의록에 목회자 이름이 실린다. 수백 명의 목회자 이름이 나오는 데 이 역시 가나다 배열이 아니라 교단에 편입된 년도에 따라 배열되어 있다. 자기 이름을 찾으려 해도 여간 힘든 게 아니다. 자기 이름 찾기도 힘든데 다른 사람의 이름을 그 배열 속에서 찾아낸다는 것은 모래 속에서 바늘 찾듯 보통 어려운 일이 아니다. 이런 서열 배열은 간혹 불필요한 오해나 실수를 불러일으킬 수 있다. 서열을 잘 모르는 사람이 순서를 조금만 바꾸어 놓아도 그 실수는 큰 오해를 불러일으킨다. 기분도 나빠지고 맘 상하는 사람이 나온다.

무조건 서열을 없애자는 주장은 아니다. 조금씩 합리적인 방법으로 변화해 가자는 것이다. 본질을 흔들어 놓는 것이 아니라면 사회적 통념과의 간극을 줄여 가자는 말이다. 교회의 구성원들은 교회에만 머물러 있는 사람들이 아니라 사회생활 속에서 각자가 훌륭하게 자신들의 몫을 해나가고 있는 사람들이다. 성도들이 이해할 수 없는 교회의 기존 통념들을 과감히 수정해 준다면 좀 더 많은 성도들이 교회의 문화에 대해 공감대를 가질 수 있을 것이다.

영적 춘궁기

어린 시절, 외할머니 댁에 가면 처마 밑에 매달린 옥수수를 볼 수 있었다. 바짝 말라 버린 옥수수이지만 이듬해 봄이 되어 땅에 뿌려지면 울창한 옥수수의 물결을 만들어 냈다. 또 뒤켠의 허드렛 창고를 들여다보면 가마니에 쌓인 감자가 있었는데 그 감자를 '씨감자'라고 불렀다.

봄이 돌아올 즈음, 우리네 조상들은 소위 '보릿고개'라는 혹독한 춘궁기(春窮期)를 지내야만 했다. 한 톨의 옥수수가 아쉬울 때, 한 알의 감자가 귀할 때 배고프다고 씨옥수수나 씨감자를 먹어치운다면 그 집은 희망과는 영원히 이별이다. 농부는 죽으면서도 씨를 밭에 던지고 죽는다고 했다. 씨를 뿌린다는 것은 다음 세대에 희망을 주는 일이기 때문이다.

가장 배고플 때, 가장 빈궁할 때, 최악이라고 생각되는 그 순간이야말로 씨를 뿌려야 할 때이다. 그래서 성경은 "눈물을 흘리며 씨를 뿌리는 자"(시 126:5)[19]라고 표현한다. 그렇다. 씨를 뿌리는 일은 눈물을 흘리는 일이다. 잠시의 달콤함을 포기하고 먼 훗날을 위해 땅에 뿌린다. 지금 당장 한 끼를 때우는 근시안이 아니라 앞으로 거둬들일 풍성한 추수를 믿음으로 보는 것이다. 그렇게 울며 씨를 뿌리는 자가 기쁨으로 추수를 거두게 될 것을 약속하는 것이다. 요즘 너 나 할 것 없이 이구동성으로 하는 말이 '힘들어 죽겠다'이다. 절망적인 전망과 희망의 숨통을 조르는 온갖 수치와 통계들이 뉴스를 채우고 있다. 지금은 어느 때인가? 그렇다. 지금이 바로 '영적 춘궁기' 아닐까? 춘궁기를 극복하는 단 하나의 비결은 울면서 씨를 뿌리는 것이다.

진짜 농부는 한 톨의 도토리 안에 숨어 있는 거대한 숲을 볼 줄 아는

---

19) 눈물을 흘리며 씨를 뿌리는 자는 기쁨으로 거두리로다 (시편 126:5)

눈을 가진 자이다. 마찬가지로 진정한 신앙인은 절망의 언덕에서 희망의 벌판을 바라볼 줄 아는 눈을 가진 자이다. 인생의 선배들은 배를 곯으면서도 자식들을 가르쳤다. 그것이 미래를 위해 눈물로 씨를 뿌리는 것을 믿었기에 할 수 있었다. 가난했던 그 시절에 우리 믿음의 선배들은 먼저 교회를 세웠다. 지금보다 훨씬 GNP가 낮았던 때 가장 왕성하게 선교사를 파송했고 교회를 개척했다. 우리가 누리는 지금의 풍요는 바로 그분들이 눈물을 흘리며 씨를 뿌린 결과이다.

이제 교회는 풍요로워졌고, 우리네 삶도 배곯지 않아도 되는 때를 살게 되었다. 어머니의 소원대로 '찬 물, 따슨 물'이 콸콸 나오는 집에 살고 있다. 꿈만 같았던 '마이카 시대'는 이미 오래전에 왔다. 지금 우리는 대한민국 개국 이래 최고 사치스럽고 풍요로운 시기를 살고 있다. 그럼에도 불구하고 이 시대의 비극이 있다면 그것은 이젠 더 이상 씨를 심지 않는다는 것이다. 울 일이 없으니 씨도 뿌리지 않는다. 그 결과는 뻔하다. 씨를 심지 않는 세대의 다음 세대는 혹독한 기근만이 기다릴 뿐이다.

헛배 부른 것에 속으면 안 된다. 지금이 씨를 뿌릴 때이다. 울면서 다시 기도의 씨를 심고, 헌신의 피로 씨를 심고, 물질을 드려 복의 씨앗을 심고, 사람들의 영혼마다 복음의 씨를 뿌려야 할 때이다. 하나님은 울며 씨를 뿌리는 이 시대의 일꾼들을 통하여 영적 춘궁기를 극복해 나갈 힘을 주실 것이다.

역발상

교회 예배 중 가장 엄숙하게 드려지는 예배는 대부분 11시 '주일공동예배'일 것이다. 예배가 시작되면 숨소리도 들리지 않을 만큼 분위기는 묵직해지고, 전통적인 예배 순서에 따라 경건함을 더한다. 목사님의 설교는 좀 더 무게 있게 선포되고, 찬양대의 찬양은 고전적인 화음으로 예배의 깊이를 더할 것이다.

바로 이 예배에 일명 '주일만 신자(sunday christian)'가 가장 많이 출석한다. '주일만 신자'들은 거의 대부분 일주일 동안 단 한 번만 예배를 드린다. 다시 말해서 그들이 경험하는 예배의 경험은 주일공동예배뿐인 셈이다.

'주일만 신자'들의 예배 시간을 한 번 들여다보자. 순간 조용해지면서 성도들이 눈을 감은 채 사도신경을 '줄줄' 외우는 동안 소외감을 느끼며 멍한 시간을 보낸다. 성경 본문을 찾아야 할 때도 마찬가지이다. 성도들이 말씀을 찾는 소리가 멈춘 후에도 책장을 넘기고 있다는 사실에 혼자 민망하기만 하다.

설교 시간은 또 어떠한가? 아직 성경지식이 많지 않은 '주일만 신자'는 베드로가 세 번 부인(否認)했다는 설교를 들으며 베드로에게 세 명의 부인(婦人)이 있었던가 하며 고개를 갸우뚱하기도 한다.

그래서 조금 달리 생각하기로 했다. 다른 어떤 예배보다 주일공동예배가 더 쉽게 다가설 수 있는 예배가 되면 어떨까 하는 발상의 전환을 하기로 했다. 수십 년 전부터 주일공동예배 설교를 하면서 프리젠테이션

(PPT)을 활용하였다. 설교에 집중할 수 없는 분들이 가장 많이 출석하는 예배이기 때문이다. 성경 본문도 스크린에 띄워 준다.

이렇게 하면 교회 예배에 성경책도 없이 오는 사람들이 많아져서 안 하는 교회도 있다는데, 성경 못 찾아서 무슨 말씀인지도 모른 채 설교를 듣는 것보다 본문을 정확하게 눈으로 따라 읽고 설교를 듣는 게 낫다고 생각한다. 그분들을 위한 작은 배려이기도 하다. 대표기도하시는 장로님들에게는 교회에서만 사용하는 단어보다 가능하면 일상 언어를 선택하시도록 권면한다.

주일공동예배와는 달리 주일오후예배는 예배 전에 경쾌한 찬양을 하면서 한껏 활기차고 부드럽게 이끈다. 성경공부식 설교도 자주 하고, 때로는 간증도 하면서, 영상이나 실물을 예화로 사용하는 빈도수가 주일공동예배보다 훨씬 높다. 목사님들도 가운을 벗고 좀 더 편안한 목소리 톤으로 설교를 하신다.

그래서 교우들 중에는 공동예배의 엄숙함도 좋지만, 오후예배의 분위기가 더 좋다는 분들도 있다. 실상 오후예배 오시는 분들은 어떤 예배를 드려도, 아무리 딱딱한 분위기의 예배라고 해도, 설교를 아무리 무겁더라도 예배드리는 분들이다. 시쳇말로 '발로 차도 나오실 분들'이다.

'역발상'이란 일반적인 통념에 반대되는 생각을 말한다. 기준이 바뀌면 역발상은 쉬워진다. 신앙생활을 오래한 '내'가 아닌, 아직 교회가 낯선 '너'를 기준으로 삼는다면 교회의 문턱이 낮아지고 예배가 변화되고 말씀의 감동이 잔잔하게 스며들 것이다.

여성 장로 세우기

Q 2017년, 장로 취임식이 참 독특했습니다. 취임하시는 장로님 세 분이 모두 여성 장로셨잖아요? 이례적인 사건이 아닌가 생각되는데요, 그런 결정을 하기까지 가지셨던 목사님의 생각이 궁금합니다.

교회에서 일하는 사람들을 한 번 생각해 보세요. 주방, 전도, 셀리더(속장), 교사 등 각 영역에서 봉사하는 대부분의 사람들이 여성이에요. 그런데 교회의 중요 사안들을 결정하는 기획위원회를 보면 여성들이 거의 없었던 것이 그동안 교회의 보통 구조였습니다. 이런 구조는 교회가 여성들의 이야기, 어려움 등을 대변해 줄 수 있는 구조가 아니란 반증이죠. 그 구조를 변화시키고, 다소 약한 부분이었던 '여성 리더십'을 키워야 할 필요가 있다고 생각했습니다.

 여성 장로님들이 선출되고 나서 달라진 점이 있나요?

전에는 남성들이 그들만의 생각으로 다양한 일들을 결정해 나갔어요. 남성들이 독단적으로 일을 진행했다는 말이 아니에요. 나름 여성을 위한 일인 줄 알고 결정했던 것들이 현장에 적용되었을 때 여성을 위한 일이 아니게 되는 오류가 생겨났던 거죠. 그런 부분에서 많은 변화가 있었어요. 봉사의 각 영역에서 발생하는 '실제적인' 여성의 어려움들을 적극적으로 반영할 수 있게 되면서 여성의 눈으로 볼 수 있는 섬세한 부분들이 개선되기 시작했습니다. 일례로, 매달 첫 주 세대간 연합예배 때 성찬식을 하는데요, 이때 우리 교회 여성장로님들은 어린아이들을 위해 포도주가 아닌 포도주스를 들고 계세요. 그 앞에서 두 잔을 먹겠다고 떼를 쓰는 아이도 있답니다. (웃음) 사소한 것 같나요? 절대 아니에요. 사소한 것들이 하나, 둘씩 시나브로 변하는 것. 그것이 바로 큰 변화의 밑거름이에요. 교회 식당에 유아용 의자가 놓여진 것도 그 변화의 일부분이었지요.

효·미·준
효성중앙교회 미래를 준비하는 모임

Q 2017년으로 기억합니다. 교회 창립 60주년을 맞이하면서 과거를 돌아보는 것에 그치지 않고 미래를 준비하는 특별한 모임을 만드셨는데요?

우리는 그 모임을 〈효·미·준〉이라고 부르는데요. '효성중앙교회의 미래를 준비하는 모임'이라는 말의 앞 글자를 따서 만든 모임입니다.

60주년을 맞으면서 뭔가 한 매듭 정리하고, 또 다음 단계로 넘어갈 수 있는 계기를 만들고 싶었어요. 그래서 우리 교회를 이끌어 가는 핵심 멤버 250여 명이 2박 3일 강화도에서 합숙하면서 수양회를 했습니다.

미래를 좀 내다 보자는 마음으로 종교사회학 분야의 권위자이신 조성돈 교수님을 모셔서 한국사회의 변화를 예측해 보고, 또 그와 맞물려 교회가 어떤 변화를 준비하거나, 또 변화해 나아갈지를 고민했습니다. 미국 애틀란타 지역에 위치한 '노스포인트 교회'를 탐방하고 오신 권구현 목사님을 초청하여서 우리 교회가 다음 세대를 품으려면 어떤 마음과 자세를 가져야 할런지도 토론하고 또 함께 고민해 보았습니다. 제가 뭔가를 가르치거나 말하기 보

다는 그 모임에서는 주로 성도들이 그룹별로 서로 토론하고 소통하는 시간을 많이 가졌습니다. 제가 오히려 많이 들으려고 노력했죠.

재밌던 것 중 하나는 즉석에서 〈효미준〉에 참석하신 분들을 대상으로 밴드를 만든 후 그 모임방에서 온갖 투표를 많이 했다는 것입니다. 모두가 참여할 수 있었고, 목회자나 장로님들도 미처 몰랐던 성도들의 생각과 정서를 각종 투표를 통해 알게 된 것이 무척 놀라웠던 경험이었습니다. 물론 성도들도 엄청 재밌어 하셨습니다. 세대와 직분을 통합하여 소통의 장을 마련하고, 그위에 다양한 주제를 올려놓으니 얼마나 많은 생각들이 쏟아졌는지 모릅니다. 더할 나위 없는 귀한 시간이었죠.

'미래를 준비하는 모임'이라! 좀 낯설기도 한데요.

네. 충분히 그러실 겁니다. 낯설기도 하고 부담도 되는 자리였을 거예요. 하지만 과거를 돌아보고 미래를 꿈꾸는 일은 무엇보다도 중요합니다. 이런 중요한 일에 소외되는 사람이 없도록 각 부서, 각 층의 이야기를 듣고 소통해야 함은 당연한 거겠죠. 걱정하며 기대하며 준비했었는데 많은 분들이 참여하고, 다양한 의견들이 나와서 참 감사했어요. 〈효미준〉 모임 이후 〈청소년 비전트립〉을 기획하고 실행했습니다. 교인들이 생각하는 가장 중요한 일이 '선교'와 '다음 세대'였거든요. 이렇게 우리가 꿈꾸던 일은 하나씩 현실로 만들어 가고 있지요.

 '꿈을 현실로 만들어 간다!' 참 멋진 일이네요.

제가 〈효미준〉을 준비하면서 "우리들 마음 가운데 교회의 미래를 그려 보는 '꿈 한 덩이'씩 안고 돌아왔으면 좋겠습니다"라는 말을 했어요. 꿈을 꾸는 공동체는 살아 숨쉬는 생명체예요. 과거를 돌아보고, 현실을 직시하며 미래의 열매를 길러 내기 위해 끊임없이 꿈을 꾸어야 합니다. 그리고 그 꿈을 영원한 이상(理想)으로만 남기는 것이 아니라 현실로 실현되기 위해 노력해야 해요. 하나님의 꿈을 품고 이루어 내는 일! 생각만 해도 가슴이 벅차오릅니다.

4

상수도 신앙?

하수도 신앙?

"위의 것을 생각하고
땅의 것을 생각하지 말라"

골로새서 3:2

Re_formation

상수도 신앙? 하수도 신앙?

교회를 사용(?)하는 방법에 따라 두 가지 유형의 성도가 존재한다. 교회를 하수도 용도로 사용하는 성도의 가장 큰 특징은 교회 와서 '해결'이 아닌 '해소'를 한다는 것이다. 좋은 말로 하면 카타르시스(catharsis)요, 나쁜 말로 하면 배설(排泄)이다. 즉, 교회 와서 기분을 푼다. 높아지고 싶은 욕망을 맘껏 교회 안에서 풀어 버린다. 심지어 세상에서 받은 스트레스를 교회에 와서 푸는 이들도 종종 볼 수 있다. 주변 성도들에게, 혹은 목회자에게 자신의 감정을 분별없이 쏟아붓는 유형이야말로 '하수도 신앙'의 전형적인 모습이다.

반면, 교회를 상수도로 여기고 믿는 성도들이 있다. 상수도 믿음을 가진 성도는 땅엣것을 생각하기 보다는 위의 것을 먼저 생각한다. (골 3:2)[20] 교회는 내 기분 푸는 곳이 아니라 하나님의 기분을 살피는 곳임을 깨닫고 믿는다. 영원히 마르지 않는 상수원인 위로부터 내려오는 위로와 힘을 받으니 에너지가 소진될 일도 없을 것이다.

하수도 신앙인은 공급받는 힘이 없다 보니 힘으로 버둥대며 버티다가 지쳐 쓰러져 버린다. 탈진하고, 우울함에 빠지고, 주변의 사람들을 행복하게 해 주는 에너지가 발산되지 않는다. 반면 상수도 신앙을 경험한 이들은 이런 고백을 할 수 있다.

"이는 힘으로 되지 아니하며 능력으로 되지 아니하고 오직 나의 영으

---

20) 위의 것을 생각하고 땅의 것을 생각하지 말라 (골 3:2)

로 되느니라!"(스 4:6)

"육으로 난 것은 육이요, 성령으로 난 것은 영"(요 3:6)이기 때문에 교회는 땅에 존재하지만 땅에 머물지 않는다. 신앙인이면서도, 교회 안에 머물면서도 육으로 난 것만으로 살아가고 있다면 그것이야말로 가장 큰 비극이다. 육신을 따르는 자는 육신의 일을, 영을 따르는 자는 영의 일을 생각(롬 8:5)한다. 육신의 일에 집중하는 신앙인들이 점령한 교회는 결국 세상 속에서 소금의 역할을 감당할 수 없다. 하나님의 몸인 교회마저도 살내음 가득한 경쟁처요, 욕망의 분출구로 전락시켜 버린다. "육신의 생각은 사망이요, 영의 생각은 생명과 평안(롬 8:6)"이기 때문이다.

하수도 신앙인과 상수도 신앙인은 기도의 내용도 질적으로 다르다. 전자는 늘 땅엣것을 위해 기도한다. 출세와 성공, 자식 잘 되고 집안 잘 되는 것으로 온통 기도의 내용이 채워져 있다. 그러나 후자는 나의 유익보다 먼저 교회의 유익을 위한 간구의 기도를 드린다. 내가 거름이 되어서라도 교회가 세워지고, 자랄 수 있다면 기꺼이 희생할 수 있는 용기를 달라는 것이 그의 기도 제목이 된다. 주님 때문에 내가 잘 되기를 기도하기 보다는 주님으로 인해 내가 고난을 당하여 십자가의 영광을 내 몸에 지닐 수 있게 해 달라는 영적인 기도에 도달한다.

교회는 영적이어야만 하고 교회의 지체인 성도는 성령의 DNA를 지닐 때에야 비로소 '성도'가 된다. 교회는 거룩한 영적 상수원에 맞닿아 있는 그리스도의 몸이다. 하늘을 바라보며 신령한 젖을 사모하며 신앙하는가? 아니면 당장 내 앞의 이익에 눈이 멀어 추한 욕망의 분출구로서 신앙하는가?

품위와 질서

고린도전서는 탁월한 목회 교본이다. 여러 은사에 대한 갈등에 대해 성경은 여러 모양으로 적절한 교훈을 말한 후 이렇게 14장을 마무리한다.

"모든 것을 품위 있게 하고 질서 있게 하라."(고전 14:40)

이 말씀이 참 낯설다. 모든 것을 은혜 넘치게 해야 하고, 믿음과 성령이 충만하게 해야 한다. 그런데 은사에 대한 교훈의 마무리는 왠지 신앙적인 덕목과는 거리가 먼 것같이 보이는 것들로 마무리한다. 그런데 곱씹어 볼수록 이 두 개의 단어가 마음에 점점 더 무겁게 자리잡는다.

품위 없이 하는 바른 말은 어떤가? 말은 바른 말을 하고 있을는지 모르지만 그 말이 사람들에게 감동을 주어 영향력을 발휘하거나, 교회에 덕을 끼치는 데 도움이 되진 못한다. 자신이 바른 말을 하고 있다고 생각하는 강도(強度)가 세면 셀수록 말하는 품위는 더욱 싸구려가 된다. 더 나아가서 자신이 정당하다고 여길수록 오히려 더욱 질서를 깨뜨리는 일을 양심의 가책 없이 서슴없이 행동한다. 이런 일에 대해 바울은 엄중하게 경계한다. 품위와 질서를 지키라는 것이다.

나는 예수 믿는 것이 참 '멋진 일'이라 생각한다. 외적으로 볼 때엔 주일에 깔끔한 옷으로 차려입고 성경책을 옆에 끼고 가족들과 함께 웃고 대화하며 예배당을 향해 가는 모습은 보기에도 참 멋지다. 앞 집 문에 붙은 교패를 보고 예수 믿는 집인 것을 알았는데 엘리베이터에서 반갑고도 인자한 미소로 인사해 주는 이웃을 보며 '아, 정말 예수 믿는 사람이 좋긴

좋구나'라고 생각할 수 있다면 참 멋진 일이다. 백미러에 십자가가 예쁘게 매달린 차가 먼저 양보해 주며 매너 있게 수신호로 상대방을 배려하는 운전을 하는 것은 참 멋진 모습이다. 생활 속에서 그런 품위 있는 기독교인들이 늘어나는 것이 전도지 없이 전도하는 것이다.

반대로 품위 없는 성도는 교회로 오는 발걸음마저 되돌려 보내는 걸림돌이다. 품위 없는 언어, 품위 없는 행동, 품위 없는 인간관계로 인해 순결한 복음의 진리마저 추하게 만들어 버리는 일들이 얼마나 많은가?

믿음을 핑계로 질서를 어지럽히는 일도 면책(免責)될 수 없다. 하나님이 창조하시기 전에 땅도 있었고 물도 있었다. 물은 물대로 모이고, 땅은 드러나서 각각 자기 자리에서 질서를 지키는 것이 창조의 역사이다. 물이 질서를 지키지 않고 땅으로 밀려들어 오면 해일이나 쓰나미가 된다. 재앙이다. 땅이 밑으로 꺼져서 물속으로 들어가면 큰 지진이 난 것이다. 이 또한 엄청난 재난이다. 성도는 성도의 자리에서 질서를 지키고, 목회자는 목회자의 자리에서 질서를 지켜야 한다. 이 질서가 무너지면 교회도 무너진다.

각 교회에서 당회를 비롯해 여러 기관의 총회 등등 크고 작은 회의가 빈번할 때야말로 다시 한 번 고린도전서의 이 말씀을 되새겨 볼 때가 아니겠는가?

"모든 것을 품위 있게 하고 질서 있게 하라."

교만은 재앙이다

성경이 가장 흥분하며 지탄하는 죄악 중에 우선순위에서 밀리면 서운해 할 죄가 바로 '교만'이다. 성경의 숱한 이야기 가운데에서 교만한 자들이 하나님을 거스르다가 어떻게 망했는지를 찾아보기란 그리 어렵지 않다. 왜 교만은 패망의 선봉이 되고 넘어짐의 앞잡이가 될까?

전문가의 말을 들어 보면 당뇨병은 병 그 자체로는 그다지 위험한 병이 아니라고 한다. 잘 다독이면 평생 친구처럼 몸에 지니고 살아가기도 한단다. 그런데 오히려 당뇨병으로 인한 합병증이 위험하다는 사실은 상식적으로 잘 아는 바다. 교만도 마찬가지다. 교만하다는 것은 온갖 합병증을 유발하기 때문에 망하고 넘어지게 된다.

먼저 교만하게 되면 남의 말을 안 듣게 된다. 그러니 넘어질 수밖에 없다. 목사가 교만해지면 성도의 말을 안 듣게 되고, 성도가 교만하게 되면 목사의 말을 안 듣는다. 남의 말을 귀담아 듣지 않는다는 것은 곧 자신의 성장이 멈췄다는 것을 반증하는 것이다. 성장이 멈췄다는 것은 심하게는 '죽었다'는 말이다. 살아있는 모든 것은 자라며 변화해 간다. 변화되기를 거부하고, 성장해 가기를 멈출 때 영적 죽음은 찾아온다. 주변에 이렇게 살았으나 죽은 신앙인을 어렵잖게 볼 수 있다. 과거에 열심을 다해 신앙생활했던 이들에게 이런 증상은 더욱 두드러지게 나타난다. 과거의 기억에 사로잡혔기 때문이다. 지금 현재의 나, 그리고 앞으로 살아갈 나를 소중히 여기기 보다는 예전의 나에 붙잡혀 있다 보니 더 이상의 변화를 기대할 수 없다.

현행범마저 품으셨던 예수님이 그토록 불구대천지 원수처럼 대립각을 세운 바리새인이야말로 교만의 표상이다. 왜 예수님이 죄인은 품어 주시면서도 바리새인과는 화해하지 않았는가? 죄인은 변화될 가능성을 지닌 이들이다. 앞으로의 삶이 기대되기에 희망이 있다. 하지만 바리새인들은 자기 고집으로 똘똘 뭉쳐 있다. 어떤 설교를 듣던지 자기 주관으로 옳고 그름을 판단하고 있다 보니 변화의 가능성은 보이지 않는다. 그러니 예수님의 설교를 듣고 회개하며 돌아오는 죄인이 있는가 하면 같은 설교를 듣고 나서 예수님을 죽이려는 마음을 더 굳게 가지는 바리새인이 있는 것이다.

또한 교만은 복의 통로를 막기 때문에 재앙이다. 하나님 앞에서 어린 아이같이 사모하지 못하도록 교만이 막아선다. '주세요'라고 손 내밀지 못하도록 막는다. 하나님 앞에 약한 척하지 못하고 강한 척하다 보니 도움의 손길도 기대할 수 없다.

교만은 관계도 단절시킨다. 낮은 웅덩이에는 물이 고이지만 도드라져 있는 둔덕에는 물이 고일 수 없다. 교만한 사람은 늘 외롭다. 교만으로 굳어진 껍질을 스스로 깨뜨리지 않는 한 살갗으로 느끼는 이웃의 따스한 온기를 느낄 수 없기에 외롭게 살아간다.

교만을 깨는 가장 효과적이고도 쉬운 방법은 올챙잇적 기억을 되살려 보는 것이다. 이스라엘이 교만해질 때마다 하나님께서 상기시키는 것이 있다. 즉, '애굽에서 종 되었을 때'를 잊지 말라는 것이다. 굳어진다고 느껴질 때 조금만 유치해져 보자. 내 생각이 옳고 다른 사람들이 다 틀렸다고 느껴질 때 다시 한 번 나 혼자 틀린 건 아닌지 신중하게 돌아보자.

그리고 아직 나는 더 성숙해지고 자랄 수 있다고 칭찬하자. 당신은 훨씬 더 매력적인 사람이 되어 있을 것이다.

최고의 전도지, 행복한 표정

인천북지방회에서 중국 산동성을 방문한 적이 있다. 그 방문은 산동성기독교협회와의 교류사업의 일환으로 이루어진 것이다. 9명의 방문단원은 산동성신학원 방문을 비롯해 제남, 위방, 태안, 위해, 해남, 평도, 청도 지역의 교회에 들러 중국교회의 현장을 볼 수 있었다. 또한 기독교협회 임원들과의 사귐을 통해 한·중 교회의 다양한 교류에 대해 상호간의 신뢰를 구축하였다.

그때 방문 중 인상 깊었던 만남은 위해 복문교회의 여조십 목사님과의 만남이었다. 주일 예배를 복문교회에서 드린 후 잠시 환담을 나누면서 여 목사님의 간증을 들을 기회가 있었다. 그 간증을 들으면서 마음속에 깊은 울림이 있었다. 다음은 여 목사님의 간증이다.

복문교회가 예배당을 새로 짓고 헌당식을 하기 위해 준비하고 있는 중에 큰 고민거리가 생겼다. 5천 명 정도의 헌당식 참가자들에게 점심 식사를 어떻게 할 것인가에 대한 고민이었다. 여 목사님과 교회 직원들은 회의를 거쳐 간편히 먹을 수 있도록 근처의 유명한 샤알빙(고기를 넣어 만든 중국식 호떡 종류) 음식점에 주문을 하기로 결정하였다. 한 사람당 2개씩, 1만 개의 샤알빙을 맞췄는데 3일이나 걸쳐 샤알빙을 만들었다고 한다. 그런데 샤알빙과 함께 먹어야 하는 국물 만드는 것이 문제였다. 음식점 측에서는 교회로 출장을 나와 교회 주방 시설을 사용하여 국물을 제공하기로 결정하였다고 한다. 그때 교회에서 일하는 음식점 직원들의 눈에 하루 종일 헌당식을 위해 봉사하는 봉사자들이 눈에 들어왔다. 직원들은 하루 종일 서서 일하면서도 너무나 밝고 행복한 표정을 짓고 있는 그들을 보면서 뭔가 느끼는 것이 있었다.

그들이 물었다.

"도대체 당신들은 하루에 얼마씩 받고 일하길래 그렇게 표정이 밝고 웃음이 끊이질 않습니까?"

복문교회 성도들이 이구동성으로 대답했다.

"우리가 아버지께 일하면서 무슨 돈을 받습니까? 우리는 기쁨으로 아버지께 봉사하는 것일 뿐 보상을 받지 않습니다."

행사가 끝나고 음식점에서 주인과 직원들이 회의를 열었다. 그 회의에서 그들은 복문교회 헌당식에 납품한 샤알빙 1만 개와 직원 출장 봉사를 포함한 국물 값을 받지 않기로 결정했다. 복문교회 교인들의 봉사와 섬김의 모습이 믿지 않는 그들까지도 감동시킨 것이다.

그 음식점은 2005년 헌당식 이후로 지금까지 복문교회 행사 때마다 샤알빙을 무료로 제공하고 있다. 음식점 사장은 지금도 직원들을 모아 놓고 입버릇처럼 말한다고 한다.

"교회 성도들은 무보수로 봉사하면서도 그렇게 기쁘게, 정성스럽게 하는데 우리는 보수를 받고 일하면서도 교회 성도들처럼 할 수 없는가?"

복문교회는 이런 일들을 경험하면서 머리로 믿는 신앙이 아니라 가

습으로 믿는 신앙인으로서 더욱 하나님을 믿고 두려워하며 섬기는 일꾼
이 되었다고 한다.

　중국 교회에 와서 예배하면서 느낀 것 가운데 하나는 열악한 환경 속
에서 교회를 섬기는 그들의 얼굴에 행복이 배어 나온다는 것을 본 것이
다. 행복한 얼굴이 가장 멋진 전도지였다. 행복한 웃음이 묻어 나오는 표
정이 믿지 않는 이들까지도 감동시킨 최고의 메시지가 된 것이다. 예배
드리고 나오는 성도의 얼굴에서 행복한 웃음을 보는 것이야말로 목회자
의 가장 큰 기쁨이고, 하나님의 기쁨이리라.

어쩔 줄 몰라 하는

　간혹 어쩔 줄 몰라 하는 성도를 보면 행복한 미소가 지어진
다. 처음 대표기도를 맡은 집사님의 목소리가 떨린다. 그 떨리는 목소리
로 어쩔 줄 몰라 하면서 더듬거리며 드리는 기도문은 어설픈데도 감동이
다. 다른 사람들에게는 별 것도 아닌 일인데, 그 일을 맡고 나서 어쩔 줄
몰라 밤을 새면서 생각하고 또 생각하는 그 마음이 아름답다. 그러면서
목사님, 제가 미워서 이 일을 시키신 거죠?라고 투정을 부리는 성도의 마
음이 너무 사랑스럽다.

　처음 심방을 받는 가정. 목회자와 심방대원을 기다리느라고 긴장되
어서 아침부터 하루 종일 아무 일도 못했노라고 엄살(?) 떠는 그 마음이
예쁘다. 무릎을 조아려 앉아 예배 순서 하나하나에 집중하는 그 떨림은

얼마나 소중한가? 또 그 떨림을 바라보는 하나님의 마음은 얼마나 행복하실까?

지방의 작은 교회 여선교회의 헌신예배에 초청된 적이 있었다. 그 시간을 기억할 때마다 내 입가에 미소가 지어진다. 연령대가 젊은 여선교회였는데 예배 전에 도착해 보니 예배당 입구 마당에 한 무리의 성도들이 모여 대화를 나누고 있었다. 다가가서 인사를 나누다 보니 그 중의 한 분이 오늘 헌신예배 때 기도를 맡은 분이셨다. 다들 까르르 웃으면서 기도순서를 맡은 성도가 오늘 처음으로 대표기도를 하는지라 지금 너무 떨려서 어떻게 할 줄을 모르는 모습을 보며 재미나게 놀리는 중이셨다. 대화 도중 한 남자분이 부리나케 차를 타고 교회 밖으로 나가신다. 옆의 분이 귀띔을 해주시는데, 대표기도를 맡으신 성도님의 남편이란다. 왜 나가냐고 물으니 약국 가서 우황청심원 사러 나가신다는 것이었다. 조금 후 헐레벌떡 그 남자 성도님이 도착하여 아내에게 우황청심원을 건네는 모습을 보았다. 그날 그 헌신예배는 나 자신에게도 참 감동이었다. 대표기도를 하신 그분의 기도만으로 이미 예배는 너무나 아름다운 감동이 넘쳤기 때문이었다.

하나님 앞에 어쩔 줄 몰라 하며 서는 그 마음. 하나님은 그 마음을 너무나도 기쁘게 받으신 줄로 나는 확신한다. 반면에 뻔뻔한 모습은 사람의 눈에 볼 때에도 얼마나 참을 수 없는 가벼움을 느끼게 하는가? 닳고 닳은 레파토리를 판에 박힌 듯 능수능란하게 뽑아 내는 설교를 들을 때, 청산유수같이 물 흐르듯 유려한 문장으로 드려지는 기도를 들을 때, 교회에서 사명을 맡으면서 많이 해오던 일이니까 아무런 준비 없이도 척척 해내는 사역자를 볼 때, 우리는 마치 박제(剝製)처럼 생명력 없이 말라 버린 껍질을 보게 된다.

경건의 능력이 없을수록 경건의 모양은 더 화려하게 치장된다. 속 알이 비어 있는 기도일수록 화려한 형용사가 더 많이 동원된다. 얕은 샘에서 길어 올린 물처럼 생명이 없는 설교일수록 많은 예화로 치장된다. 나 아닌 다른 사람이 했던 말을 이어 붙였을 뿐 설교자의 영혼이 빠져 버린 설교는 공허한 연설이 되기도 한다.

성경에서 위대한 일을 감당한 사람들은 하나님께서 사명을 주실 때마다 어쩔 줄 몰라 두려운 마음으로 그 사명을 받았다. 기드온이 그랬고, 이사야, 모세, 여호수아가 그러했다. 어쩌면 하나님은 그들의 '쩔쩔맴'을 더 귀하게 보시고 그들을 사용하시지 않았을까? 예배 앞에 뻔뻔해지지 않기를 기도한다. 한편의 설교라도 익숙하게 해치우지 않기를 기도한다. 하나님이 맡기신 일감을 능수능란하게 해치우지 않기를 기도한다.

주님, 제가 주님 앞에 설 때마다 늘 어쩔 줄 몰라 쩔쩔매는 순박함을 잃지 않게 하소서.

관계가 모든 것이다

하나님은 먼저 우리에게 관계의 정립을 요청하신다. 행동은 그 다음이다. 바른 관계라면 당연히 행동의 열매도 좋게 나타날 것이기 때문이다. 자녀를 길러 본 부모는 그 심정을 이해할 수 있다. 그냥 내 앞에 있어 주기만 해도 행복한 사람이 있다는 것을. 진정한 사랑을 해 본 사람은 이해할 수 있다. 그냥 사랑하는 사람과 내가 연결되어 있다는 것만으로도, 아니 이 세상 어딘가에 존재해 있다는 것만으로도 충분히 행복할 수 있다는 것을.

관계가 잘 맺어져 있는 상태에서 일은 시작된다. 가지가 나무에 잘 붙어 있기만 해도 과실은 저절로 열린다. 예수님은 포도나무의 비유를 통해 이 진리를 설명해 주셨다. 내가 네 안에, 네가 내 안에 거하는 바른 관계를 통해 열매를 많이 맺을 수 있다고 말씀하셨다. 거한다는 의미는 상호 관계의 상태를 의미한다. 그러나 그 반대의 경우도 있다. 나를 떠나서는 아무것도 할 수 없다고 하신다. 그분과의 관계없이 열매를 맺으려는 시도는 개인에게는 불행이요, 목회자에게는 재앙이고, 그런 지도자가 있는 교회는 희망이 없다.

그럼에도 불구하고 우리는 관계를 잘 유지하려는 노력보다 열매를 많이 맺는 것에 먼저 집착하는 오류에 빠진다. 그분은 나와 더 깊은 영혼의 교감을 원하시는데 나는 여전히 그분이 내게 열매를 원하신다고 착각한다.

목회자라면 당연히 교회 성장이라는 열매를 바랄 것이다. 성장의 열매를 주렁주렁 맺기 위해 온 열정을 다한다. 그런데 그러다가 그분과의 관계가 서먹해진다. 더 나아가서 아예 그분은 제쳐 두고 그분의 의도와는 아무런 상관없이 열매를 맺는 것에 모든 것을 쏟아붓기도 한다. 그러면 그럴수록 그분과의 관계는 악화될 뿐인데도 말이다.

목회를 하면 할수록 더욱 더 깨달아지는 것 하나가 있다. 하나님은 내가 무언가를 이루기 위해 몸부림치기를 바라시지 않는다는 것이다. 그분이 더 기뻐하시는 것은 내가 잠잠히 그분을 바라보는 것이다. 그분의 생각을 조용히 읊조리는 것을 그 어느 것보다 더 기뻐하시리라는 확신이 든다. 그러나 현실은 그렇지 않다. 끊임없이 열매, 즉 결과물을 내기 위해 진력을 다한다. 알면서도 밀려갈 수밖에 없는 현실과 이상의 괴리이다.

목회자와 성도를 막론하고 그분의 의도와 상관없이 내가 설정한 목표에만 매달리는 행위는 곧 그분에 대한 반항이요, 도전이다. 우리가 우선해야 하고, 가장 중요하게 여겨야 할 것은 '그분의 뜻'을 헤아리는 것이다. 그분의 뜻을 헤아리기 위해 반드시 필요한 것이 '그분과의 관계'이다.

내가 가장 부러워하고 이루고 싶은 신앙의 최고 경지가 시편 131편에 나온다.

"여호와여 내 마음이 교만하지 아니하고 내 눈이 오만하지 아니하오며 내가 큰일과 감당하지 못할 놀라운 일을 하려고 힘쓰지 아니하나이다. 실로 내가 내 영혼으로 고요하고 평온하게 하기를 젖 뗀 아이가 그의 어머니 품에 있음 같게 하였나니 내 영혼이 젖 뗀 아이와 같도다. 이스라엘아 지금부터 영원까지 여호와를 바랄지어다."

누구나 큰일하기를 꿈꾼다. 자기 용량으로 감당치도 못할 거면서 놀라운 일에 야망을 품고 덤빈다. 어쩌면 인간이기에 당연한 일일지도 모른다. 그렇기 때문에 매일 자기 안에 돋아나는 욕망의 싹을 죽여 나가는 영적 깨달음이 필요하다.

그분이 내게 뭔가 해주지 않으셔도 그냥 그분을 바라는 것!

그분이 내게 있어 주는 것만으로도 행복해 하는 것!

그런 신앙의 최고 경지를 꿈꾸며 난 오늘도 현실의 바다로 항해를 떠난다.

모를 권리, 말 안 할 권리

우리에게 주어진 최고의 축복 가운데 하나인 민주주의! 현대 민주주의가 가져다준 혜택의 최대 수혜자로서 우리는 어느 시대에도 구가할 수 없던 자유를 누리며 살고 있다. 그 자유 중에서도 가장 멋진 자유가 알 권리, 말할 권리이다.

교회는 사회의 어느 조직보다 월등하게 이 두 가지 권리가 보장된 곳이다. 그러다 보니 무성한 말의 성찬(盛饌)이 벌어지기도 한다. 내가 개인적으로 노력하는 것이 하나 있다. 인구(人口)에 회자(膾炙)되는 각종 뒷담화에 의도적으로 둔해지는 것이다. 그래서 간혹 목회자들의 모임에 가면 '그것도 모르느냐?'는 핀잔을 듣기도 한다. 하지만 그런 뒷담화에 대해서 모르는 것이 낫다는 생각은 아직 변함이 없다.

효성중앙교회에 부임하고 나서야 부임 전 담임자 청빙 과정에서 약간의 잡음이 있었던 것을 알게 되었다. 부임 면담을 하면서 어떤 분들은 그 일에 대한 책임 소재를 염두에 두고 내게 조언을 하고 싶어하셨다. 난들 궁금하지 않겠는가? 특히 그런 류(?)의 일에 대해서는 더욱 강한 호기심의 유혹이 있지 않은가? 하지만 그 일에 대해서 안 들으려고 애썼다.

누군가 그 일에 대해 운이라도 뗄라치면 말을 하지 못하도록 막았다. 지금도 그 내용에 대해서는 어렴풋이 알고 있기만 할 뿐 자세한 정황을 아직 모르고 있다.

속회(구역), 교회, 교계 할 것 없이 넘쳐나는 가십거리들. 성경은 '수군거림'에 대해 엄하게 꾸짖는 것을 알아야 한다.[21] 성경은 혀를 불에 비유한다. 그 불은 삶의 수레바퀴를 불사르는 강력한 힘이다. 혀의 잘못된 사용은 불의의 세계요, 지옥불이라고까지 표현한다.[22]

편견을 불러일으킬 수 있는 이야기 앞에서 듣고 싶은 호기심을 누를 수 있는 자제력을 우리는 지니고 있다. 충분히 말할 자격이 우리에겐 있지만 분란을 증폭시키는 일이 생길라치면 입을 닫을 수 있는 인격적 훈련이 되어 있어야 한다. 크리스천은 하나님의 자유와 권리를 잘 사용해야 한다. 알 권리만 우리에게 있는 것이 아니라 '모를 권리'도 있음을 기억하라. 말할 수 있는 권리도 있지만 때로는 '말 안 할 권리'를 행사할 수 있어야 한다.

이 권리를 사용할 힘은 사랑에서 나온다. 영혼을 사랑하기 때문에 더 캐고 들어가지 않는다. 교회를 사랑하기 때문에 입을 안 연다. 빌라도 앞에서 예수님은 할 말이 많으셨지만 입을 닫으셨다. 왜? 이유는 하나! 사

---

21) 예수께서 대답하여 이르시되 너희는 서로 수군거리지 말라 (요 6:43)
곧 모든 불의, 추악, 탐욕, 악의가 가득한 자요 시기, 살인, 분쟁, 사기, 악독이 가득한 자요 수군수군하는 자요 (롬 1:29)
내가 갈 때에 너희를 내가 원하는 것과 같이 보지 못하고 또 내가 너희에게 너희가 원하지 않는 것과 같이 보일까 두려워하며 또 다툼과 시기와 분냄과 당 짓는 것과 비방과 수군거림과 거만함과 혼란이 있을까 두려워하고 (고후 12:20)
22) 혀는 곧 불이요 불의의 세계라 혀는 우리 지체 중에서 온 몸을 더럽히고 삶의 수레바퀴를 불사르나니 그 사르는 것이 지옥 불에서 나느니라 (약 3:6)

랑하시기 때문이다! 예수님도 말 안 할 권리를 충분히 사용하셨다.

말 많은 교회

수년 전 우리 교회의 표어는 '그리스도를 닮은 착한 성도'
였다. 더 영적인 깊은 단계로 나아가야 할 때임에도 불구하고 '차카게 살
자!'라는 표어를 내 건 것은 어쩌면 부끄러운 일이다.

하지만 오늘날 교회의 이미지가 좀 더 착한 이미지가 되어야 한다고
생각한 이유는 각종 통계자료에서 보여주듯 기독교의 호감도가 날로 낮
아지고 있다는 위기의식 때문이었다. 저자 이만재는『교회 가기 싫은 77
가지 이유』에서 사람들이 교회를 떠나는 이유를 '교회에 가 봐야 나랑 별
다를 게 없는 사람들이 모여 있기 때문'이라고 했다.

새해 표어를 정하고 연초에 표어에 맞는 시리즈 설교를 준비하며 교
인들에게 설문조사를 했었다. 그리고 설문조사에 의해서 설교 제목을 정
한다고 예고했다. 설문은 두 가지. '어떤 모습이 착한 성도의 모습인가?'
와 '이런 모습은 좀 고쳤으면'이라는 질문이었다. 그 중 가장 많은 득표를
하며 당당히 1위를 차지한 것은 바로 '말(혀)'이었다.

남의 말(뒷담화), 말로 상처주기, 말로 잘난 척, 말조심 안 하는 성도,
말로 자기 주장만 하기 등의 부정적인 항목이 득표의 대다수였다. 긍정
적으로 이랬으면 좋겠다는 응답의 대부분도 말에 대한 것이었다. 말로
인사 반갑게 해 주는 것, 따뜻한 말, 칭찬 또는 격려해 주는 말, 남의 말을

하지 않고 덮어 주는 성도의 모습이 착한 성도의 모습이라고 응답해 주셨다.

성경은 유독 우리 몸의 여러 지체 가운데 '입/혀/말'에 더 많은 교훈을 하고 있다. 야고보서 3장은 온전한 사람을 소개하면서 "말에 실수가 없는 자"(약 3:2)[23]가 온전한 사람이라고 한다. 예수님도 "입으로 들어가는 것이 사람을 더럽게 하는 것이 아니라 입에서 나오는 것이 사람을 더럽게 한다"(마 15:11)[24]라고 하셨다.

말은 얼마나 좋은 하나님의 축복인가? 말이 하나될 때 인간은 하늘 끝까지 닿을 정도의 높은 탑을 쌓을 수 있었다. 하지만 그 위대한 프로젝트를 한 순간에 무력화시킬 수 있는 것은 말만 안 통하게 하면 되지 않았는가? '어휴~! 말이 안 통해! 답답해!'라고 할 때 한국말이 안 통하는 것이 아니라 진심이 안 통한다는 말일 게다. 우리는 말을 통해 하나가 될 수도 있고, 말을 통해 분열될 수도 있다.

혀는 방향을 결정짓는 힘이 있고, 파괴할 수 있는 힘이 있다. 게다가 양면성을 지니고 있다. 그래서 한 입으로 찬송도 하고 남을 저주할 수도 있다. 한 구멍에서 단 물과 쓴 물을 동시에 낼 수 있는 것이다. 말하기 전 우리는 3가지 질문을 스스로에게 던져 볼 필요가 있다. 1. 사실인가? 2. 덕이 되는가? 3. 내가 해야 할 말인가?

나는 얼마나 많은 말실수를 해 왔던가? 돌아보면 내가 뱉어 낸 말 때

---

23) 우리가 다 실수가 많으니 만일 말에 실수가 없는 자라면 곧 온전한 사람이라 능히 온 몸도 굴레 씌우리라 (약 3:2)
24) 입으로 들어가는 것이 사람을 더럽게 하는 것이 아니라 입에서 나오는 그것이 사람을 더럽게 하는 것이니라 (마 15:11)

문에 얼굴이 화끈거릴 때가 있다. 그러나 또 한편으로는 말로 인해서 격려받았노라고, 갈등이 해결되었노라고 인사를 받을 때면 얼마나 감사한지. 교회는 말이 많은 곳이라고 한다. 얼마나 좋은 말인가? 칭찬의 말, 격려의 말, 위로의 말, 덮어 주는 말. 이런 말들이 많은 교회! 그런 말 많은 교회를 꿈꿔 본다.

환상의 복식조

영원한 2인자 디모데! 그는 바울의 멋진 파트너였다. 바울이 바울이 될 수 있었던 힘은 디모데, 실라, 바나바와 같은 이들이 곁에 있었기 때문이 아닐까?

바울이 전면에 나서서 1세기 선교의 주인공으로서 종횡무진 그라운드를 누빌 때 그 뒤에 디모데가 있었다. 바울에게 있어서 디모데는 아들 같은 존재였다. 그냥 아들이 아니라 '참 아들'(딤전 1:2)이었다. 사람간의 관계는 상대적이다. 디모데도 그만큼 바울을 아버지께 하듯 공경하며 섬기었다. 자식이 아버지에게 함과 같이 함께 수고를(빌 2:22) 감당했기에 둘 사이는 아비와 아들의 관계 이상으로 끈끈한 인연을 맺을 수 있었다. 그런 인연의 끈을 맺기까지는 두 사람의 깊은 신뢰 없이는 불가능했을 것이다. 디모데는 바울과 함께 갇히는 고난(몬 1:1)을 함께했다. 누구나 고난을 함께 겪으면서 뜨거운 가슴으로 서로를 확인할 수 있게 된다.

바울은 에베소에서 목회하다가 마게도냐로 떠나면서 에베소 교회를 디모데에게 위탁하고 떠났다. 상대적으로 연소하다고 여겨졌던 디모데에게 자신의 목회 노하우를 전수해 주기 위해 쓴 간절한 편지는 디모데전서, 디모데후서라는 이름으로 우리에게 이어져 내려오고 있다. 2인자로서 디모데는 영원한 2인자로서 바울이 빛을 발하는 데 없어서는 안 될 인물이다.

2인자 유형을 4가지 역할로 규정한 보고(현대경제연구원)가 있다.

첫째는 coordinator형 : 각 분야의 충돌을 조정함으로 1인자의 부담을 덜어 준다.

둘째는 advisor형 : 누구보다 앞서 트렌드를 읽고 점검하여 1인자가 올바른 결정을 내릴 수 있도록 돕는다.

셋째는 shadow striker형 : 축구 경기를 할 때 활발한 움직임으로 공격수가 공격할 공간을 만들어 주는 것처럼 1인자가 바른 선택을 할 수 있도록 활동하는 역할이다.

넷째는 devil's advocate형 : 악마의 대변인이라고 할 수 있다. 1인자가 잘못된 결정이나 선택을 하지 못하도록 끊임없이 악조건과 최악의 상황을 조언하여 바른 결정을 하도록 돕는 유형이다.

여기에 하나를 더하자면 cheer up(힘내!)형이 있다. 잘 한다고 칭찬해 주고, 힘들 때 격려하면서 앞서가는 이가 지치지 않고 목표를 향해 나아갈 수 있게 해준다.

교회에서 목회자와 장로와의 관계가 바울과 디모데 관계 같을 수 있다면? 최고의 조합이라고 할 수 있다. 경쟁이나 상호 견제 역할이 자신이 해야 할 일의 모든 것인 양 행동한다면 조력자가 되고 파트너가 되는 가장 훌륭한 2인자의 역할은 할 수 없다.

2인자는 단순한 서열의 등급이 아니다. 이 말은 단순한 주종관계나 복속의 개념이 아니라는 말이다. 2인자는 1인자만큼이나 뛰어난 능력과 자질을 갖춘 실력자이어야 한다. 때로는 1인자보다 더 빨리 보고, 더 멀리 보고, 더 빠르게 움직이는 사람이어야 한다. 1인자를 이기게 함으로 그와 함께 승리의 짜릿한 감동을 서로가 맛보는 것이다.

교회마다 멋진 파트너들이 더 많기를 기대한다. 그래서 교회가 세워지고, 부흥하는 승리의 메달을 목에 거는 기쁨을 함께 누리는 환상의 복식조가 교회마다 있기를 축복한다.

벤치 클리어링

[벤치 클리어링/Bench-clearing] : 덕아웃이나 불펜의 선수, 코치들이 몸싸움을 벌이는 선수나 심판을 제지하는 싸움에 가담하기 위해 그라운드로 나가는 행위. 야구나 아이스하키에서 자주 발생한다.

벤치 클리어링이 일어날 때마다 뉴스에서는 '스포츠 정신에 위배된다', '아이들 보는데 교육 상 안 좋다', '팬들에게 실망을 주는 행위'라는 말로 지탄을 받는다. 하지만 선수들 입장에서는 다르다. 같은 편 선수가 당하는 것을 가만히 앉아서만 볼 수는 없기 때문에 모두 그라운드로 뛰쳐나간다는 것이다. 같은 편 동료 선수를 괴롭히거나 몸에 상해를 입힌다면 우리도 가만히 있을 수는 없다는 단결심을 표현하는 한 방법이기도 한 것이 벤치 클리어링이다. 그리고 가끔 침체에 빠진 팀 분위기를 쇄신하고 흩어진 단결력을 다시 회복하는 데 가끔 이 방법이 쓰이곤 한다.

벤치 클리어링이 일어난 상황에서 머뭇거리거나 벤치에 앉아 있는 선수는 있을 수 없다. 벤치 클리어링에 대해 두산의 김현수 선수는 이렇게 말한다.

"같은 팀, 같은 가족이라고 생각하기 때문에 그런 상황이 벌어졌을 경우에는 화장실에 앉아 있더라도 뛰어 나와서 함께 해야 한다고 생각합니다. 우리 팀은 가족이고, 그게 가족이라고 생각하기 때문입니다."

교회에서 벤치 클리어링이 일어난다면 어떨까? 패거리주의나 집단이기주의를 말하고자 함이 아니다. 우리는 가족이기 때문에 그래야 한다는 생각이다.

이런 엉뚱한 상상을 해 본다. 교회에 위기가 닥쳤을 때 목회자와 평신도가 벤치에 앉아 있지 않고 모두 벌떡 일어나는 모습! 이런 모습은 상상만 해도 통쾌하다. 벤치 클리어링이라는 재미있는 말 뜻 그대로 벤치에 멍~하니 앉아 있는 사람이 한 명도 없이 모두 그라운드로 뛰쳐나가는 그런 상상 말이다. 교회를 넘어 교단간에도 벤치 클리어링이 일어나는 상상을 해 본다.

장로교회가 맞으면 감리교회가 뛰어나가고, 성결교회가 어려운 일을 당할 때 침례교회가 함께 그라운드로 뛰어나가는! 그런 모습을 상상하는 것만으로도 가슴이 뛴다. 이 민족 가운데 그리스도의 계절이 오도록 하는 일에 온 교회가 벌떡 일어나 함께한다면? 신천지에 맞서는 일이 몇 교회만의 문제가 아니라 기독교 전체가 들고 일어난다면?

서로간의 이기주의, '네가 안 돼야 내가 잘 된다'는 식의 발상은 성숙하지 못한 유아적 수준의 생각이다. 우리는 하나님을 "아버지!"라고 부르는 같은 자녀가 아니던가? 지금도 거센 세상의 파도에 맞서 싸우며 영적전쟁을 치러야 할 교회가 선장과 1등 항해사의 주도권 다툼으로 인해 우왕좌왕한다면 그 배는 항해는커녕 제자리에 맴돌며 표류하는 신세를 면치 못할 것이다. 파도 앞에 모든 선원이 마주 서야만 파도를 넘어갈 수 있다.

우리 교회는 금요기도회를 〈카타콤기도회〉라고 이름 짓고 9주 동안 기도의 힘을 모아 보자고 선포하였다. 평소 금요기도회보다 많은 성도들이 강단에 무릎을 꿇고 엎드려 기도하기 시작했다. 첫날, 자리를 가득 메운 성도들이 마음을 감동시켰다. 영적 벤치 클리어링이 일어난 것이다. 장로님과 권사님들이 잠들어 있던 자리를 박차고 나와 하나님 앞에 모두 엎드리는 그 모습은 하나님께 얼마나 아름다운 모습인가?

교회마다 벤치 클리어링이 일어나길 기대해 본다.

"그들은 사자처럼 소리를 내시는 여호와를 따를 것이라!"(호 11:10)

아름다운 하나됨

초대교회 성도들이 서로를 부르는 호칭은 '형제'였다. 하나님을 아버지라고 부르는 이들이 서로를 형제라고 부르는 것은 당연한 일이다. 한 하나님을 섬기고, 한 성령 안에서 교통함을 갖고 있으며, 하나의 세례와 하나의 신앙고백을 드리는 교회 공동체야말로 '형제'라고 부르는 것이 가장 아름다웠을 것이라고 생각한다. 그 뿐이랴. 이렇게 연합하는 것은 하나님 보시기에도 아름다운 일이다. (시 133:1)[25]

예수님은 우리의 '하나됨'을 위해 이렇게 기도하셨다.

"거룩하신 아버지여! 내게 주신 아버지의 이름으로 그들을 보전하사 우리와 같이 그들도 하나가 되게 하옵소서!"(요 17:11)[26]

삼위되신 성부와 성자와 성령이 하나됨을 이루어 온전하신 하나님의 속성이 되는 것과 같이 주님도 각각의 지체들이 하나가 되기를 소망하셨다. 주님의 소원이 하나 되는 것이라면, 사탄의 주요 임무는 갈라놓고 분열시키는 것이다. 성령의 열매와는 달리 육체가 맺는 열매는 다음과 같은 것들이다.

"원수 맺는 것과 분쟁과 시기와 분냄과 당 짓는 것과 분열"(갈 5:20)

이런 열매는 육체의 욕심을 따라 사는 이들이 맺는 열매이다. 성령이 떠난 곳에 분열의 영이 자리잡는다.

"이 사람들은 분열을 일으키는 자며 육에 속한 자며 성령이 없는 자니라."(유 1:19)

이 말씀처럼 '분열'이라는 단어는 성령이 없는 곳에서 자라나는 독버섯 같은 존재이다. 예수님이 그토록 각을 세워 비판했던 바리새인의 특징은 '나는 저들과 다르다'라는 구별의식이었다. 그런 구별의식을 바탕으

---

25) 보라 형제가 연합하여 동거함이 어찌 그리 선하고 아름다운고 (시 133:1)
26) 나는 세상에 더 잇지 아니하오나 그들은 세상에 있사옵고 나는 아버지께로 가옵나니 거룩하신 아버지여 내게 주신 아버지의 이름으로 그들을 보전하사 우리와 같이 그들도 하나가 되게 하옵소서 (요 17:11)

로 자꾸만 갈라놓는 일에 열중한 결과 예수님과 접점을 찾지 못하는 최악의 관계가 되었다. 그러므로 하나님을 진심으로 섬기는 우리는 분열의 영을 극복하고, 하나됨과 조화를 이루어 가기 위해 힘써야 한다.

그 어떤 하나됨보다 더욱 힘써야 할 것은 '교회의 하나됨'이다. 한국교회는 선교 초기에 감리교회, 장로교회, 성결교회를 따지지 않고 민족 복음화와 조국 근대화를 위해 한마음으로 이바지했다. 내 기억 속에 남아 있는 여러 좋은 기억들 중에는 어린 시절 가까운 교회들이 이웃교회가 부흥회를 열 때면 모두 참석하였던 일, 이웃교회와 연합으로 체육대회를 열기도 하고, 문학의 밤이 있을 때면 재능 있는 친구들이 서로 품앗이하면서 서로에게 도움을 주었던 일들이 있다.

하지만 하나됨의 긍정적인 모습 이면에는 분열과 갈등의 역사도 있었다. 그동안 교회 안팎의 사람들에게 분열로 인해 많은 상처를 안겨 주기도 했다. 교회의 분열은 곧 성도들의 실망으로 이어졌고, 성도들의 실망은 곧바로 교회를 등지는 결과로 나타난다. 독선과 고집 때문에 주님 안에서 한 형제인 개신교회 교단간에 서로를 적으로 오인하는 웃지 못할 해프닝도 생겨났다.

각 교단은 교단마다의 특색과 자기만의 색을 갖고 있다. 그런 다양한 색은 결코 분열과 갈등의 요인이 되어서는 안 된다. 오히려 서로의 약점들을 보완해 주는 지지자가 되어야 한다. 대한민국을 수호하는 국군은 공군, 해군, 육군이 있다. 이처럼 하나님 나라를 세워가는 위대한 선교를 이루기 위해 감리교, 장로교, 구세군, 성공회, 성결교, 침례교, 순복음이 존재한다. 대한민국 공군이 육군을 공격해서는 안 된다. 해군이 공군에게 함포사격을 해서는 절대 안 된다. 각각의 전투 영역에서 자신의 색에 맞게 최선을 다해 국방의 의무를 다하다 보면 결과적으로 대한민국의 안보가 보장될 것이다. 이같이 각 교단이 자신들의 색에 맞게 최선을 다해 십자가 군병으로서 의무를 다할 때 하나님 나라는 든든히 서 갈 것이다.

해마다 우리 교회는 가까운 이웃 교회인 부평제일성결교회와 '강단교환예배'를 드린다. 강단 교환이라고 해서 단순히 설교자 한 명만 서로 교환설교를 하는 것에서 조금 더 나아가 담임목사와 찬양단도 함께 이웃 교회에서 예배를 드린다.

강단교환예배는 예수 그리스도께서 우리에게 기대하시는 '한 몸 공동체'를 회복하는 소중한 시간이다. 설교자인 목회자는 물론 찬양대로 참여한 성도들도 강단교환예배를 통해 교회의 하나됨을 깊이 경험한다. 성도들은 이웃 교회 목사님과 찬양대가 방문하여 예배드릴 때 머리되신 그리스도를 중심으로 우리가 지체인 것을 자각하는 소중한 계기도 된다. 강단교환예배를 통해 서로가 자신이 섬기는 교회에 대하여 긍지와 자부심을 갖게 되는 것은 덤으로 받는 선물이다.

이 예배를 준비하면서 가지는 마음은, '이웃 교회가 잘 돼야 우리 교회도 잘 된다'는 것이다. 이웃 교회를 존중해 주고 서로 축복해 주는 목회자의 마음을 성도들이 알게 될 때 성도들은 더욱 목회자를 존경한다는 것도 확인할 수 있었다. 이런 아름다운 연합을 이루게 하신 하나님께 감사할 뿐이다.

"우리가 하나가 된 것 같이 그들도 하나가 되게 하려 함이니이다."(요 17:22)

참나무 기둥

세계적인 명문 대학 옥스포드대학교의 다이닝홀에 얽힌 이야기를 듣게 되었다. 옥스퍼드대학교 뉴컬리지에 있는 다이닝홀은 1379년에 지어졌다. 이 홀의 천장은 대형 참나무 기둥 2개가 무게를 지탱하는데 각각의 기둥 크기는 60cm×60cm×15m 크기에 달한다.

당시의 건축양식을 잘 반영한 이 유서 깊은 다이닝홀에 문제가 생겼다. 천장을 떠받들고 있던 기둥이 벌레에 의해 심하게 훼손된 것이다. 대학 측은 신속히 다이닝홀을 폐쇄한 후 대책을 마련하기 시작했다. 최대의 관건은 현재의 기둥만큼이나 크고 굵은 참나무를 어디서 구할 수 있느냐는 것이었다. 대학이 위치한 옥스포드 주변에는 이만한 큰 참나무가 없었다. 만일 그만한 기둥을 먼 곳에서 가져오려면 엄청난 시간과 비용이 들 것이 뻔했다.

그런데 이 소문이 옥스퍼드대학교 소유의 숲을 관리하는 산지기의 귀에까지 들려졌다. 산지기는 대학 관계자를 찾아가 말하였다.

"그 기둥의 재목감으로 쓸 만한 나무를 구하시는데 고민할 필요가 없습니다. 저를 따라 오시지요."

그가 인도하는 곳은 숲속의 한 작은 구석이었다. 놀랍게도 거기에는 다이닝홀의 보수공사에 쓰이기에 적당한 대형 참나무가 여러 그루 자라고 있었다. 여기서 끝나지 않는다. 한 대학교 관계자가 이 일에 대해 호기심을 가졌다. '어떻게 대학교 산속에 이런 기둥에 쓰일 만한 나무가 있었을까?'라는 궁금증이 생긴 것이다. 그 대학교 관계자는 도서관과 역사자료실을 뒤져내어 그 호기심을 풀 수 있었다.

그가 추측했던 것처럼 이 다이닝홀을 설계한 건축가는 '참나무 기둥은 무당벌레에 취약하므로 주기적으로 교체해야 한다'는 기록을 남겼을 뿐 아니라 세워진 건물 가까운 곳에 참나무 묘목을 심었다. 이 놀라운 사실은 자칫 역사 속에 파묻힐 뻔했지만 600년간이나 산지기들이 인수인계를 하면서 '다이닝홀 기둥이 썩으면 이 나무를 잘라 기둥을 만들어라'라고 철저히 다음 사람에게 전했기 때문에 빛을 보게 되었다.

실화인 이 이야기는 곱씹을수록 감동적이다. 우리에게 중요한 2가지 사실을 깨닫게 한다. 첫째는 다음 세대를 내다볼 줄 아는 지혜를 가져야 한다는 것이고, 둘째는 매뉴얼을 잘 지켜 원칙과 전통을 전수할 때에야 다음 세대가 보장될 수 있다는 것이다.

지금 우리 교회가 다음 세대를 위하여 참나무 묘목을 심고 있는가를 질문해 보라! 물론 하나님께서는 마른 막대기만도 못한 사람도 들어 쓰실 것이다. 하지만 다니엘, 바울, 루터, 웨슬리를 보면 그들은 학식으로나 영적으로나 다음 세대를 위해 준비된 지식과 열정, 그리고 영성을 지닌 사람들이었다.

지금 기독청년, 기독학생들이 지닌 스케일이 곧 미래교회의 스케일이다. 그들이 기둥으로 쓰일 수 있도록 길러 낸 책임이 우리에게 있다. 그리고 우리 세대의 경험과 문화적 자산을 다음 세대로 잘 넘겨 주는 일을 게을리하지 말자. 지금 이 세대가 우리를 딛고 더 높은 곳으로 올라설 수 있도록 밑거름의 역할, 도움닫기의 역할을 잘 감당하고 싶다.

잔뿌리에 생명이

길 내는 공사장을 지나치다 보니 아름드리나무가 뿌리째 뽑혀 넘어져 있다. 우람한 나무의 풍채에 어울리게 밖으로 드러난 뿌리의 모양새가 예사롭지 않다. 밖으로 드러난 뿌리를 보니 그동안 눈에 보이지 않았던 뿌리의 소중함에 머리가 숙여진다.

아무리 거대한 나무라도 그 나무를 길러 내고 버티게 한 근본적인 힘은 뿌리, 그 중에서도 특별히 잔뿌리에 있다. 잔뿌리는 솜털같이 여리다. 그토록 여린 잔뿌리가 빨아올린 한 방울 한 방울의 수액으로 나무는 거목으로 자란다. 바람결에 흩날리는 수천, 수만의 푸른 잎새가 햇살 아래 빛나도록 기운을 북돋아 주는 것도 뿌리의 힘이다.

멋진 잎새, 늠름한 줄기는 눈으로 보기엔 좋지만 나무를 옮겨 심을 때 가장 보호해야 할 것은 뿌리이다. 가능한 잔뿌리들이 손상받지 않도록 넓은 영역의 흙을 함께 파내야 한다. 가마니와 새끼줄로 칭칭 동여 매 뿌리를 보호한다. 그래야 나무가 죽지 않고 산다.

한국교회는 짧은 선교 역사지만 울창한 숲을 이루었다. 그 숲은 유명한 교회 몇 교회만으로 이루어진 것이 아니다. '못 생긴 나무가 산을 지킨다'는 말처럼 이름 없이 빛도 없이 상가교회에서, 지하교회에서, 시골교회에서 꿋꿋하게 버텨내는 작은교회들이 모여 숲을 이룬다.

서울의 한 유명교회 소식지를 보았다. 금요기도회만 12,000명이 넘게 모이는 대형교회이다. 작년 연말의 세례식 보고를 보니 36명이 세례를 받았다. 이 숫자의 의미는 무엇인가? 오늘날 도시교회의 부흥은 산업화 도시화의 영향으로 농촌 교회에서 열심히 신앙생활하던 분들이 도시로 몰려와 이뤄 낸 것이다. 동네 골목 안에 위치한 작은 교회에서 신앙생활을 시작하고 양육받은 알곡 성도들이 양육받고 자라 수평이동한 결과 도시의 대형교회가 생길 수 있었다.

농촌교회나 개척교회는 수평 이동 성도가 거의 없다. 작은 교회일수록 상처입은 분들, 쓰러져 있는 분들, 삶의 무게로 넘어져 있는 분들이 와서 목회자의 헌신적인 사랑과 섬김을 받으며 회복된다. 수많은 시간과 열정으로 섬겨 그들을 일으켜 하늘나라 백성 한 명 간신히 세워 낸다.

젊은이들이 떠난 텅 빈 땅에서 성도 몇몇과 함께 교회를 지킨 농촌교회가 한국교회의 '잔뿌리'이다. 큰 교회의 틈바구니에서 외롭게 밤을 지새며 상처받은 성도 한 명 한 명을 끌어안고 기도하는 개척교회와 작은 교회가 한국교회의 '실뿌리'이다. 도시교회와 대형교회는 그 뿌리로부터 수액을 공급받는다.

그러므로 도시의 중대형 교회들은 교세와 성장을 자랑하기 보다 오히려 빚진 자의 마음을 가져야 한다. 그 빚진 자의 마음으로부터 상생(相生)이 시작된다. 지금 한국교회의 부흥을 위한 해법은 유명 목회자들의 대형집회나 교계신문의 광고란을 장식하는 요란한 모임이 아니다. 한 생명 한 생명을 돌보며 크리스천이 되게 하는 작은 교회들, 즉 물을 빨아들이는 잔뿌리를 살려야 한다. 어느 시인의 시구가 떠오른다.

> 큰 것을 잃어버렸을 때는 작은 진실부터 살려 가십시오.
> 큰 강물이 말라갈 때는 작은 물줄기부터 살펴 주십시오.
> 꽃과 열매를 보려거든 먼저 흙과 뿌리를 보살펴 주십시오.

영적 근육경련

근육경련은 우리가 흔히 '쥐난다'라고 표현하기도 한다. 일반적으로 우리 신체 근육은 쌍을 이루는데, 한 쪽 근육이 수축하면 다른 쪽 근육이 이완되고, 반대로 한 쪽 근육이 이완되면 다른 쪽 근육이 수축한다. 그런데 무리한 운동을 하거나 과도한 노동을 하면 근육은 경련을 일으키고 자율적으로 조절이 되지 않은 채 통증을 생기게 된다.

시기적으로 연말은 교회의 사역자들에게 영적 근육경련이 일어나는 때이다. 늘 '하고 싶은 일'과 '해야 할 일'의 갈등이 존재한다. 교회의 사역도 '하고 싶은 일'만 한다면 좋으련만 우리의 현실은 그렇지 못하다. 아니 오히려 '해야 할 일'에 치여서 '하고 싶은 일'은 엄두도 못낸 채 한 해를 지내는 이들도 있으리라.

영적 근육경련이 일어날 조짐이 보일 때 한 가지 기억할 일이 있다. 하나님은 우리에게 짐을 지워 주실 때 나에게 맞는 분량의 짐을 주시고, 또한 짐을 질 수 있도록 그에 걸맞는 힘도 공급하신다는 사실이다. 그럼에도 불구하고 의무감으로 억지로 짐을 지고 연말까지 버텨 오다가 결국은 근육경련이 일어났다면 다음의 조언을 잘 새겨들을 필요가 있다.

당신이 영적 근육경련이 일어났다면 그것은 필시 혼자 낑낑대며 짊어지고 온 짐 탓에 생겼을 가능성이 높다. '나밖에~', '나만~'이라는 말을 자주 쓰는 사람은 영적 근육경련에 걸릴 가능성이 높다. 우리는 함께 일하는 법을 배워야 한다.

바울은 탁월한 사도였지만 그의 옆에는 늘 조력자들이 있었다. 바나바, 누가, 실라, 디모데 같은 이들과 함께 일할 때 그는 영적 근육경련이 일어나지 않고 달려갈 길을 다 갈 수 있었다. '빨리 가려면 혼자 가고, 멀리 가려면 함께 가라'라는 아프리카 속담처럼 우리가 달려 갈 길을 다 가기 위해서는 함께 갈 사람이 필요하다.

영적 근육경련이 일어나지 않는 또 하나의 비결은 하나님이 은밀한 중에 행한 일도 보고 계시다는 것을 믿는 것이다. '아무도 알아주질 않아!'라는 말처럼 영적 근육경련을 가속화시키는 말도 없다. 하지만 은밀한 중에 보시는 분이 계시다. 그리고 그분은 한걸음 더 나아가서 우리가 행한 대로 갚아 주신다. 아무런 보상도 바라지 않고 일한다고 하지 말라. 하나님은 상 주신다는 약속을 수도 없이 하셨다. 하나님은 상과 벌을 공평하고도 예리하게 해당되는 사람들에게 주시는 분이시다.

마지막으로 영적 근육경련을 방지하는 비결은 다른 사람이 하는 일에 대해서도 기뻐할 수 있어야 한다. 우리가 누리는 더 큰 기쁨은 내가 하면서 기뻤던 일을 다른 사람에게 넘겨 주어 그 사람이 더 기쁨을 누리는 것을 보는 것이다. 운동장의 선수가 골을 넣었을 때 가장 기뻐하며 주

먹을 불끈 쥐고 기뻐하는 이가 바로 감독이다. 거룩하고 가치 있는 일들을 다른 이들에게 넘겨 주며 기뻐할 줄 알 때 그 사람에겐 영적 근육경련은 해당사항이 없는 질병이 될 것이다.

센스

새벽기도회 반주를 하시는 집사님의 센스(sense)가 새벽마다 기분을 좋게 한다. 그 집사님은 강단에 올라간 설교자가 성경을 펴고 찬송가를 펼 시간의 여유를 가질 수 있도록 한 소절을 더 연주해 주신다. 덕분에 조금 여유롭게 기도회의 시작을 열 수 있다.

중요 행사 때마다 스트레스받는 것 중 하나가 음향이다. 1초만 먼저 볼륨을 조절하면 행사가 매끄럽게 진행이 될 터인데 마이크에 대고 말을 해도 소리가 나지 않아서 당황하게 한 후에 소리가 나올 때가 많다. 1초의 센스가 행사를 망치는 경우이다.

교회마다 찬양할 때에 가사를 스크린에 띄워 주는데 한 소절이 끝나고 다음 가사가 시작되기 전에 가사를 전환해 주면 당황하지 않고 찬양을 여유롭게 이어갈 수 있는데, 그렇지 않을 경우에는 찬양의 맥을 끊거나, 심지어 영적으로 깊이 있게 찬양의 자리로 나아가는데 있어서 큰 방해꾼이 될 수 있다. 아주 작은 센스 있는 행동이 엄청난 변화를 만들어 내기도 하고, 때로는 큰 실패의 원인이 되기도 한다.

"경우에 합당한 말은 아로새긴 은 쟁반에 금 사과니라"(잠 25:11)라는 말씀처럼 센스 있는 말 한마디가 사람을 살리기도 하고 죽이기도 하다. 참으로 두려운 마음이 아닐 수 없다. 지난 주 등록한 남성 새가족 한 분이 이런 말을 하셨다.

"저는 이제까지 하나님 때문에 실망한 적은 한 번도 없었습니다. 교회에 갈 때마다 사람들로부터 받은 상처들로 인해 믿음 생활을 지속적으로 할 수 없었습니다."

목사로서 얼굴이 화끈거릴 수밖에 없었다. 이런 말을 들을 때마다 궁색하게 '사람 보고 믿지 마시고, 하나님 보고 믿으세요'라고 변명하는 말을 하게 된다. 그러나 주님께서는 "이같이 너희 빛이 사람 앞에 비치게 하여 그들로 너희 착한 행실을 보고 하늘에 계신 너희 아버지께 영광을 돌리게 하라"(마 5:16)고 하지 않으셨던가?

국어사전에는 '센스'라는 단어를 이렇게 정의한다.

[센스: 명사] 어떤 사물이나 현상에 대한 감각이나 판단력.

'센스'가 있다는 것은 곧 '관심'이 있다는 것과 동일한 의미이다. 관심이 있으면 그 대상에 대한 센스가 생긴다. 새 가족에게 관심을 가지면 새가족의 필요에 대해 예민하게 반응할 수 있다. 전도에 관심을 가지면 TV 광고를 보는 중에도 전도에 대한 지혜를 얻는다.

예수님은 만나는 모든 이들의 삶을 감각(센스)하셨다. 아픔을 함께 느끼셨다. 그들의 고통을 온몸으로 받아들이셨다. 그렇기에 그들에게 '맞춤형 어루만짐'을 해줄 수 있으셨다. 그런 현상의 이면에는 한 영혼에 대한 배려, 한 영혼에 대한 사랑이 있었음을 우리는 잘 알고 있다.

교회는 더 민감해(sensitive)져야 한다. 세상과의 접촉에 좀 더 예민해질 필요가 있다. 교회 밖의 소리에 좀 더 귀 기울여야 한다. 세상 속에서 살아가는 성도들의 실제적인 문제에 대해 지금보다 훨씬 더 감각적으로 반응해야 한다.

종교의 벽에 갇혀 자아도취된 채 민중들의 삶의 자리를 돌아보지 않은 신앙인을 우린 바리새인에게서 발견할 수 있다. 오늘날 교회는 신약성서의 바리새인의 모습과 너무나 흡사하게 닮아 있다. 특히 교회의 지도자들에게서 더 빈번하게 세상과의 접촉면이 무뎌져 있는 모습을 찾아볼 수 있다.

교회는 "즐거워하는 자들과 함께 즐거워하고, 우는 자들과 함께 울라" (롬 12:15)는 말씀이 어떤 의미인지를 깨달을 필요가 있다. 주님은 갈릴리의 친구들과 그렇게 어울리셨다. 그들 속으로 들어가서 그들을 느끼셨고, 그들의 소리를 들으셨다. 그렇게 살가운 친구가 되어 주었을 때 그들은 예수님에게서 희망을 보았고 구원의 빛을 볼 수 있었다.

"교회여, 부디 센스 좀 갖자!"

아름다운 리더십, 온유

카리스마! 리더가 되고자 하는 모든 이들의 로망이다. 자주 오해되는 것 가운데 하나는 더 훌륭한 리더가 되기 위해 더 강력한 카리스마를 지녀야 한다고 생각하는 것이다. 더 강성(強性)한 카리스마를 갖추기 위해 더욱 사람들 위에 군림하고, 더 강력한 권위로 윽박질러야 더 강력한 리더십이 생긴다고 착각한다.

성경에서 찾아볼 수 있는 가장 훌륭한 리더라면 당연 출애굽의 영웅 모세를 들 수 있다. 그는 사대주의 근성과 패배주의에 젖어 있던 이스라엘 백성들을 약속의 땅 가나안까지 훌륭하게 인솔해 가는 탁월한 리더십을 발휘하였다. 전혀 조직적이지 못한 오합지졸 같던 이스라엘 백성들을 이끌고 광야를 건넌 지도자, 불평과 반항으로 가득 차 있었던 민중을 이끌고 가나안이라는 목적지에 도달한 탁월한 리더인 모세가 백성들을 인솔해 나가는 데 필요한 지도력은 다름 아닌 '온유함'이었다.

"이 사람 모세는 온유함이 지면의 모든 사람보다 더하더라."(민 12:3)

성경적 지도자가 되기 위해 갖춰야 할 덕목 중 가장 중요한 것이 바로 온유(Gentleness)이다. 온유한 리더는 유약하고, 비겁하다고 오해받기 쉽다. 그러나 실상은 온유한 리더가 더 무서운(?) 리더이다.

사마천의 『사기』에 나오는 고사성어 '연저지인(吮疽之仁)'의 주인공은 장군 오기(吳起)이다. 오기는 가장 계급이 낮은 병졸과 함께 입고 먹었다. 잘 때도 요를 깔지 않았고 외출할 때에도 수레를 이용하지 않았으며, 출전할 때에는 자신이 먹을 양식을 몸소 몸에 지님으로써 병졸의 노고를 덜어 주었다. 장군은 다리에 종기가 나서 잠을 이루지 못하는 병졸을 찾아가 그의 환부에 입을 대고 고름을 빨아내 주었다. 그 미담이 병졸의 모친에게까지 전해졌다.

그 소식을 들은 병졸의 모친이 주저앉아 소리내어 울었다. 주변 사람들이 이상하게 여겨 물었다.

"일개 병졸인 당신의 아들의 종기를 빨아 줄 만큼 장군의 사랑을 받고 있는데 무엇이 슬퍼서 그토록 서럽게 운단 말이오?"

그러자 그 어머니는 더 서럽게 울부짖으며 말했다.

"내 아들은 죽소!"

그 이유를 묻는 이들에게 어머니는 이렇게 대답했다.

"예전에도 오 장군은 저 애 애비의 고름을 빨아 주었소. 그래서 우리 남편은 감격한 나머지 몸을 돌보지 않고 적지로 뛰어들었다가 전사했소. 그러니 내 아들도 필시 제 애비처럼 장렬하게 전사할 게 뻔하지 않소!"

우리가 경험한 바 무서운 리더 아래에 있는 일꾼들은 감시자 앞에서는 열심히 뭔가 하는 척하지만 감시의 눈에서 벗어나는 순간 일손을 놓는다. 그러나 온유함으로 부하에게 감동을 주는 지도자가 있는 곳은 감시의 눈길이 닿지 않는 곳에서도 일꾼들은 최선을 다한다. 지속적일 필요가 없이 짧게, 단시간에 반짝 두각을 나타내야 할 일이라면 당장 강성 리더십이 효과를 낼 수도 있다. 하지만 그 일이 오래도록 지속되어야 하고, 한 번 하고 말 일이 아니라면 온유한 지도력이 더 큰 힘을 발휘한다.

온유함이 없는 리더는 길들여지지 않은 야생마이다. 거친 야생마는 뛰기도 빨리 뛰고 힘도 좋다. 하지만 쓸모가 없다. 왜일까? 길들여지지 않은 난폭한 말은 아무런 쓸모가 없기 때문이다. 지금 이 사회와 교회는 화해를 만들어 내고, 조화를 만들어 낼 지도자를 원한다. 온유가 더 빛이 날 때는 반대에 부딪혔을 때이다. 모세는 순응하는 사람들 앞에서 온유한 리더십을 발휘한 것이 아니다. 불평투성이, 반발하고 치받는 힘든 상황 속에서 온유한 리더십을 발휘했다. 우리가 닮아야 할 리더십, 바로 예수님의 온유한 리더십이다.

"나는 마음이 온유하고 겸손하니 나의 멍에를 메고 내게 배우라."(마 11:29)

4불 3거

조선시대 관료들이 지켜야 할 덕목을 요약한 말이 바로 '4불 3거(四不三拒)'이다. 공직에 있을 때 하지 말아야 4가지는 다음과 같다. 1. 부업을 가져서는 안 된다. 2. 땅을 사면 안 된다. 3. 집을 늘려서는 안 된다. 4. 명물을 탐하여서는 안 된다.

또 공직에 있으면서 거부해야 할 3가지가 있다. 1. 윗사람이나 권력가의 부당한 요구를 거절한다. 2. 청을 들어 준 일에 대한 답례를 거절한다. 3. 경조애사의 부조를 거절한다.

조선시대 청송부사 정붕은 영의정이 꿀과 잣을 보내라고 부탁하자 이러한 답문을 보냈다고 한다. '잣나무는 높은 산 위에 있고 꿀은 민가의 벌통 속에 있나이다.' 고지식한 선비정신, 관료의 이야기는 찾아 보면 끝도 없이 많다.

연안에 부임했던 관료 기건은 그 지역의 특산물로 붕어가 유명해서 원하는 사람이 많자, 재임 기간 6년 동안 붕어를 아예 입에 대지 않았다. 또 제주 목사로 있었을 때 3년 동안은 전복을 입에 대지 않았다. 조선시대가 탐관오리들로 인하여 국정에 문란함이 있었지만 그럼에도 불구하고 왕조를 이어 가고 나라가 무너지지 않도록 지탱해 준 버팀목은 다름 아닌 선비정신으로 무장된 청렴 관료들의 모범적인 삶이었다.

중세교회의 타락 속에서도 기독교 정신을 지켜 나간 사람들은 평생 수도원에 살면서 종교적 경건수행을 했던 수도사들이다. 세속화되는 불교계의 기둥을 흔들리지 않게 붙잡아 준 이들이 암자에서 평생을 수행하는 선승(禪僧)들이다.

성경은 모세를 이렇게 표현한다.

"믿음으로 모세는 장성하여 바로의 공주의 아들이라 칭함 받기를 거절하고"(히 11:24)

민족의 영웅 모세를 만든 것은 거절함으로부터 시작된 것을 기억해야 한다. 그런 면에서 우리는 용기를 가져야 한다. 거절할 수 있는 용기 말이다. 우리 주변의 숱한 비리와 추문들을 들을 때마다 느끼는 점은 바로 '거절(拒絶)할 수 있는 용기'가 부족했다는 것이다.

대부분 핑계가 비슷하다. 차마 거절하지 못했다는 것. 거절하지 못한 한 가지가 결국은 두 가지가 되고, 그렇게 전체를 망가뜨리는 경우를 너무 많이 봤다. 어찌 보면 '거절'은 우리 인생의 가장 어려우면서도 큰 숙제일 것이다.

예수님은 세 가지 유혹을 물리치시며 공생애를 시작하셨다. 사탄의 세 가지 유혹은 얼마나 멋진 제안인가? 심지어 합리적이다. 더 효과적인 사역의 방법이기도 하다. 하지만 예수님은 거절하셨다. 내 귀에 아주 그럴 듯하고도 합리적인 옷을 입고 속삭이는 적당한 타협의 악수, '너 좋고 나 좋고'식 타협에 더 단호하게 대처해야겠다는 다짐을 다시 한 번 하게 된다.

겸손이 곧 용량이다

하나님께서 한 사람의 용량을 평가하실 때 무엇을 먼저 보실까? 놀라운 하나님의 비전과 소명을 이룰 그릇을 찾으실 때 어떤 조건을 먼저 체크하실까? 내 경우, 어떤 한 사람의 역량을 측정해 보고 싶다면 일단 그 사람을 5명을 이끄는 리더의 자리에 앉혀 본다. 그럴 때 만일 그 사람이 5명 정도의 사람밖에 이끌 수 없는 리더라면 그 자리에서 우쭐해 할 것이다. 하지만 그 사람이 10명을 이끌 정도의 역량을 갖고 있는 리더라면 5명을 이끄는 자리에서 겸손할 것이다.

이 현상이 거꾸로 나타나리라고 생각할 수도 있겠다. 즉, 10명을 이끌 리더의 자격이 있는 사람에게 5명만 맡기면 오히려 더 만만하게 보고 겸손해지지 못할 수 있지 않겠느냐는 반론이 있을 수 있다. 하지만 나의 경우 이제까지 겪어 온 삶의 경험으로 본 결과는 그렇지 않았다. 내가 본 바 더 큰 지도자는 더 많이 겸손했다.

간혹 자신이 차지한 자리에 대해 스스로가 '우쭐'해지는 모습을 볼 때가 있다. 그런 모습은 책임감이나 자부심과는 거리가 좀 멀다. 그냥 보기에도 유치한 말 그대로의 '우쭐거림'일 뿐이다. 그런 모습을 보면 속으로 생각한다.

'그 자리가 한계구나. 거기까지가 저 사람이 도달할 끝이구나.'

별 것 아닌 자리인데도 그 자리에 연연해 하며 탐하는 자를 볼 때 그는 불쌍한 존재로 보인다. 더 큰 목적과 높은 곳을 바라보는 이에게는 그 자리가 오래 머무를 자리가 아니기 때문이다.

사람 사는 세상을 들여다보니 이렇든 저렇든 사람은 자신의 가치를 인정받고 싶어한다는 것을 알게 되었다. 그리고 그 가치가 인정되는 자리에 앉는 것을 좋아하는 속성을 지닌 존재라는 것도 알게 되었다. 그러니 인간사 속에 나타나는 모든 갈등과 분열의 밑바닥엔 서로가 더 인정받고 싶어하는 욕망이 깔려 있다. 인간이라면 누구나 다 지니고 태어난 욕망일지라도 그 욕망을 제어할 줄 아는 능력에 따라 천지 차이가 난다.

그래서 우리에겐 거룩한 목마름이 필요하다. 거룩한 목마름을 가진 사람은 겸손해질 수밖에 없다. 결코 유치하게 우쭐대지 않는다. 자신이 아직 쓰임받지 못하고 있다는 자괴감이 들더라도 오히려 그 감정을 겸손함으로 승화시킬 줄 안다. 하나님께 연단을 자청한다.

주님은 우리에게 말씀하신다. "잘하였다. 착한 종이여. 네가 지극히 작은 것에 충성하였으니 열 고을 권세를 차지하라."(눅 19:17) 그렇다. 작은 것에 충성하는 겸손함이 필요하다. 열 고을을 다스릴 만한 역량이 있는가 없는가를 가늠하는 테스트는 의외로 '작은 것'에 대한 충성이었다.

목회자에게 '작은 것'은 자신의 목회임지일 수 있고, 성도들에게 '작은 것'은 자신이 맡은 사역의 자리일 수 있다. 그 자리가 부여한 알량한 지위나 권리로 견장 찬 골목대장 노릇하지 말자. 적어도 우리가 더 나아가야 할 더 높은 곳, 더 넓은 곳이 있다면 말이다.

아픔으로 열매 맺는 '좋은 땅'

'좋은 땅'은 뿌려진 씨앗을 받아들여 100배, 60배, 30배의 열매를 맺는다. 반면 '길가'에 뿌려진 씨앗은 그냥 튕겨져 버렸다. 그래서 '길가'는 더 할 일이 없다. '좋은 땅'은 씨앗을 받아들인 후 자신의 살을 찢어 싹을 틔어 준다. 그렇게 아픔으로 씨앗을 받아들이는 '좋은 땅'과는 달리 '길가'는 편하게 지낼 수 있다. '길가'는 그저 자기 자신에게 만족하며 살아가기에 고민할 게 없다. 품고 아파해야 할 씨는 일찌감치 새들이 와서 다 먹어 버렸으니 세상에 그리 편할 수가 없다.

이 얕은 '돌밭'은 그나마 좀 낫다. 어쨌거나 받아들인 후 나름대로 고민도 해 봤다. 씨를 품고서 뭔가 해 보려고 시도도 해 본다. 그러나 역시 뒷심이 문제이다. 잠시 견디긴 했지만 씨가 뿌리를 내리기까지 버티기엔 역부족이다. 결국 모든 것은 흉내만 내다 만 것으로 끝나 버리고 만다. 문제는 동네방네 다니면서 자기 혼자 고생했다고 떠벌이는 일에 1등 하는 것은 그렇게 흉내만 낸 '돌밭'이다.

'가시떨기'에 뿌려진 씨앗이야말로 정말 불행하다. 온갖 고생은 다 하고나서도 결국 열매는 못 맺으니 말이다. 세상의 염려는 매일 공격해 오고, 재물 의 유혹을 끝내 물리치자니 현실의 도전을 무시하며 살 수 없다는 자기합리화가 발목을 잡는다.

'좋은 땅'은 아파하는 땅이다. 내 살을 찢고 들어오는 뿌리를 온몸으로 받아야 한다. 내 안의 영양소를 아낌없이 씨앗에게 내어 주는 희생도 동반되어야 함은 물론이다. 바람이 불 때면 뿌리를 부여잡고 버텨 내야 한다. 그렇게 봄을 견뎌 내고, 여름을 이겨 낸다. 사계절 내내 한가할 새가 없다. '좋은 땅'에게는 매일이 성장을 이뤄 나가는 고행의 길이다.

주어진 사명을 그냥 튕겨내 버리는 '길가' 성도가 있다. 사역 요청을 받으나 어떤 이유를 들어서라도 빠져 나간다. 순종이 없으니 열매도 없다. 열매가 없으니 더욱 순종할 엄두가 나지 않는 악순환에 빠져든다.

'돌밭' 성도가 있다. 사역의 자리에 서서 한 번은 해 보지만 꾸준히 하지 못한다. 사역의 자리에서 도피할 것을 목표로 정해 놓고 이렇게 상처받았고, 저렇게 시험들었노라고 확대 해석하면서 쓰러질 명분을 쌓는다. 좋을 때만 사역의 자리에 서고 조금만 불편해지면 바로 포기해 버린다.

주님의 사역을 감당하기 위해서는 당연히 치러야 할 시간과 물질의 희생을 극복하지 못하는 '가시 떨기' 성도도 있다. 교회 사역을 하는 것은 받아들일 수 있지만, 사역으로 인해 손해 보는 것은 참을 수 없다.

희생을 감내하며 사명의 씨를 심장에 품고 아파하더라도 끝내 품고야 마는 '좋은 땅' 성도를 볼라치면 절로 그분 앞에 머리가 숙여진다. 정말 존경할 수밖에 없는 성도가 있다. 목회자를 부끄럽게 하는 사역자가 있다. 주님은 이 이야기 속에 천국의 비밀을 숨겨 두셨다.

"무릇 있는 자는 받아 넉넉하게 되되 없는 자는 그 있는 것도 빼앗기리라."

이 땅의 삶을 편하게 살고 싶은가? 아니다. 그러지 말아야 한다. 주님이 내게 주신 사명의 씨앗 때문에 더 불편하고 더 아파하기 위해 애쓰라. 자신을 편하게만 대접하려다가는 있는 것마저 빼앗긴다. 사역에 욕심을 가지라. 더 맡겨 주신다. 주님은 맡겨만 두고 방치하지 않으신다. 감당할 만한 믿음도, 능력도, 환경도 책임져 주신다. 있는 자는 더 받아 넉넉하게 될 것이다.

"주님, 주의 일 맡기소서. 제가 지고 가겠나이다."

추수감사주일 5인 릴레이 설교

Q 작년, 그러니까 2018년이죠? 추수감사절 예배 때 담임목사님을 비롯해서 5명 목사님들이 모두 설교하셨는데, 이색적인 모습이었습니다. 그런 자리를 마련하신 이유가 있으신가요?

성도님들께 좀 더 색다르고 특별한 감사를 전하고 싶었어요. 'surprise'한 감사가 아닌 'private'한 감사 말이죠. 우리 모두 각자 다른 모습의 삶을 살아가고 있잖아요? 그러니까 그 삶에서 피어나는 감사의 모습도 다를 수밖에 없지요. 5명의 목사들이 각자가 자신이 경험했던 '바로 그 감사'를 공유하면서 성도들도 각자 자신의 삶 속에 담아 주신 하나님의 특별한 감사를 찾기를 바랬지요. "자~ 성도님들! 오늘은 설교로 뷔페를 차려 놓았으니 은혜 받을 만한 설교를 골라 드세요"라며 농담 섞인 말을 했던 기억이 나네요. (웃음)

그리고 또 한 가지 의미는 부목사님들과의 동역에 대한 부분입니다. 저는 담임목사와 부목사님의 차이는 역할의 차이라는 생각을 많이 하거든요. 그런 면에서 의미 있는 절기 설교를 부목사님들과 함께할 때 우리는 모두 효성중앙교회를 섬기는 동등한 동역자라는 긍지를 느끼게 하고 싶었습니다.

Q 성도님들의 반응이 어땠는지 궁금한데요?

처음에는 긴장하시는 표정이 역력했습니다. 담임목사님과 부목사님이 모두 한 예배에서 설교한다니! 예배가 엄청 늦게 끝나겠는데? 하는 표정이었죠. (웃음) 그런데 그런 걱정은 잠시, 저도 부목사님들의 뭉클한 감사 간증을 하나 하나 들으면서 제 마음에 먼저 은혜의 단비가 내리는 걸 느꼈습니다. 목사님들이 각자의 삶에서 경험한 감사들을 풀어 냈는데, 그 내용들이 간증처럼 고백되면서 설교하는 목사도, 듣는 성도도 모두 감동의 눈물을 흘렸지요. 사실 성도들이 목회자의 간증을 듣는 기회가 많지 않잖아요?

부목사님들에게 미리 부탁했습니다. 감사에 대한 이론적, 신학적인 설교를 준비하기 보다는 개인적으로 하나님과 나와의 관계 속에서 경험했던 감사를 고백해 달라고. 그러다 보니 더 의미 있고, 은혜가 되었던 시간이었습니다.

Q 효성중앙교회 예배를 드리면서 느끼는 것은 예배의 형식이 기존 틀에 얽매이지 않는 자유가 있는 것 같습니다. 새로운 시도도 다양하게 하시고요.

똑같은 재료라도 누가 요리하느냐에 따라, 또 어떻게 조리하느냐에 따라 모양과 맛이 달라지죠. 예배도 그래야 한다고 생각해요. 목회자가 사용하는 재료, 즉 진리인 하나님 말씀은 늘 변함이 없어요. 그 재료 하나만으로도 이미 충분하지만, 목회자 입장에서는 이 좋은 재료로 어떻게 하면 더 맛있게 요리해서 성도들에게 먹일 수 있을까? 고민해요. 몸에 좋은 음식을 이왕이면 맛있게 조리해서 많이 먹이고픈 부모 마음이랄까요?

복음은 늘 그 시대의 정신과 문화의 옷을 입으며 동시대의 사람들에게 전달되어야 합니다. 마치 엄마가 아이들에게 좋은 음식, 균형 잡힌 식단을 공급하려고 아이들 입맛과 식성에 맞는 음식을 정성껏 조리하는 것같이 말이죠. 정성껏 만든 음식을 맛있게 먹는 성도들을 보면 '자식 입에 밥 들어가는 것을 보면 안 먹어도 배부르다'라는 속담이 절로 생각납니다.

절기예배

 효성중앙교회만의 특별한 예배문화가 있다던데요?

교회력에 따른 절기들이 있는데 사실 주보에 '성령강림절'이라고 적힌 것만
으로는 성도들이 피부로 절기를 느낄 수가 없더라고요. 그래서 특별한 몇 개
의 'Day'들을 만들어 성도들이 참여하고 느낄 수 있게 했습니다. 한번 소개
해 볼까요?

먼저 성령강림절은 '레드 데이', 성령을 상징하는 빨간색 옷을 온 교우들이 입
고 예배를 드립니다. 온 교회가 붉은 색으로 물결칩니다. 장관입니다. 부활
절에는 흰 옷을 입는 '화이트 데이'로 지키고요, 우리 교회가 열심히 하는 영
성 훈련이 있는데 그 상징이 언약의 무지개입니다. 그래서 그날을 기념하면
서 일곱 빛깔 무지개 옷을 입고 만나는 '레인보우 데이'도 있습니다. 추석이
나 설 명절에는 '한복 데이', 여름에는 에너지 절약 차원에서 가벼운 복장으로
교회 오실 수 있도록 '캐주얼 데이'를 만들어서 지킵니다. 물론 그날에는 저
도 양복과 넥타이를 벗고 가벼운 복장으로 예배를 드립니다. 아, 그리고 택
시 타고 교회 오는 '택시 데이'도 있습니다. 교회까지 운전해 오시는 택시 기
사들에게 시원한 물도 드리고, 영원히 목마르지 않는 복음을 전하는 날이기
도 합니다. 택시 데이 때마다 지역의 택시 기사 분들이 엄청 좋아하십니다.

Q 굉장히 다양하네요. 성도들이 재밌어 하겠네요?

그렇죠? 이런 저런 '데이'가 많다 보니 성도들이 "목사님! 색깔별로 옷 사는 것도 힘들어요!"하는 애교 섞인 투정도 가끔 나옵니다. (웃음) 절기를 지킨다는 것은 뭐랄까, 성도들에게는 편식하지 않게 훈련시키는 것이라고 생각해요. 절기 훈련을 통해 온 교인이 적극적으로 예배의 관람자가 아닌 참여자로 동참하는 것에 큰 의미를 두고 싶습니다. 누군가에 의해 준비된 예배를 드리는 것과 내가 준비해서 드리는 예배는 마음가짐부터가 다르지 않을까요? 또 예배를 드리러 올 때 기대하게 되고, 같은 색깔의 옷을 입은 성도들을 서로가 확인하면서 성도들 간에 끈끈한 우정을 서로 확인하는 것은 덤으로 얻는 소득입니다. 어떤 '데이'를 하나 더 만들까? 고민 중입니다. 이런 상상이 저는 재미있고 지루하지 않게 목회하는 활력소도 됩니다.

5

낚시하려다

저수지
망친다

"그들로 너희 착한 행실을 보고 하늘에 계신
너희 아버지께 영광을 돌리게 하라"

마태복음 5:16

Re_formation

낚시하려다 저수지 망친다

가끔 강화에 들를 때마다 저수지 주변에서 한적하게 낚시하는 분들이 평화롭게 보인다. 그런데 간간히 저수지 물이 부영양화(富榮養化, eutrophication)가 심해져 녹조현상이 나타나 수중 생명들이 죽어 간다는 소식을 듣는다. 자기 통발 안에 잡아넣을 물고기에만 눈이 먼 일부 낚시꾼들이 고기를 모으려는 욕심에 과다하게 자신의 낚시 포인트에 떡밥을 뿌리는 행태들이 부영양화를 가속시킨다. 한 번은 물고기를 잘 잡고 가겠지만 내년에 다시 올 때는 이미 저수지가 썩어 버려 낚시를 못할지 모른다.

한때 '총동원 초청 잔치'라는 전도 행사들이 꽤나 많이 열렸다. 3천 명 초청, 1만 명 초청 등 엄청난 숫자를 목표로 하여 전력을 다했다. 천 명이 초청되어 왔고 300명이 등록 교인이 되었다면 훌륭하게 행사가 진행된 것이고, 300명의 영혼을 살린 성공적 전도행사일 것이다.

그러나 그날 왔다가 결신되지 못한 700명은 어떻게 된 걸까? 그분들도 교회에 와서 설교 한 번은 들었을 것이고, 사은품 하나씩 받아 갔다. 그러나 아무런 마음의 감동이나 영적인 감각을 느낄 수 없었다면? 그 사람이 후에 누군가에게 전도받게 된다면 '나도 교회에 가 봤어'라고 말하거나 '한 번 속지 두 번 속냐?'는 결의를 다지게 될지도 모른다. 소위 '찝적'대는 식의 전도가 기독교의 이미지를 실추시키고 있다. 열정은 있지만 듣는 사람에게 맞춤형이 되지 않은 '선포형 전도'나 '자기 만족형 전도'는 기독교에 대한 비신자들의 면역력만 증강시킬 뿐이다.

전도는 최소한 한 사람의 '생명'에 대해 진지하게 고민하는 행위이다. 생명을 향하여 '되면 좋고, 아니면 말고'식의 전도가 과연 한 영혼을 천하보다 귀하게 여기셔서 하늘의 보좌를 버리시고 십자가에서 물과 피를 쏟아 우리를 향해 주신 예수님의 사랑을 전하는 최선의 방법일까?

기업도 이젠 '이미지의 시대'인 것을 너무나 잘 알고 장사하고 있다. 이제 기업의 이미지 광고는 자신들의 물건을 보여주거나, 제품을 소개하지 않는다. 연탄을 나르는 기업 총수를 보여준다. 자신들이 얼마나 환경을 아끼고 사랑하는지를 보여주려고 애쓴다.

사람들은 '좋은 이야기'를 듣는 것이 아니라, '좋은 사람의 이야기'를 듣는다. 우리가 가진 복음이 정말 '생명의 복음'이라면 전하는 사람의 이미지가 더 중요하다. 그래서 이제 현대 전도는 '이미지와의 전쟁'인 것이다. 물고기 한 마리를 낚시로 잡으려다가 저수지를 죽이는 우(愚)를 범하지 말아야 할 것이다.

왜 하필 새 노래인가?

음악을 좋아했던 나는 사춘기부터 청년기를 지나는 동안 하루의 절반 이상을 음악과 함께 생활했다. 그 시절, 왕성하게 솟구치는 음악적 호기심을 해소해 줄 '새 노래'에 목말라 했다.

우연히 버스 안에서 들은 멋진 그 노래! 그 노래의 제목을 알아내려고 멜로디의 한 부분을 신경써서 외웠다가 음악을 잘 아는 친구들만 만나면 물어서 제목과 가수를 알아내고야 말았다. 우연히 레코드점 앞을 지나다가 매장 바깥에 내놓은 스피커에서 흘러나오는 음악이 귀에 꽂히면 바로 레코드점에 들어가 지금 나오는 노래가 뭐냐고 주인에게 물어 곡목을 알아내기도 하고, 때론 그 자리에서 테잎을 사서 녹음해 달라고 청하기도 했다. 그때 그 시절은 다양한 음악, 새로운 음악을 접하면서 나의 음악적 소양이 쑥쑥 자랄 때였다. 어떤 음악도 편식하지 않고 내 안에 흡수해 들이면서 좋은 음악을 들을 귀가 자랐고, 음악을 더 즐길 수 있는 가슴을 키웠다. 그때 나 자신에게 이렇게 말했다.

"평생 새로운 음악에 마음과 귀를 열어 놓을 것이고, 음악에 대해서만큼은 편견을 가지지 않고 수용하리라."

하지만 그런 다짐이 깨지는 데까지는 그리 긴 시간이 걸리지 않았다. 힙합과 랩음악이 나오면서부터 나의 음악적 호기심은 정지해 버렸다. 지금 나는 세계를 뒤흔드는 K-POP 열풍에도 아랑곳하지 않고 잘 살고 있다. '소녀시대'와 '원더걸스'를 구분하지 못하고, 남자아이돌이 많이 나오면 다 BTS로 안다. (내 귀에는) 말도 안 되는 노래에 열광하는 젊은이들을 보면서 속으로 '노래는 김광석, 이문세가 최고지!'라고 외친다.

교회에 처음 출석하기 시작한 '새가족'은 참 호기심이 많다. 그들은 뭐든 배우고 싶어한다. 마치 스펀지처럼 무엇이든지 빨아들여 성장해 간다. 그들에게 있어서 교회라는 공동체는 무엇이든지 새것이고, 신비롭게 내 삶에 다가오는 은총의 소낙비이다. 그들은 새것 앞에 설 때마다 두려워하기도 하지만 기꺼이 내가 경험해야 할 축복의 시간인 것을 믿어 의

심치 않는다.

성경에는 시편을 비롯한 많은 곳에서 하나님을 찬양하며 그분의 이름을 기쁘게 노래할 것을 명한다. 하나님의 은혜에 감격하여 부르는 그들의 노래는 '새 노래'이다. "새 노래로 여호와께 노래하라 온 땅이여 여호와께 노래할지어다"(시 96:1)라는 시편의 찬양시는 우리 귀에 너무 익숙한 말씀이 아니던가?

그런데 왜 하필 새 노래인가? 오늘날 새 노래는 교회에서 푸대접받기 일쑤이다. 익숙함이 더 편안한 사람들에겐 새 노래는 귀찮은 소음일 뿐이다. 그런 이들은 스스로 생각하기를, '내겐 이제 더 이상 새 노래가 필요치 않아'라고 말한다. 자신을 완성체로 보기 때문이다. 자신의 경험을 일반화하여 타인에게 강요한다. 자기 경험의 잣대는 어느덧 절대화된 법이다. 스스로 바리새인이 되어 새 노래를 부르는 예수님의 앞을 가로 막고 있는 형국이 아닌가?

성도의 삶은 무엇일까?

내가 믿는 것을 삶에 녹여내도록 힘쓰며 성화를 향해 나아가는 것이 곧 성도의 삶이다. 그런 시각으로 볼 때 우리는 평생토록 하나님을 닮아가기 위해 자신과 처절한 싸움을 치루는 길 위의 존재이다. 몸을 입고 사는 동안 우리는 불완전한 존재이다. 그러기에 아직 잡은 줄로 여기지도 말고, 이루었다 생각하지도 말고 길 위에 선 순례자로 자신의 존재를 고백하며 자라가며 살아가야 한다. 나에게 다가오는 은총의 새벽을 거부하지 말아야 한다.

아침마다 새롭게 태어나는 감격을 갖고 살고 싶다. 무덤덤하게 반복되는 익숙함에 나를 방임하고 싶지 않다. 나는 자라고 있다. 나는 완성체가 아니라 계속계속 하루를 살아낼 때마다 하나님을 닮아가야 할 불완전한 존재일 뿐이다. 과거의 경험이 미래를 나를 묶어 두도록 놔 두지 않을 것이다. 하나님은 새 일을 행하실 것이기 때문이다. 나의 편견이 하나님을 제한시키는 어리석음을 범치 않기 위해 몸부림칠 것이다. 나를 굳어지게 만드는 어떤 도그마(Dogma)에게도 붙잡히지 않으리라. 내 스스로가 만든 울타리에 갇히지 않도록 나 자신이 만들어 놓은 것을 깨뜨리는 아픔을 기꺼이 감수하리라.

"보라! 내가 새 일을 행하리니 이제 나타낼 것이라! 너희가 그것을 알지 못하겠느냐?"(사 43:19)[27]

얇은 귀

귀가 얇은 것이 문제이다. 그런데 귀가 두꺼운 것은 더 큰 문제이다. 도대체 남의 말을 듣지 않으려 하는 귀는 변화도, 성장도, 회개도 일어날 수가 없기 때문이다. 예레미야 선지자도 오죽 답답했으면 깨닫지 못하는 이스라엘 백성들을 꾸짖으며 "눈이 있어도 보지 못하고, 귀가 있어도 듣지 못하는 백성"이라고 했겠는가? 그렇게 꽉 막힌 귀를 "할례받지 못한 귀"라고 불렀다. 예수님도 비유로 말씀하실 때마다, "들

---

27) 보라 내가 새 일을 해하리니 이제 나타낼 것이라 너희가 그것을 알지 못하겠느냐 반드시 내가 광야에 길을 사막에 강을 내리니 (사 43:19)

을 귀 있는 자는 들을지어다"라고 하셨다. 소리가 들린다고 다 듣는 게 아니다. 소위 '말 귀'를 알아들어야 제대로 듣는 귀를 가진 것이다.

남의 말만 듣다가 일을 그르치는 경우도 왕왕 있을 수 있다. 이솝 우화에 등장하는, 이 사람 저 사람 말을 듣다가 결국 나귀를 메고 간 사람의 이야기를 잘 알고 있을 것이다. 줏대 없이 귀만 얇은 사람을 꼬집는 우화이다. 때론 주변 눈치 보지 말고 꿋꿋하게 자신의 길을 가야 할 때가 있다. 그때는 하나님의 음성을 듣고 소명을 따라 가야 하는 때이다. 일상의 삶마저 귀를 닫고 자기 소신(所信)만 밀고 나간다면 낭패이다.

"듣는 귀와 보는 눈은 다 여호와께서 지으신 것이니라."(잠 20:12)

그렇다. 하나님은 우리가 듣고 보며 정보라는 자양분을 받아들여 우리네 삶을 풍성하게 살찌우도록 창조하셨다. 신앙생활을 하면 할수록 점점 더 귀가 얇아져야 한다고 믿는다. 하나님의 마음과 생각에 더 민감해져야 한다. 그리고 더 겸손히 주변의 사람들 생각을 들어보고 자신을 돌아보아 수시로 삶의 방향을 점검, 또 점검해 봐야 한다. 그런데 어찌된 일인지 신앙생활을 하면 할수록 더 귀가 막히는 것이 다반사이다. 신앙 경륜이 깊어지면 깊어질수록 자기고집은 더 세지고 다른 이들의 조언에는 귀를 막으니 더 이상의 자기 발전도 기대할 수 없게 되고, 자신이 속한 공동체의 변화를 가로막는 걸림돌이 되어 가니 안타까울 뿐이다.

한 단계 더 나아가서 정말 얇은 귀는 따로 있다. 들은 것을 행동으로 옮겨보는 것이다. 해 보는 것이야말로 가장 멋진 '들음'이다. 흔히 '말귀가 어둡다'라는 말을 많이 하는데 아무리 귀로 들어도 몸이 안 움직여 주거나, 고개만 끄덕이고 마는 것은 결국은 말귀를 알아듣지 못한 것이다.

이해는 했지만 가슴이 움직이지 않고, 손발이 따라 주지 않는다면 들려진 말에 힘이 실리질 않았다는 증거이다.

말에는 힘이 있다. 생각을 바꾸고, 행동을 바꾸고, 습관을 바꾸고, 인생을 바꿔 낼 수 있는 힘이 있다. 들을 귀 있는 자가 복되다. 아는 만큼 보이고, 보이는 만큼 느낀다는 말이 있다. 그 말처럼 들은 만큼 성숙해지고, 말을 듣고 행동하는 만큼 변화된다.

"너희는 말씀을 행하는 자가 되고 듣기만 하여 자신을 속이는 자가 되지 말라."(약 1:22)

몸이 기억하도록

얼마 전 젊은 친구들을 만났는데 롤러블레이드를 갖고 왔다. 아직 연습이 덜 되었는지 바퀴 위에서 뒤뚱뒤뚱거리는 폼이 여간 불안해 보이는 게 아니다. 젊은 사람들이 그런 것 하나 못 탄다고 핀잔을 주니, 너스레를 떤다.

"목사님, 이게 얼마나 어려운데요?"

초등학교 어린 시절에 안양천 위에서 스케이트 좀 탔던 터라서 내가 한 번 타 보겠노라고 호기를 부렸다. 처음으로 바퀴 달린 신발 위에 올라서니 '내가 괜한 짓을 하나?'라는 후회가 몰려왔지만 이제 와서 뒤로 물러설 수는 없는 상황! 긴장하며 몇 번 땅을 지치며 나아가다 보니 할 만하다. 속도가 붙어 달리게 된다. 게다가 코너링 할 때 발 바꾸는 것까지 제대로 된다. 나 자신도~ '어! 이거 되네'라는 생각에 뿌듯하면서 젊은 친구들 앞에서 기 좀 세웠다. 하지만 아뿔사! 멈추는 법을 몰라서 제자리에서 맴돌다가 넘어진 것은 옥의 티.

우리 몸이 참 신기하다. 그 어린 시절에 스케이트 탔던 것을 몸이 기억해 냈다. 흔히 어렸을 적에 자전거 탄 사람은 오랜 시간이 지났어도 저절로 자전거를 탈 수 있다고 말한다. 그것은 우리 몸이 기억하고 있기 때문이다.

좋은 습관이 몸에 밸 수 있도록 계속 반복해야 한다. 가령 화를 내지 않는 인격의 고상함은 하루아침에 완성되지 않는다. 분노가 끓어오를 때마다 한 번, 그리고 두 번을 참아 버릇해야 한다. 그렇다. '버릇'을 들여야 한다.

나는 좋은 목회 선배님의 행동, 습관, 생활 등을 곁눈질로 보면서 좋은 습관은 애써 닮아 보려고 노력했다. 다 성공하지는 못했지만 내 스스로 생각해도 기특한 습관은 몇 가지 있다. 잘 된 습관이라고 생각되는 것 중 하나가 설교를 듣는 자리이던, 강의를 듣는 자리이던 간에 앞에 말하고 있 분을 똑바로 쳐다보는 것이다. 때로는 지루하기도 하고, 때로는 맘에 안들 때도 있다. 그럴 때면 집중력이 떨어지기 때문에 고개를 떨구고 딴청을 피우고 싶지만 그래도 집중해서 쳐다본다. 그러면 항상 뭔가 하나는 얻어지는 것이 있었다.

예수님에게도 좋은 습관이 있었다.

"예수께서 나가사 습관을 따라 감람산에 가시매 제자들도 따라갔더니"(눅 22:39)

그렇다. 기도하는 습관이 붙은 것이다. 그렇게 평상시의 좋은 습관이 위기 때에 기도로 이기게 하셨고, 기도로 사역의 과중한 짐을 너끈히 짊어지고 나갈 힘을 얻으신 것이다.

신앙도 습관이다. 흔히 '습관적 신앙'은 매도의 대상이 된다. 마땅히 그래야 한다고 생각한다. 하지만 좋은 신앙의 습관은 위기 때에 나를 살려주는 큰 힘이 된다. 성도들 가운데 모태신앙을 가진 분들은 평상시엔 좀 열정도 부족한 듯하지만 위기 때엔 의외로 침착하게 신앙적으로 극복해 나가는 것을 본다. 훈련된 신앙의 좋은 습관이 그를 추슬러 준다.

버릇 잘 들여야 한다. 순종도 잘 안 된다. 우리의 본성은 순종하기에 너무 강퍅하다. 하지만 억지로라도 자꾸 해 봐야 된다. 헌금도 아까워서 하기 힘들다. 하지만 드려 버릇해야 한다. 십일조는 아주 작을 때부터 시작해야 거룩한 습관이 배게 된다. 예배에 집중하는 것, 선포되는 설교 말씀에 집중하는 것, 이 모든 것들이 몸에 배야 한다. 그래서 몸이 기억하도록 해야 한다. 영적인 반복훈련을 하라! 몸에 밴 '거룩한 습관'이 나를 세워 나가는 큰 버팀목이 될 것이다.

믿음의 가정에서 믿음의 자녀가 나와야 한다

언젠가 가정의 달을 맞아 충청도 지방의 한 여선교회에서 자녀교육에 대한 특강을 해 달라는 부탁을 받은 적이 있었다. 그때 어떤 강의를 해야 하나 고민하다가 성경을 거꾸로 뒤집어 보면서 성경말씀 안에서 잘못된 자녀들을 골라 강의하면 어떨까 하는 생각을 하게 되었다. 그래서 '내 자녀 망치는 법'이라는 제목으로 강연을 했다.

강연에 등장했던 주요 인물은 이렇다. 가인, 홉니와 비느하스, 나답과 아비후. 이들은 각각 자신이 처한 가정의 상황 속에서 비극의 주인공이 된 인물들이다. 인류 최초의 형제였지만 형이 동생을 죽임으로 최초의 살인사건이 되어 버린 비극, 아브라함의 축복을 이어받을 이삭의 장자였지만 축복권을 빼앗긴 큰 아들 에서, 그래서 평생 형제가 서로를 반목하며 얼굴을 보지 못하며 살아갈 수밖에 없었던 비운의 형제. 거룩한 제사장 집안에서 태어나 아버지를 도와 거룩한 삶을 살아야 했던 두 아들은 성전 안에서 온갖 난봉꾼 짓을 다하여 거룩한 제사를 경멸하다가 그만 전쟁터에 나가 죽고 말았고, 두 아들의 죽음과 함께 아버지 엘리 제사장도 죽고 마는 비극적 가족이 되었다.

모세의 형 아론의 아들로서 제사장의 역할을 수행하다가 잘못된 불을 여호와께 드렸다는 이유로 제단에서 나온 불에 한 날 타서 죽은 아론의 두 아들, 이들은 모두 훌륭한 신앙의 가정에서 태어나 믿음의 맥을 이어가며 축복의 통로가 되어야 할 자녀임에도 불구하고 때로는 부모의 잘못으로, 때로는 자신의 잘못으로 인해 불행한 결말을 본 사람들이다.

현재 가장 무섭게 수적으로 급부상하는 종교는 이슬람교이다. 자주 끔찍한 뉴스의 원인이 되는 이슬람교는 참 많은 문제점을 안고 있는 종교임에도 불구하고 신자 수가 기하급수적으로 증가하고 있다. 주요 이유 중 하나는 이슬람 국가의 국민들은 거의 100%에 가까운 수치로 이슬람교인이 되는 반면 대표적인 기독교 국가에서 조차도 기독교인 인구는 정체, 혹은 감소하고 있기 때문이다.

이 둘의 차이는 아주 간단하다. 이슬람 가정에서는 이슬람 자녀들이 나오는데 반해 기독교 가정에서는 기독교인 자녀가 나오지 않고 있다는 것이다. 이슬람 국가는 종교의 자유를 인정하지만 원천적으로 개종이 불가능하다. 이슬람 국가 내에서 이슬람교를 믿다가 기독교로 개종한다는 것은 마치 우리나라에서 비무장 지대를 넘어서 월북하는 것에 비견될 정도의 대단한 결단과 상상할 수 없는 숱한 고통을 필요로 한다. 그렇게 이슬람 가정에서는 이슬람교도가 나온다.

그런데 크리스천 가정은 그렇지 않다는 것이 고민이다. 많은 크리스천 가정이 자녀들이 기독교 신앙을 잇지 않는 것에 대해 고민하고 있다. 하나님의 창조 섭리 가운데 정말 오묘한 것은 유전자를 통해 부모의 외모, 체질, 체형 등이 자녀에게 유전된다는 것이다.

어쩌면 그렇게 부모를 똑 닮았는지 인감도장, 붕어빵 등 유전적 대물림을 상징적으로 보여주는 말이 있을 정도이다. 정말 아무리 생각해도 신통방통하기만 하다. 더 신비로운 것은 집안 분위기까지 유전되는 것이다. 어떻게 그런 것까지 유전되냐고 의문을 가질 수도 있겠지만 각 집안마다 집안의 분위기가 전통을 따라 대대로 유전되고 있다. 그것을 가리켜 '가풍(家風)'이라고 부른다. 그래서 예로부터 결혼 상대를 고를 때 결혼 당사자뿐 아니라 상대 집안의 가풍도 중요시한 것이 아닐까. 일정 정도 그렇게 가풍을 본 것은 일리가 있다고 생각한다.

KBS 다큐멘터리, 글로벌 대기획 〈요리 인류-영혼의 맛, 빵〉 시리즈에서 유대인 가정의 유월절을 보여주었다. 누룩 없는 빵 맛짜를 가족들과 나누면서 압제로부터 해방되었던 그날을 기억하는 모습이었다. 유대인들이 그렇게 3,500년 이상 유월절의 전통을 이어가는데 그 중심에 '가족'이 있었다.

가족 공동체의 신앙이 신앙공동체, 민족공동체를 유지시켜온 것이다. 영상에서 부모와 자녀가 한 식탁에 앉아 맛짜를 나눠 먹으면서 출애굽 때의 기억을 되새기는 모습이 매우 인상적이었다. 신앙은 교회에서 대물림해 줄 수 있는 것이 아니라 가정에서 대물림이 된다. 그래서 신앙의 아버지, 어머니가 중요하다. 이 땅의 크리스천 가정마다 믿음의 명품 가정이 되기를 소망한다.

휘둘리다

부화뇌동(附和雷同)이라는 말은 '우레 소리에 맞춰 함께한다'는 뜻으로, 일정한 자기 주관이 없이 남이 말하는 대로 이리저리 흔들리는 사람을 꼬집는 말이다. 오늘날 부화뇌동의 사례를 카카오톡이나 페이스북 등의 최첨단 SNS 서비스 공간에서 목격할 수 있다.

잊을 만하면 등장하는 펌글(퍼온 글)들이 카카오톡이나 페이스북을 통해 마구 요동칠 때가 있다. 대표적인 사례는 인도 오리사 지역에 교회 방화가 있고 선교사나 목사님들이 살해당하고 있으니 긴급히 기도해 달라는 요청이었다. 기도 요청과 함께 10명 이상의 사람들에게 다시 전달해 달라는 간절한 멘트까지 들어가 있어서 순진한 크리스천들이 이 글을 많이도 퍼 날랐다. 확인한 바로 이 이야기는 2009년부터 떠돌던 소문인데 아직까지도 떠돌고 있는 괴소문이다. 또 최근에는 미국 CBS에서 방영된 실화라고 하면서 무슬림 남편이 성경을 읽던 아내와 자녀 둘을 생매장했는데 보름 동안 묻혀 있는 동안 예수님 같은 분이 나타나 음식을 먹고 살아났다는 등의 이야기도 성도들 사이에 많이 떠돌았다. 결론부터 말하자면 이 이야기들은 모두 사실무근이거나 허무맹랑한 거짓말이다.

아빠가 아이를 데리고 여행하면서 겪는 이야기들을 담는 TV 프로그램에서 이런 장면을 보았다. 분장한 아빠가 아이들에게 황금알을 낳는 닭을 보여주는데, 아직 순진한 아이들은 깜빡 속아 넘어간다. 어른들은 이런 아이들의 동심을 흐뭇한 눈으로 바라보며 웃음짓는다. 이 프로그램이 많은 시청자들을 끌어모으는 힘이 바로 동심이 주는 예쁜 모습일 게다. 그런데 이런 상황에 어른이라면 문제는 달라진다. 만일 어른이 그런 말에 속아 넘어간다면 순진한 게 아니라 어리석은 것이 되고 만다.

오늘날 인터넷이나 SNS 공간에 떠도는 베리칩, 666, 온갖 종말론에 대한 허무맹랑한 영상들, 신천지 등의 이단에서 만든 영상은 교회를 싸잡아 바벨론 교회로 취급하고 종교혼합주의로 매도하는 흑색 비방이 가득 차 있다. 한 예로 인터넷뉴스 〈신문고〉는 각종 교회의 비리들을 보도하는데 열을 올리는 매체인데 신천지에서 운영하는 것으로 확인되었다.

문제는 크리스천들도 이 일에 싫던 좋던 가세하고 있다는 것이다. 페이스북의 담벼락을 장식하는 교회에 대한 숱한 부정적인 뉴스들이 결국은 우리 자신을 향한 칼날이 되어 교회에 또 다른 상처를 주고 만다.

지금의 상황은 마치 영적 전쟁터에 나간 군인들이 아군끼리 서로 적으로 오인하고 서로를 향해 사격을 하는 자중지란(自中之亂)의 형국이다. 비둘기처럼 순결한 마음만 갖고 있으면 안 된다. 뱀같이 지혜로움도 필요하다. 우린 순전(純全)한 기독교인일지언정 순진(純眞)한 바보가 되어서는 안 된다. 단심(丹心)일지언정 단순(單純)해서는 안 된다. 세상을 변화시킬지언정 세상에 휘둘리지 말아야 한다. 주님은 양을 이리 가운데로 보내는 것과 같은 심정으로 우리를 바라보고 계시다. 이럴 때일수록 휘둘리지 않는 바른 이정표와 경계석, 기준점이 필요한 때이다.

서로

기독교는 '서로'의 기둥 위에 세워졌다. 예수님께서는 "서로 사랑하라(love one another)"(요 13:34)는 새 계명을 선포하셨다. 우리가 이 계명을 묵상할 때 사랑을 하되 '서로'의 관계성에 무게를 두신 예수님의 의도를 깨달아야 한다. 때론 혼자 할 때가 더 효율적이다. 자기 자신에 대한 보람, 성취감도 더 강하게 맛볼 수 있을 것이다.

그러나 그럼에도 불구하고 우리는 이 모든 것 위에 '서로'를 더해야 한다. 왜냐하면 그것이 예수님이 기대하시는 방법이기 때문이다. 기독교야말로 '서로'라는 정신을 트레이드마크로 삼고, 또 그것을 자랑해야 한다. 서로 사랑하고, 서로 섬기고, 서로 용서하고, 서로를 높여 주고, 서로에게 위로와 격려를 가장 잘 해야 할 곳이 교회이다. 혹시 그렇게 살아야 할 우리가 지금 '나 홀로'를 즐기고 있진 않은지 물어야 할 때이다.

세상 사람들은 교회를 통해 감동을 받고 싶어한다. 한 교회의 솔로 연주를 듣고 싶은 것이 아니라 한국교회가 함께 부르는 대동의 합창을 듣고 싶어한다. 그동안 한국교회는 걸출한 솔로 연주자들이 이끌어 왔다. 그러나 이제는 합창을 불러야 할 때이다. 합창은 서로가 배려해 주는 정신이 없이는 불가능하다. 각각의 파트는 다른 파트의 소리를 빛내 줌으로 자신이 빛난다. 수십 명, 수백 명의 단원들이 지휘자의 손끝을 보며 박자를 맞춰 가는 모습은 보고 듣는 사람으로 하여금 온몸에 소름이 돋게 한다. 합창의 기본은 자신의 소리보다 다른 파트의 소리를 듣는 데에서 시작된다. 세상의 소리를 듣고, 타 교단의 소리를 듣고, 나와 다른 이들의 생각을 들어야 한다.

2011년 10월 10일, 〈PED〉라는 '목회 경험 공유의 장'을 열었다. 한 사람의 목회 성공담을 듣는 목회세미나의 틀을 벗어나 21명의 강연자들이 각자의 전문 분야에서 체득한 경험들을 서로 공유하고 나누는 자리였다. 집단지성, 집단협업 시스템으로 이루어진 모임이었는데 그 영향력이 우리가 상상할 수 없을 정도로 컸다. 서로가 자신의 경험들을 한 곳에 쏟아 내는 나눔의 정신이 감동을 만들어 냈고 더 큰 힘을 발휘할 수 있다는 것을 다시 한 번 확인할 수 있었다.

한국교회의 역사를 또 다른 단면으로 보면 안타깝게도 '분열의 역사'인 것을 부인할 수 없을 것이다. 그러나 달라진 세상은 달라진 교회를 요구하고 있다. 통합과 상생, 조화와 융합의 시대로 나아가고 있다. 앞으로 더욱 폐쇄와 고립은 스스로를 멸망시킬 것이다.

예수님이 우리에게 가르쳐주신 '서로'의 가치가 더 절실한 때이다.

착각은 자유다!?

오래 전에 유행했던 말 중에 '착각은 자유'라는 말이 있었다. 착각은 어떤 사물이나 사실을 실제와 다르게 지각하거나 생각하는 행위이다. 착각은 말 뜻 자체에 이미 주관적 판단이라는 전제가 깔려 있다. 착각은 때로 긍정적인 일을 하기도 한다. 행복에 빠져들게 하기도 하고, 걱정거리를 잠시 잠재울 수도 있다.

그러나 착각이 가져다주는 행복은 거짓행복이다. 착각에 빠지는 즉시 우리는 마약에 취한 것과 같은 자기도취에 빠진다. 더 무서운 것은 일단 자기도취에 빠져들어가기만 하면 이젠 더 이상 그것에서 도망치기가 여간 어렵지 않다는 것이다.

착각은 눈을 가리고 귀를 막는다. 직접 경험한 것이기 때문에 그것이 진리인가? 그렇게 믿는 것도 큰 착각일 수 있다. 어쩌면 가장 최악의 착각은 바로 자신이 직접 겪은 경험이 아닐까?

오늘날 교회에 '경험'이라는 이름의 착각이 난무하고 있다. 당연히 교회생활에 경험이 많을수록 이 착각의 횟수는 비례적으로 증가한다. 경험이 주는 착각에는 이런 것들이 있다. '해 보니 안 되던데', '전에 다 해 봤던 거야', '이제 와서 뭐 별 수 있겠어?' 등등이다. 이와는 정반대로 '전에 성공했던 것이니까', '나밖에 누가 더 이 일을 잘할 수 있겠어?'라는 착각도 있을 수 있다.

　이런 류의 착각이 갖는 특징은 다른 이들의 조언이 전혀 먹혀들지 않는다는 것이다. 내가 겪은 것이기에 양보나 타협이 있을 수 없기 때문이다. 그러나 생각해 보자. 내가 못한 일이지만 다른 이가 잘해 낼 수 있다. 전에 실패했던 것이지만 시간의 흐름에 따라 상황은 바뀌었다. 그리고 무엇보다 하나님이 개입하신다면 문제는 전혀 달라진다. 인간은 자기의 경험을 뛰어넘을 수 없지만 하나님은 인간의 경험을 뛰어넘어 역사하시기에 나의 경험의 한계로 하나님의 한계선을 그어놓는 불행을 자초하지 말아야 한다.

　자유롭게 착각할 수 있으리라. 그러나 착각으로 인해 생긴 결과에 대한 책임으로부터는 절대 자유로울 수도 없고 또 자유로워서도 안 된다. 모든 선택에는 책임이 따르듯 착각에도 그에 대한 책임이 따른다. 그렇기에 착각은 자유가 아니다.

　그러므로 착각을 최소화하는 가장 빠른 지름길은 생각의 문을 열어 놓고 통(通)하는 것이다. 통(通, communication)하면서 우린 좀 더 객관적으로 상황을 볼 수 있는 능력을 키워 나간다. 통함으로 내 경험 속에 갇혀 있던 나의 자아가 눈을 뜬다. 그래서 더 넓은 세상을 볼 수 있게 된다. 다른 사람의 소리를 들어야 한다. 더 나아가 하나님의 소리를 들어야 한다. 그래야 영적 실명으로 인한 착각에서 벗어날 수 있다.

　두 눈 부릅뜨고 작금의 현실을 직시해야 한다. 지금의 모습에 안주하여 교회에 닥쳐오는 위기를 보지 못하는 우(愚)를 범하지 말아야 한다. 지도자들은 더욱 냉정하게 자신을 보자. 지금 우리가 탄 배가 이미 기울어 침수되고 있는데도 아직 선장실에 물이 들어오지 않는다고 자리다툼에 여념이 없거나, 배를 살릴 생각을 안 한다면 곧 배는 파선할 것이다. 지금 우리의 세대가 한 순간 삐끗 착각한 것이 얼마나 후대에 뼈저린 회한을 남길 것인지를 진지하게 생각해야 한다.

"지금! 당신의 착각은 자유가 아니다!"

세 겹 줄

샌프란시스코를 상징하는 금문교에 들른 적이 있다. 금문교(Golden Gate Bridge)라는 이름은 1800년대 골드러시에 금을 수송하는 배가 많이 왕래하면서 비롯된 이름이다. 금문교는 미국토목학회가 선정한 20세기 7대 기술 불가사의 중 하나이다. 길이 2,825m의 다리는 샌프란시스코의 상징일 뿐 아니라 자유의 여신상과 함께 미국을 상징하는 중요한 캐릭터가 되었다.

그곳에 작은 전시 공간이 있다. 그곳에는 다리를 만들 때의 일화나 다리 설계도 등을 전시하고 있었다. 다리의 상판을 지탱하는 어마어마한 와이어를 단면으로 잘라 샘플로 전시해 놓기도 했는데 여러 가닥의 가느다란 철 와이어를 꼬아 꼬아서 만든 거대한 케이블이었다. 이 케이블의 직경은 92.4cm인데 사람 키의 절반이나 된다. 27,572개나 되는 가느다란 케이블이 모아져서 만들어졌다. 케이블 무게만 24,500톤이라니, 그 규모가 어마어마하다.

뜬금없이 금문교 얘기를 장황하게 늘어놓는 이유가 무엇일까? 거대한 다리를 지탱해 내는 힘이 바로 케이블인데 하나의 굵은 케이블로는 불가능하고 가느다란 케이블이 모여 모여서 만들어진 케이블만이 그 많은 하중을 버텨 낼 수 있다는 것을 말하고 싶어서이다.

한국교회는 큰 교회가 참 많다. 세계적인 교회도 많다. 하지만 한국교회를 버텨 내는 힘은 큰 교회 몇 교회가 아니다. 하지만 평범하고 작은 교회가 모든 것에 대한 정답이 될 수 없다. 문제의 핵심은 '연합'이다.

"한 사람이면 패하겠거니와 두 사람이면 맞설 수 있나니 세 겹 줄은 쉽게 끊어지지 아니하느니라"(전4:12)는 말씀을 다시 한 번 새겨 본다. 오늘날 가톨릭의 성장에 대해 많은 관심을 기울인다. 여러 요인이 있을 수 있겠지만 가톨릭의 강력한 힘 가운데 하나는 '하나됨'을 유지하고 있다는 것이다. 그 하나됨을 바탕으로 '선택과 집중'을 하니 어떤 일을 하든지 효율이 극대화될 수 있다.

웅덩이가 커야 물이 고이고, 물이 고여야 개구리도 모이고 물고기도 모인다. '연합'이라는 웅덩이가 잘 파야 한다. 여기저기 작은 구멍만 파 놓으면 이것도 저것도 안 된다.

한국교회가 분열을 통해 성장하게 되었다는 논리도 한편 수긍할 수 있다. 하지만 그것은 하나님의 방법으로 성장한 것이 아니다. 성경은 어디에도 분열하고 갈등하라는 대목이 없다. 최근의 설문조사에서 청년들이 교회를 떠나는 가장 큰 이유 중 하나가 교회의 분열, 배타성이라는 것을 가슴 아프게 받아들여야 한다.

오늘의 한국교회 위기를 타개해 나갈 탁월한 방법 가운데 하나가 바로 '연합하는 것'이라고 확신한다. 교회와 교회가 손을 맞잡고 지역사회를 위해 연합전선을 펼쳐야 한다. 잘 하는 교회를 칭찬해 주고 흠이 있다면 가려 줘야 한다. 이제는 비판과 질책보다 격려와 위로가 서로에게 필요한 때이다.

교회의 적은 교회가 아니다. 교회와 교회는 하나님 나라를 함께 세워가야 할 동지요, 전우가 아니던가?

결

TV 프로그램 중 〈생활의 달인〉을 시청하면서 종종 감동한다. 자신의 일에 최선을 다하다가 얻은 영광의 흔적이 굳은살이다. 굳은살을 카메라가 가까이 당겨 비출 때 가슴에 뭉클하다. 달인들이 저마다 자신의 직업과 일에 최고가 될 수 있었던 이유 한 가지를 발견했다. 달인들은 일하던 중 '결'을 발견했는데 이것은 자기 일에 도통(道通)한 자만이 발견할 수 있는 것이다.

훌륭한 목수는 나무의 결을 안다. 나무에는 나뭇결이 있기 때문이다. 결을 따라 대패질을 한다. 만약 결을 거슬러 대패질을 하게 되면 나무가 매끈하게 다듬어지기는커녕 하면 할수록 점점 더 거칠어지고 만다. 최고의 석공은 바위의 결을 세밀히 관찰한 후에 단 한 번 정을 내려침으로 거대한 돌을 두 동강을 낸다. 초보 석공은 종일 돌을 두드리지만 숙련된 석공은 돌을 유심히 관찰하여 결을 찾아내 한 방에 끝내는 것이다.

『장자(莊子)』의 '양생' 편, 백정 포정의 이야기에 이런 대목이 나온다.

제가 얻은 것은 '도(道)'로서 '재주'보다는 높은 경지입니다. 처음 제가 소를 잡을 때는 보이는 것이 모두 소였습니다. 그리고 3년 뒤에는 소 전체가 보이는 것이 아니라 부위별로 따로 보이게 되었습니다. 그러나 지금에 이르러서는 마음으로 소를 대하지 눈으로는 보지 않습니다. 모든 감각의 작용을 멈춰버리고 마음을 따라 움직이는 것입니다. 자연의 이치를 따라 큰 틈새로 들이밀고 큰 구멍을 따라 칼을 움직입니다. 소의 본래의 구조에 따라 칼을 쓰므로 힘줄이나 질긴 근육에 닿는 일이 없습니다. 하물며 큰 뼈에야 부딪힐 일이 있겠습니까? 훌륭한 백정들은 일 년마다 칼을 바꾸는데 그 이유는 살을 자르기 때문입니다. 보통 백정들은 달마다 칼을 바꾸는데 뼈를 자르기 때문입니다. 지금 저의 이 칼은 십구 년이 되었으며, 그 사이 잡은 소는 수천 마리나 됩니다. 그럼에도 제 칼날은 숫돌에서 막 새로 간 것과 같습니다.

일개 백정이었지만 자신의 일에 최고의 경지에 이르렀을 때 한낱 기술에 머물렀던 손재주가 도(道)의 경지에 다다랐고 그 결과, 비로소 소를 볼 때 '결'이 보이고, 그 결을 따라 칼을 쓰게 되었다는 이야기이다.

30년간 목회를 하면서 때때로 '목회의 달인'이 되지 못한 나 자신을 보며 스스로 탄식할 때가 있다. 목회의 달인이 되지 못한 내가 저지른 후회스러운 일 중의 하나는 성도들의 '마음결'을 보지 못할 때이다. 성도들의 '숨결'을 듣지 못할 때이다. 성령의 '물결'대로 춤추지 못할 때이다.

많은 목회자들이 부지런히 달려 간다. 성도들도 목회자들이 앞장서서 힘껏 달려가 주기를 바란다. 하지만 목회자는 가던 길을 잠시 멈추는 시간을 많이 가져야 한다. 아울러 성도들도 목회자들에게 멈추고 숨을 고를 여유를 갖도록 배려해 줄 필요가 있다. 목회자는 결을 볼 줄 알아야 하기 때문이다. 목회자가 결을 제대로 보고 가야 양들도 푸른 초장으로 갈 수 있다. 더 나아가서 그래야만 하나님이 이끄시는 '손결' 따라 목회하게 된다. 도도히 흐르는 물줄기처럼 흘러가는 하나님의 역사에 순종하지는 못할지언정 거스르는 악한 종은 되지 말아야 하지 않겠는가? 그래서 다시 한 번 다짐한다.

"열심보다 결이라고! 이 바보야!"

우리에게 휴식이란?

〈실미도〉, 〈공공의 적〉, 〈전설의 주먹〉 등을 감독한 대한민국의 대표 영화감독인 강우석 감독의 인터뷰 대답이 마음에 와닿았다. 그는 '나에게 있어서 휴식이란?'이라는 질문에 '영화를 찍고 있는 것'이라고 짤막하게 대답한 것이다.

그에게 있어서 영화를 찍는 것은 직업이고 노동이다. 창작의 고통을 겪으며 고뇌하는 그에게 영화 촬영하는 일이 휴식이라고? 말도 안 되는 것처럼 들린다. 그런데 그렇게 대답하는 그의 표정에 확고한 신념이 엿보였다. 이런 질문이 내게 다가온다.

"성도에게 있어서 휴식(안식)이란?"

"목사에게 있어서 휴식(쉼)이란?"

성도의 휴식이 예배라면 좋겠다. 목회자에게 휴식은 설교 준비와 기도하는 시간이라면 참 좋겠다. 노동이 되어 버린 예배, 사역이 되어 버린 기도! 그렇게 되었다면 얼마나 큰 비극인가?

예배는 하나님 품안에서 뛰노는 부활의 축제이다. 초대교회 성도들은 주님의 부활을 기념하며 안식일이 지난 다음날을 예배하는 날로 정하고 부활을 기념했다. 주일예배의 기원은 부활의 감격을 모여서 함께 누리는 데 있다.

자기 이익을 위한 우정은 추하다. 상대방을 진심으로 존중해 주지 않는 사랑은 역겹고 지탄받아 마땅하다. 더 귀할수록, 더 거룩한 것일수록 진정성이 요구된다. 기쁨과 감격이 사라져 버린 예배는 어떤가? 감동 없이 드려지는 예배를 감히 하나님에 대한 기만이라 정의하고 싶다.

"차라리 나지 않았으면 좋을 뻔"한 가룟 유다처럼 차라리 안 하는 것이 나은 것이 있다. 식(쉼)은 무엇인가? 멍~하니 놀고 있는 때가 쉬는 것이 아니다. 가장 신바람 나고, 뭔가 내 안에 채워지는 순간은 가장 좋아하는 일을 할 때이다. 좋아하는 일을 할 때 피곤해지는 것이 아니라 힘이 난다. 그 일을 함으로 인해 에너지가 소진되는 것이 아니라 충전된다. 말 그대로 Re_Creation이 일어난다.

예배가 의무가 되어 버린 신앙인이 안쓰럽다. 교회를 섬기며 사역하는 봉사가 짐이 되어 기쁨과 웃음이 사라져 버린 사역자는 불안하다. 하나님의 품 안에 거하는 예배야말로 성도들이 누리는 가장 최고의 안식처이다. 우리가 부르는 찬송 가사가 실제적인 고백이 되길 바란다.

즐거운 마음으로 십자가 지고 가라.

네가 기쁘게 십자가 지고 가면 슬픈 마음이 위로 받네.

거룩한 분노가 사명이다

우리 교회에 이웃사랑과 섬김을 실천하기 위해 꾸려진 모임이 있는데 바로 '나누리 동호회'이다. 이 동회회가 세워진 배경과 특별한 동기를 소개하고 싶다.

우리 교회 노(老) 권사님 한 분이 교회에서 갑자기 쓰러지셨다. 어떤 사고가 일어나서 쓰러지신 것이 아니라 기운이 없으셨던 것이다. 마침 곁에 있던 남자 권사님과 여자 집사님이 급히 권사님을 병원에 모셔다 드린 후 자녀에게도 연락하여 조치한 덕분에 잘 회복되셨다. 권사님 가정은 자녀들이 따로 나가서 살고 있다. 연세가 높으신 어르신 혼자 살다 보니 밥은 어찌어찌 간신히 지어 드시지만 아무래도 반찬은 골고루 잘 갖추어 드시지 못한다. 식사도 제때 챙겨 드시지 못하는지라 기운이 없으셔서 쓰러지셨던 것이다.

그 사정을 알게 된 권사님과 집사님의 마음에 거룩한 부담이 싹트기 시작했다.

"이런 어르신들을 왜 아무도 돌보지 않는가?"

두 분은 뜻을 모아 매 주마다 반찬을 만들어 어르신들에게 반찬을 나눠 드리기로 했다. 누군가가 일을 시작하자 여기저기에서 이 일에 동참하겠다는 분들이 늘어가기 시작했다. 회원들이 주머니를 털어 모금이 이루어졌고, 주말마다 봉사하는 손길들이 이어져 이제는 어엿하게 우리 교회를 대표하는 섬김공동체로 자리잡게 되었다.

그렇게 시작된 나누리동호회는 지금 주안에 있는 원로 목회자들이 기거하시는 원로원의 원로 목사님 38가정, 그리고 지역에 거주하시는 독거 어르신 26가정에 격주마다 반찬을 만들어 배달하고 있다. 40여 명의 회원들이 매월 회비를 내며 봉사하고 있으며, 소문을 들은 이웃교회 성도들도 손길을 보태기도 하고, 가까운 GM한국 신우회 직원들도 자원봉사에 함께하신다.

내게 닥친 우연한 사건을 '그냥 그렇지' 하면서 무심하게 지나치지 않았던 것! 그 사건 속에서 뭔가 불편함을 느낀 그 마음이 소명으로 바뀌어질 때 우리 교회가 자랑할 만한 섬김과 나눔의 행동으로 실천하게 된 것이다.

1950년 5월. 서울에서 부흥회를 열었던 밥 피어스 목사는 한국전쟁이 일어나자 종군기자 자격으로 다시 한국을 찾았다. 그리고 피난지 부산에서 한경직 목사와 함께 전쟁 고아와 전쟁 미망인들을 돕는 일을 시작했다. 전쟁으로 고아가 된 아이들이 음식 배급을 받으려고 줄 서 있다가 미처 먹을 것을 받기도 전에 쓰러져 죽는 장면을 목격하고는 도저히 믿을 수 없는 비참한 현실에 몸서리를 치다가 거룩한 분노를 가슴에 품게 되었다.

한국전쟁의 아픔을 카메라에 담아서 미국으로 돌아간 밥 피어스 목사는 LA의 성공한 사업가들을 모아 놓고 외쳤다.

"우리는 식량을 공급하는 줄에 서서 기다리는 사람들 앞에서 음식이 떨어지는 일이 없게 할 것입니다. 이 일을 하다가 내가 죽을지언정 나는 결코 이 일을 멈추지 않고 계속할 것입니다."

밥 피어스 목사님의 거룩한 분노로 인해 탄생한 〈한국선명회〉는 인도와 대만, 홍콩, 월남 등지에서 동일한 구호사업을 계속하게 되었고, 오늘날 세계에서 가장 규모가 큰 NGO인 〈월드비전〉으로 발전되었다. 현재 월드비전은 세계 100개국, 4만 명의 직원, 1억 명 이상의 어린이를 후원하는 세계 최대의 기독교 국제구호개발 NGO이다.

"하나님의 마음을 아프게 하는 것이 나의 마음도 아프게 하소서!"

밥 피어스 목사의 기도는 그대로 월드비전의 정신이 되었다. 월드비전의 핵심가치 선언은 이렇다.

"우리는 그리스도인입니다. 우리는 가난한 사람들을 위해 헌신합니다. 우리는 사람을 존중히 여깁니다. 우리는 청지기입니다. 우리는 동역자입니다. 우리는 응답합니다."

내게 다가온 사건에서 거룩한 분노를 느끼는 순간! 그리스도인이기에 응답하는 것! 그것이 곧 소명이다.

교회에 불평스러운 것이 있는가? 투덜거림으로 끝나지 말고 그것을 사명으로 승화(昇華)시켜 보라! 하나님께서는 그 거룩한 분노를 멋지게 사용하실 것이다.

가치를 본 자

사람은 일단 좋은 것을 한 번 보면 다른 것은 눈에 들어오지 않는다. 어린 시절에는 딱지, 구슬이 정말 소중했다. 애지중지 깡통에 담아서 보물처럼 간수했다. 하지만 지금 나는 딱지나 구슬에 별 관심이 없다. 컸기 때문이다. 이제는 더 좋은 것을 봤고, 나의 가치 판단 기준이 달라졌다. 이전에 좋았던 것들이 더 이상 내게 감동을 주지 못한다. 더 좋은 것을 본 사람은 아직 그것을 보지 못한 사람들이 그것에 몰두해 있는 모습을 보면 안타깝기 마련이다. 안타까워야 정상이다.

마태복음 13장에서 예수님께서 말씀하신 천국에 관한 비유는 "무엇이 더 가치있는 것인가?" 라는 질문에 대한 답이다. 밭에 묻혀 있는 보화가 가치있는 것인지, 아니면 자기가 이미 가지고 있던 소유가 더 가치 있는 것인지를 결정해서 더 가치있는 것에 인생을 걸라는 말이다. 좋은 진주를 구하는 장사꾼도 극히 값진 진주를 만나면 신속하게 머리를 굴려야 한다. 이 진주가 자기의 소유를 다 팔더라도 교환할 만한 가치가 있는 것인지를 결정해야 하는 것이다.

에덴동산의 선악과도 결국은 가치 판단의 기준을 가늠하는 시금석이 아니던가? 하나님께 순종하는 것이 더 가치있는 것인지? 아니면 선악과를 먹고 하나님과 같이 되는 것이 더 가치있는 것인지를 판단한 인간이 결국은 선악과를 따 먹는 것으로 결정을 내린 비극적인 사건이다. 자리 다툼, 돈 다툼, 자존심 싸움 등등. 이런 다양한 군상 속에서 우리가 딱 하나 봐야 할 교훈이 있다. '아직 더 좋은 것을 보지 못했구나'라는 깨달음을 얻는 것이다. 아직 진짜를 보지 못했으니 가짜에 연연하고 있는 것이고, 아직 명품을 보지 못했으니 짝퉁에 목숨을 걸고 있는 것이다.

진짜를 본 사람은 다르다. 진품을 본 사람은 사는 게 다르다. 더 가치 있는 것에 눈길을 돌린다. 그의 생각 속에는 온통 더 소중한 가치를 향한 열망이 가득하다. 그것이 거듭남이다. 거듭난 사람은 가치 판단 기준의 변화를 통해 자신의 거듭남을 증명할 수 있어야 한다.

거듭났다고 하면서도 아직도 뒤를 돌아보는가? 거듭남을 설교하면서 여전히 세속적인 명예욕에 사로잡혀 있는가? 거듭났다고 하면서 여전히 재물에 온통 마음을 빼앗기고 있는가? 거듭난 사람은 '하나님의 영광'을 본 사람이다. 그것을 본 이상 다른 것은 이제 눈에 들어오지 않는다. 이전에 좋았던 것들이 다 똥으로 보인다. 그렇다. 그 사람이야말로 제대로 눈이 열려진 사람이다.

여전히 교회에서 인간의 본능적 욕망만을 볼 때, 그것은 매우 슬픈 일이다. 교회의 결정에서 '교회다움'을 보지 못할 때 때로는 무기력감과 좌절감을 느끼기도 한다. 그런데 하나님은 여전히 교회에 대한 희망을 버리지 않으신다. 그래서 아직은 실낱 같은 희망이 있는 때이다. 나는 남겨진 마지막 인저리 타임에 투입된 선수 같다는 느낌을 지울 수가 없다. 곧 심판의 휘슬이 울리고 경기가 종료될 것이다. 그때가 오기 전에 골든 골을 넣어야 한다. 질질 끌려왔던 경기를 한 방에 역전시킬 골든 골은 과연 나올 것인가?

'가치'를 본 자! 전력 질주를 할 것이다. '하나님의 영광'을 본 자! 자기의 소유를 다 팔아 그것과 맞바꿀 것이다. '부르심의 상'을 본 목회자! 한 순간도 시간을 허투루 낭비할 수 없을 것이다.

대가를 치르지 않은 믿음

여러 각도로 오늘날 믿음이 갖고 있는 문제들을 진단해 본다. 그 중 하나가 '대가(代價)를 치르지 않은 믿음'이다. 초대교회 성도들은 예수를 믿는다는 것은 곧 목숨을 담보로 하는 위험천만한 선택이었다. 그야말로 최고의 가치를 걸고 예수를 믿은 것이다.

우리나라에 들어온 낯선 복음을 받아들인 믿음의 선배들도 혹독한 대가를 치러야만 했다. 가족들에게는 따돌림이요, 사회적으로는 서양귀신을 믿는다는 오해를 받아야만 했다. 기독교인들은 소수였기 때문에 당연히 대세(大勢)를 따르지 않는 자들이 당해야 할 사회적, 경제적 불이익을 받을 수밖에 없었다.

얼마 전까지만 해도 믿음이 없던 가정에 복음이 들어가고 온 가족이 믿음을 갖게 되는 과정을 보면 누군가가 큰 희생의 대가를 치러야만 했던 경우가 많았다. 믿는 며느리가 믿음이 없는 가정으로 시집을 갔을 경우, 제사 문제로 인해 믿는 며느리는 시댁의 따가운 눈초리와 엄청난 짓눌림을 견뎌 내야 했다. 크리스천 직장인은 회식 문화 속에서 크리스천으로서의 정체성을 지켜 내기 위해 불이익을 감내해야 했다. 그런 치열함 속에서 지켜낸 믿음은 그 어떤 시험에도 끄덕하지 않는 강한 내성(耐性)을 지닌 강한 신앙일 수밖에.

그런데 이제는 그런 희생이나 불이익을 당하지 않고서도 신앙을 선택할 수 있게 되었다. 그럴듯한 명분으로 합리화하고, 크리스천으로서 지켜야 할 금기들을 자유라는 이름으로 지키지 않았다. 더 나아가서 오히려 이익을 보기 위해 신앙을 선택할 정도가 되었다.

'이 동네에서는 교회를 안 다니면 장사가 안 되어서', "교회 나가야 이런저런 인맥도 좋아질 것 같아서' 등의 목적으로 교회생활을 선택하는 분들도 적잖다. 성경적 표현대로 '경건을 이익의 재료'로 생각하게 된 것이다. 십자가를 이루고 있는 성분은 뼛속까지 희생인데, 그 십자가를 따르는 자들에게서 희생의 DNA를 찾아볼 수 없다면 그것이야말로 가장 비극이 아니겠는가?

'값없이 받는 은혜'에 우리는 너무 익숙해져 있진 않은지 되물어 본다. 값없이 받는 은혜는 아직 공로가 없는 죄인인 나를 위해 대신 십자가를 지신 예수님의 '먼저 주신 은혜 - 선행은총'이다. 그러나 그 은혜를 입어 하나님의 자녀가 되는 특권을 받은 후에는 '값없이 주신 은혜'이기 때문에 오히려 더 값진 대가를 지불하며 살아가야 할 책임이 있지 않겠는가? 그러므로 그리스도인으로서 온전함에 이르기까지의 성화(聖化)에로 나아가는 삶은 값을 제대로 치르며 살아가야 한다. 주님은 자기의 십자가를 지고 따라오라 하시면서 대가를 지불하며 살도록 촉구하셨다. 바울도 날마다 자신을 죽이며 나아가는 희생의 대가를 지불하며 복음을 영화롭게 하기 위해 자신의 온 삶을 대가로 내놓았다.

누에고치 껍질을 찢고 나오는 나비는 힘겹게 그 과정을 통과한다. 껍질을 뚫고 나오면서 나비는 날개에 힘을 얻는다. 또 젖은 날개가 빨리 말라 날아오를 수 있게 된다. 안타까운 마음에 껍질을 인위적으로 찢어 나비가 쉽게 껍질에서 나올 수 있도록 도와주는 것은 나비에겐 오히려 재앙이다. 편하게 신앙생활하고 싶어하는 이들이 있다. 교회 다니면서 이런저런 부딪힐 일을 만들고 싶지 않아서 조용히 교회 다니고 싶다고 한다. 그렇지만 오히려, '대가를 치르고 싶지 않은 신앙이 무슨 의미가 있는가?'라는 질문을 던져 보고 싶다.

교회는 핍박 속에서 자랐다. 신앙은 고난 속에서 꽃이 핀다. 사명은 억울함을 인내하는 헌신을 추진제 삼아 날아오른다. 희생 없는 신앙생활을 두려워해야 한다. 대가를 치르지 않고 믿음생활 하고자 하는 달콤한 유혹을 거절해야 한다.

나만 바뀌면 된다

얼마 전에 다녀온 필리핀에서 실수를 저질렀다. 일행과 함께 다른 장소로 이동하고 나서 살펴보다가 선글라스 케이스를 놓고 온 것을 알게 되었다. 선글라스 케이스에는 안경이 들어 있었다. 케이스 안에 선글라스가 들어 있지 않고 안경이 들어 있어서 제자리에 있을 것이라는 희망으로 급히 이전 장소로 전화했다. 그곳의 매니저인 한인 권사님이 찾아 보신다고 했으나 돌아온 소식은 그 자리에 선글라스 케이스가 없다는 통보였다.

우리를 안내하는 목사님도 미안해 하고, 한인 매니저 권사님도 크게 미안해 하셨다. 그러다가 이동 중에 내 배낭에, 아뿔싸! 선글라스 케이스가 들어 있는 것을 알았다. 내가 물건을 잘 챙긴다고 하면서 배낭에 넣어둔 것을 깜빡 잊었던 것이다.

부랴부랴 다시 한인 매니저 권사님에게 전화를 드렸다. 전해 들은 말로는 한인 매니저 권사님이 물건을 다시 찾아 드리지 못해서 속상해 하셨고, 애꿎은 필리핀 현지 종업원들만 의심하며 실망하던 차에 이 소식을 듣고 반가워하셨다고 한다. 차 안에서 필리핀의 민도(民度)를 운운하며 남을 비난했던 입이 무척이나 무안했다. 내가 저지른 실수인데 남을 의심하고 비난한 일이 부끄러운 순간이었다.

나를 중심에 놓고 모든 상황을 보면 곧잘 이런 실수를 한다. 우리는 적어도 '나'에 대해서는 얼마나 관대한가, 반면에 '타인'에 대해서는 얼마나 인색한가? 내가 과속하는 것은 약속 시간에 늦지 않게 가려는 예의바른 행동이고, 남이 과속하는 것은 성질 더러운 인간의 급한 운전습관인 것처럼 말이다.

나를 우주의 중심에 놓고 사는 사람은 아직 유아적 단계에 머물러 있다. 아이들이 하는 장난 중에 재밌는 장난은 자기 눈을 가리고 '나 없다! 나 찾아봐라!'라는 놀이다. 아이는 자신의 눈을 가려서 아무것도 안 보이는 상태가 다른 모든 사람들도 동일한 것이라고 착각한다. 내가 안 보이니 상대방도 내가 안 보일 것이라고 생각하는 것! 아직 성숙하지 못한 미숙한 자아 때문에 일어나는 현상이다.

인격의 성숙은 '나 중심'에서 '너 중심'으로 무게 중심이 이동하는 것이다. 어린아이 때에는 내가 불편하면 주변 인식을 안 하고 울어대지만,

커 가면서 점점 더 나로 인해 다른 사람이 불편하진 않을까,라고 한 번 더 생각한다. 인격적 성숙의 척도는 바로 그런 '배려'이고, 배려가 몸에 배어 생활 속에서 자연스레 드러나는 것이 '조화'이다.

요즘에 자꾸 나 중심으로 생각하라고 가르치는 것이 멋진 교훈처럼 들린다. '네가 싫으면 하지 마라!', '네가 좋으면 거침없이 하라!'라는 충고가 좀 더 멋지게 자신의 인생을 가꿔 나가는 캐릭터로 자리매김이 된다. '남에게 대접을 받고자 하는 대로 남을 대접하라'라는 타자중심적(他者中心的) 사고는 억울한 인생이 되고 말았다.

2014년에 개봉했었던 영화 〈국제시장〉을 보면서 많은 사람들이 눈물 짓고 공감했던 부분은, 자신의 인생을 포기하고 오직 자식과 가족을 위해 처절하게 살았던 그 세대의 헌신적인 사랑이었다. 지금의 우리는 누군가의 희생이 있었기에 존재해 있음을 깨달아야 한다.

나를 중심에 놓고 나 외의 모든 타자(他者)를 상대화(相對化)시켜 버리는 잘못을 저지르지 말아야 한다. 목회자가 교회의 중심에 자신이 서 있다는 생각을 버리고 그 자리를 십자가에 양보할 때 교회가 행복하다. 장로가 '나 중심적' 사고를 버리고 '교회 중심', 혹은 '예수 중심적' 생각을 품고 섬기면 교회가 부흥 안 될 수가 없다. 다른 사람 탓할 게 없다. 나만 바뀌면 된다.

작은 차이

　명품과 짝퉁의 차이는 미미하지만 아주 커다란 결과를 가져온다. 그 미미한 차이는 다름 아닌 '마무리'의 차이이다. 짝퉁 입장에서 볼 때엔 억울한 대우이다. 물건 전체로 볼 때엔 똑같은 것이 더 많고 다른 부분은 불과 몇 % 되지도 않은데 그로 인해서 짝퉁 취급을 당하다니 말이다. 그런데 그 작은 부분이 전체를 좌우한다.

　좋은 책이 되려면 물론 내용이 중요하다. 하지만 그 책이 오자(誤字)투성이라면? 상황은 많이 달라진다. '그까짓 글자 몇 개 틀린 게 뭐가 대수겠는가?'라고 항변할 수 있겠지만 그것은 변명에 불과하다. 나는 오자(誤字)나 띄어쓰기에 민감하다. 대학 졸업 후 〈월드비전〉에서 어린이들을 위한 신문을 만들 때 교정을 보던 습관 때문이다. 휴대전화 단문 문자를 보낼 때도, 가볍게 생각을 적는 SNS 공간에서도 가능하면 오타를 줄이려고 노력하는 편이다. 왜냐하면 작은 것 때문에 의사를 전달하려는 큰 목적마저 손상받을 수 있기 때문이다.

　최근 읽은 책에서 본 사례이다. 한 젊은이가 입사원서를 제출해야 하는데 그만 실수로 이력서가 물에 번져 있는 것을 발견했다. 뿐만 아니라 다른 책과 들러붙어 구겨지기까지 했다. 하는 수 없이 최대한 잘 펴서 이력서를 제출했다. 그런데 오히려 다른 지원자들의 깨끗한 이력서 틈에서 그 젊은이의 이력서가 더 눈에 띄었다. 젊은이는 면접에서도 좋은 점수를 받았다. 어떤 면접관은 그의 프리젠테이션에 박수를 보내기까지 했다. 그런데 1주일이 지나도 합격 통지가 오질 않았다. 젊은이는 회사로 전화를 걸어 자신이 왜 탈락했는가에 대해 문의했다. 그에게 돌아온 대답은 이러했다.

"이력서 하나 제대로 간수하지 못하는 사람에게 어떻게 한 부서의 관리를 맡길 수 있겠습니까?"

후배들이 간혹 조언을 부탁할 때 이런 충고를 해 준다.

"교회 청소부터 잘 해야 해."

뭔가 대단한 영적인 조언이나, 큰 인생의 노하우를 기대했다면 실망의 눈빛을 보낼 수 있다. 그러나 '하나를 보면 열을 알 수 있다'는 속담을 되새길 필요가 있다. 주보의 오타 하나가 교회의 이미지를 좌우한다. 교회 로비에 떨어져 있는 휴지 한 개가 교회의 전체 이미지를 정해 버릴 수도 있다. 흐트러진 옷매무새 때문에 설교하는 이의 진정성에 흠이 생길 수도 있다. 그런 비본질적인 것이 뭐 그리 중요하겠느냐고 반문할 수도 있겠지만 비본질적인 것이 본질을 손상시킬 염려가 있다면 그 소중한 본질을 위해서라도 더 디테일한 부분까지 신경을 써야 하지 않겠는가?

'100-1=99'가 아니라 0이 될 수도 있다. 반면 '100+1=101'이 아니라 200도 되고, 300도 되기도 한다. 성경에 등장하는 가장 비극적인 인물은 본인이 천국 가는 줄로 철석같이 믿고 있다가 지옥으로 가라는 통고를 받은 이들이다. 그들이 지옥으로 가게 된 이유는 아주 작은 일 때문이다. 지극히 '작은 자'에게 하지 않은 일 때문이다. 또한 예수님은 적은 일에 충성한 사람을 귀히 보시고 많은 것을 맡기시겠다고 선언하신다. 작은 일에 충성했던 종에게 열 고을을 다스릴 권세를 주셨다. 양치는 일을 잘 했던 다윗을 보시고 그에게 나라를 맡기셨다. 작은 일을 더 잘 하자.

존중하면 변화된다

{ 이야기 하나 }

신학생 시절, 당시 2학년이 되면 교련 수업 일정 중 필수적으로 '전방입소교육'을 가야만 했다. 80년 대 여느 대학과 마찬가지로 필자가 다니던 학교도 당시의 군사독재체제에 대한 불만어린 데모가 끊이지 않았다. 때문에 전방 실습 과정 중 입소 대학생들과 군부대간의 충돌이나 갈등이 자주 있었다. 어느 날 교련 시간에 군복을 입은 한 군종사병이 우리를 찾아왔다. (그 군종사병은 지금 부광교회 김상현 담임목사님이시다.) 군종사병은 우리에게 군선교가 얼마나 중요한지, 그리고 본인이 얼마나 열정적으로 땀흘려 사병 한 사람 한 사람을 전도하기 위해 애쓰는지를 설명하고 부대에서는 신학생들이 입소하는 것에 대해서 기대감을 갖고 있다는 것이었다. 결과는? 그 부대가 전방실습 대학생을 받은 이래 신학대학 학생들이 최고 점수를 받는 기록을 세우고 퇴소했다.

{ 이야기 둘 }

한때 우리 주변엔 지금은 웃음이 나올 만한 표어가 가득했다. 특히나 88올림픽이 시작될 무렵 절정에 달하지 않았나 싶다. 단골 메뉴로는 문화시민, 올림픽시민, 일류국가 등이 등장했지만, 그 뒤에 나오는 행동지침은 유치하기 짝이 없는 것들이었다. 침을 함부로 뱉지 말라거나, 차례를 기다릴 줄 알아야 하고, 줄을 서야 하고, 신호등을 지켜야 하고, 차선을 지키라는 권고였다. 지금도 가끔은 공중 화장실에서, 전철이나 버스 안에서 볼 수 있는 표어이긴 하다. 하지만 매일 수십 번도 넘게 눈에 박힌 표어 덕분인지 예전에 목이 터져라 외쳤던 문화시민, 일류국가에 조금 더 다가 서 있는 걸 보면 우리나라가 대견하기만 하다.

지금 와서 되짚어 보니 군종사병의 부탁, 그리고 길거리 어디에서나 나부꼈던 표어가 노린 것은 다름 아닌 '자긍심(self-respect)'이 아니었나 생각된다. 하지 말라는 것을 말하기 시작하면 수백, 수천 가지 불가(不可) 명령이 필요하다. 그러나 수백 개의 불가 명령을 한마디로 바꿔 놓을 수 있는 것이 바로 '너는 소중하다'라고 말해 주는 것이다.

서울역 앞에서 노숙하는 분들을 대상으로 인문학 강좌를 했는데 다시 노숙자로 되돌아오지 않게 하는 탁월한 결과가 있었다는 소식을 들었다. 새 옷을 입혀주고, 직장에 취직을 알선해 주는 등의 어떤 재활도 다시 노숙자로 회귀하는 것을 효율적으로 막지 못했지만 그분들에게 인간의 존엄성과 삶의 가치를 깨닫게 하는 인문학 강좌를 통해 스스로 그런 삶의 자리를 떠났던 것이다.

작금의 교회 현실과 영적 지도자들을 비아냥거릴 때가 있다. 우리 스스로가 낮은 기준을 자신에게 적용함으로 가치를 떨어뜨릴 때도 있다. 그리스도인이 자긍심, 중 자기존중의 마음을 잃는다는 것은 소금이 맛을 잃는 것과 같다. 그런 소금은 밖에 버려진다. 그리고 뭇사람들의 발에 아무렇게나 밟힌다. 교회는 지도자들을 존중해야 한다. 그분을 무시하는 것은 곧 나 자신도 싸구려로 전락해 버리는 일이기 때문이다. 성도들은 교회의 목사님을 존중해야 한다. 교회의 영적 아비를 존중하지 않을 때 그 자녀들은 더 초라해진다. 무시당하는 지도자를 목자로 삼은 양은 더 비참하기 때문이다. 교회 안에 존중의 문화가 세워져야 할 이유가 바로 이것이다.

예수님은 우리를 천하보다 더 귀한 존재로 보셨다. 왕 같은 제사장으로, 하나님 나라의 백성으로 보고 계신다. 우리가 존중받아 마땅할 존재라고 느껴지는가? 그렇다면 나 아닌 타인을 존중해야 하는 것은 두 말할 것도 없는, 당연한 일이 될 터. 하나님 안에서 귀하고 천함의 구별 없이 평등한 우리들이 서로를 아끼며 존중하는 문화가 아름답게 자리매김하기를 기대해 본다.

객관적이고도 상식적인

신앙이란 얼마나 독특한 색을 갖고 있는가? 신앙은 너무나 주관적이다. '온 인류'를 위해 죽으신 예수님이 내게 무슨 의미가 있단 말인가? '나'를 위해 죽으신 주님일 때 비로소 그분은 나의 삶 가운데 들어오신 '나의 주, 나의 하나님'이시다.

부활하신 예수님께서 제자들을 만났을 때, 제자 도마는 그 자리에 있지 않았다. 다른 모든 이들이 예수님의 부활을 감격해 할 때 그는 홀로 그 사실을 믿을 수 없었다. 즉, 남들에게서 객관적으로 증명된 예수님의 부활을 나는 받아들일 수 없었다. 그는 주관적인 입장으로 내가 직접 보지 않고서는 믿을 수 없다고 선언했다. 모든 이들이 믿어진다고 해도 난 믿어지지 않는 것이 신앙이다. 다 맞다고 동의해도 나는 동의되지 않는 것이 신앙이다. 그렇게 신앙은 주관적인 색을 지닐 수밖에 없다.

주관적인 신앙은 확고한 반면 쉽게 오염되고 본질에서 벗어날 가능성이 많다. 그래서 신학이 필요한 것이다. 자기 소견대로 편하게 신앙하지 않도록 최소한의 가이드라인인 신경(信經)을 공동체가 고백한다. 아무리 개성의 시대라고 할지라도 공동체의 고백을 무시하는 주관적 신앙은 자제되어야 한다. 성경은 모든 일을 질서 있게 하라(고전 14:40)고 우리에게 명한다. 하나님은 무질서의 하나님이 아니시기 때문이다. 질서를 지킨다는 말은 '공동체가 약속한 객관적 틀 안에서 행동하라'는 의미이다. 이렇듯 신앙은 객관성을 담보해야 한다.

한편, 신앙이라는 이름으로 쉽게 상식이 무시되기도 한다. 신의 영역은 상식의 영역을 뛰어넘는 것이 아니던가? 그렇게 하나님 나라의 규율은 상식을 넘어선다. 오른 뺨을 친 사람에게 왼 뺨을 대 주는 것은 상식을 넘어서는 행동이다. 반면 오른 뺨을 친 사람을 흠씬 두들겨 패 주는 것은 상식을 무시해 버리는 행위이다. 상식의 초월과 상식의 무시는 언뜻 보면 비슷해 보이기 때문에 착각하기 쉽다. 하지만 상식을 초월할 때 그것은 아름다운 것이고, 상식을 무시하는 것은 추한 결과를 맺는다. 열매를 보면 안다.

자신이 남들보다 더 신적인 영역에 속해 있다고 생각하는 사람일수록 상식을 무시하는 것으로 자신의 영적 존재감을 드러내고자 하는 유혹에 빠지게 된다. 자신이 마치 신인 양 무소불위의 존재처럼 군림하기도 하고, 비상식적인 행동으로 신령함을 과시한다. 성서의 바리새인이 그랬던가? 경문을 적어 놓은 띠는 더 넓게, 옷술은 더 길게 하여 자신의 신심

(信心)을 과시한다. 큰 거리 어귀에 서서 기도하기를 좋아하나 놀랍게도 그들은 돈을 좋아하는 자들이라고 성경은 폭로한다. (눅 16:14)[28] 이것이야 말로 몰상식 아닌가?

우리 민족은 평양대부흥운동 때의 회개운동의 상식을 초월한 높은 도덕적 수준을 놀란 눈으로 봤다. 초대교회 성도들이 자신들의 물건을 다 내어 놓고 공동체 생활을 하는 것을 지켜 본 1세기 사람들이 기독교인 들에게 두려움마저 느낀 감정이 그런 것이었을까?[29] 그런 상식을 초월한 섬김과 도덕적 수준이 뒷받침될 때 구원받는 사람의 수가 날마다 늘어난 것은 어쩌면 당연한 일이었다.

오늘날 교회에서, 교계에서 일어나는 상식 이하의 행태들을 보면 자괴감을 넘어서서 절망감마저 느낄 때가 있다. 정말 유치한 기도지만 '상식만 지켜도!'라는 기도가 절로 나온다. 열이면 열, 백이면 백! 개인의 독특한 경험과 다양한 삶의 자리에서 빚어진 신앙을 만난다. 너무나 다양한 스펙트럼을 지녔기에 오히려 '다양성 속의 통일성++'의 가치가 더 필요하다. 객관적이고도 상식적인 가치를 잃어버린 신앙은 결국 물과 기름처럼 삶과 유리(遊離)되는 최악의 종교를 만들어 내기 때문이다. 지금도 오로지 위만 바라보면서 '나 홀로! 나만의 길을 가련다!'식의 신앙의 노선을 걷는 이가 있다면 이렇게 충고해 주고 싶다.

"옆도 좀 보세요!"

---

28) 바리새인들은 돈을 좋아하는 자들이라 이 모든 것을 듣고 비웃거늘 (눅 16:14)
29) 사람마다 두려워하는데 사도들로 말미암아 기사와 표적이 많이 나타나니 (행 2:43)

폼생폼사

우리의 체면문화를 꼬집는 말 가운데 '폼생폼사'라는 신조어가 있다. 말인즉 '폼에 죽고, 폼에 산다'는 것. 어찌 보면 한심하기까지한 이 말이 요즘 살갑게 다가온다.

예수님은 실리주의자(實利主義者)가 못 되셨다. 그분은 약자 편을 들어줌으로 인해 손만 뻗으면 쥘 수 있었던 것들을 여럿 잃으셨다. 당시 사회의 기득권층인 바리새인이나, 서기관들과 대립각을 세운 것부터가 잘못이었다. 더군다나 성전에 들어가셔서 장사치들을 내어 쫓으신 것은 대제사장의 분노를 사기에 충분했고, 그 일로 인해 힘있는 양반들이 예수님을 죽일 모의를 하기 시작하게 한 원인을 제공했다(요 2장). 바리새인과 세리의 기도를 들으시고 세리의 기도에 손을 들어 줌으로 바리새인들에게도 밉상을 보이셨고(눅 18장), 부자와 과부가 헌금 드리는 것을 보시면서 과부의 두 렙돈이 더 귀하다고 말씀하심으로 가진 분들의 공분(公憤)을 사기도 했다(눅 21장).

기독교윤리실천운동이 한국교회의 신뢰도 조사를 위해 설문한 결과(2009년)를 보면 '교회를 신뢰 - 19.1%'에 비해 '교회를 불신 - 33.5%'이 더 컸다. 사회 각 기관의 신뢰도 조사에서 시민단체가 51.1%의 신뢰를 받은 반면, 교회는 14.5%의 신뢰를 받아 일반 시민단체의 3분의 1도 안 되는 점수를 받았다. 이 점수는 우리가 믿는 복음과 성경의 가르침을 생각할 때 한참 낙제 점수임에 틀림없다.

예수님은 폼나게 사셨다. 하나님 나라의 복음이 어떤 것인지를 온몸으로 보여주셨다. 거침없이 선포하시는 그분의 외침을 들으면서 사람들은 예수님의 가르침이 서기관들과 같지 않고 권위있는 자 같음에 놀랐다. (막 1:22)[30]

땅에 세우신 그리스도의 몸인 교회도 폼에 죽고 폼에 살아야 한다. 목회자도 폼 잡아야 한다. 성도들도 폼 나게 살아야 한다. 교회가 실리를 얻기 위해 명분을 버리는 모습은 폼 안 난다. 교회 주변과 갈등이 있을 때엔 폼 나게 양보해야 한다. 당장의 이익을 놓치는 것 같지만 후에는 교회가 예수님 폼 좀 난다고 칭찬을 듣는다. 목회자는 '호랑이는 굶어 죽어도 풀을 뜯지 않는다'는 마음으로 폼 잡고 살아야 한다. 목회자가 일신상의 이익을 위해 꼼수를 부리는 것은 세상의 기준으로 볼 때도 불쌍히 보일 뿐더러 추하기까지 하다.

"한국교회의 신뢰도를 향상하기 위해 무엇을 바꿔야 할까요?"라고 묻는 질문에 사람들은 '교인과 교회지도자들의 언행일치 - 42%'로 답했다. 그 뒤를 이어 '타종교에 대한 관용', '사회 봉사', '재정 사용의 투명', '성장 제일주의', '강압적 전도방식 개선' 등을 요구했다. 우리가 가슴에 품은 복음은 보석인데, 복음을 포장하고 있는 우리의 삶이 전혀 구매하고 싶지 않도록 만드는 불량포장지라면? 우리, 폼생폼사하자!

"이같이 너희 빛이 사람 앞에 비치게 하여 그들로 너희 착한 행실을 보고 하늘에 계신 너희 아버지께 영광을 돌리게 하라." (마 5:16)

---

30) 뭇 사람이 그의 교훈에 놀라니 이는 그가 가르치시는 것이 권위 있는 자와 같고 서기관들과 같지 아니함일러라 (막 1:22)

다양한 동호회 활동

Q 효성중앙교회는 다양한 동호회가 활발하게 활동하고 있는 것 같습니다. 어떤 동호회가 있나요?

동호회가 많긴 한데요. 이름이 '리'자로 끝나는 동호회가 많습니다. (웃음) 오르리(등산동호회), 굴리리(볼링동호회), 찌그리(사진동호회), 튕기리(기타동호회), 나누리(반찬봉사동호회), 꾸미리(캘리그라피, 폼아트 장식동호회), 날리리(골프동호회)가 있고요. 이 밖에 배드민턴동호회, HCC윈드앙상블동호회, 축구동호회, 실업인동호회, 휘트니스 파워댄스 동호회, 성지순례동호회, 효성국악선교동호회 등이 있어요. 각자의 취미와 달란트로 동호회를 구성하고 있고, 월에 5주가 있는 달에는 마지막 주일을 '동호회 주일'로 지킵니다. 오후 예배를 드리지 않고 각 동호회에 열심히 참여하라고 권합니다. 앞으로도 계속 새로운 동호회가 생겨나기를 기대하고 있습니다.

Q 각 동호회는 어떤 활동을 하고 있나요?

말 그대로 취미 생활이에요. 각자 좋아하는 활동을 하기 위해 모인 거죠. 그러니 만나서 신나게 즐기겠죠?(웃음) 교회에서는 크게 뭔가 다른 의도성을 갖고 동호회를 대하진 않고 있습니다만, 동호회 활동을 통해 전도가 많이 되고 있습니다. 단순히 본인들이 좋아하는 것들을 즐기는 것에만 그치지 않고 교회를 섬기는 일에도 자발적으로 잘 동참하세요. 아마 말 그대로 '좋아하는 것을 중심으로 모인 사람들'이라서 그런지 단결력이 강하고 으샤으샤~하는 힘이 있습니다.

2018년 11월 추수감사절에 찬양축제를 할 때 실업인동호회에서 전적으로 후원하셔서 행사를 잘 치렀고요, 오르리동호회는 올해 초 '사랑의 연탄 나눔 행사'에 적극 참여해서 효성동 각 지역에 연탄배달 봉사를 했습니다. 꾸미리동호회는 자신들의 재능으로 개척교회를 찾아다니면서 교회를 아름답게 장식하는 것으로 섬기고 있습니다.

자신이 좋아하는 일을 통해 하나님의 나라를 함께 만들어 가는 사람들, 그리고 교회 예산 지원 하나도 없지만 스스로가 나서서 사역을 감당해 주는 동호회 때문에 교회가 활기찹니다.

강단교환예배

Q 매해 부평제일성결교회와의 '강단교환예배'가 아름답게 이루어지고 있습니다. 어떻게 인연이 되어 뜻을 합하게 되었나요?

부평제일성결교회와는 마을축제를 준비하며 관계가 시작되었습니다. 원래 부평역 앞에 있던 교회인데 이곳으로 이전한 교회지요. 마을축제를 준비하면서 함께하면 좋겠다는 생각을 갖고 김종웅 목사님을 찾아뵙고 효성동을

부평제일성결교회에서 설교하시는 정연수 목사

효성중앙교회에서 설교하시는 부평제일성결교회 김종웅 담임목사

예수마을로 만드는 비전을 말씀드렸습니다. 우리 교회는 20년간 축제를 개
최해 온 노하우가 있고, 부평제일교회는 넓디 넓은 교회 공간이 있으니 함께
손을 맞잡으면 서로가 Win-Win 할 수 있겠다 생각한 건데 의외로 김 목사님
께서 흔쾌히 수락해 주셔서 함께 축제를 섬기게 되었습니다. 이 자리를 빌어
감사를 드리고 싶습니다.

그 후 일년에 한 번 축제를 같이 여는 교회의 관계를 뛰어 넘어 서로를 더 알
아가는 한 단계 더 깊이 들어간 프로그램을 계획하게 되었는데, 그것이 강
단교환예배입니다. 강단교환예배는 단순히 설교만 교류하지 않고 설교자
를 비롯해서 대표기도자, 찬양대까지 함께 교환합니다. 잘 모르는 분들은 강

단에 선 목사님, 찬양대가 달라져서 낯선 예배의 모습에 당황하기도 하시는
데, 그런 건 잠시예요. 곧 서로에게 도전을 받고, 함께 연합해야겠다는 마음
이 샘솟죠. 부평제일성결교회는 아름다운 기독교문화를 만들어 가는 소중
한 동반자입니다.

Q 기독교 안에는 다양한 교단들이 있는데 그런 다양성들을 바라보는 자세는 어
떠해야 한다고 생각하십니까?

교단간의 갈등과 분열로 사회에 실망을 안겨주는 일, 나아가 서로를 혐오하
는 일들은 하루 빨리 중단되어야 할 악습이라 생각합니다. '공교회성'이라는
말을 자주 합니다. 한 하나님을 진심으로 고백하는 이 세상의 교회는 다 하
나님 안에서 한 형제입니다. 그것을 우리는 늘 사도신경으로 고백하죠. '거
룩한 공회와 성도가 서로 교통하는 것과…'라고 말이죠.
우리는 한 부모 아래에서 한 아버지를 섬기고, 한 성령으로 세례를 받은 주
안의 형제, 자매입니다. 그렇게 가족이라는 생각을 가지고 이해하고, 양보하
고, 포용하며, 사랑할 때 하나님의 뜻이 우리 안에 이루어질 줄 믿습니다. 나
와 다르다고 배척하는 게 아니라 인정하고 관용할 때 연합이 이뤄질 것이라
믿습니다. 협력하는 자세! 그런 모습이 절실하게 필요한 때입니다.

정연수 목사의 산뜻하고 거룩한 발자취

정성학 목사 | 기적의 교회 담임목사, 21세기성경연구원장

　한 사람의 목회자, 특별히 걸출한 지도자 한 사람이 세상에 태어나는 것은 결코 우연이 아닙니다. 오랜 세월, 깊은 묵상과 훈련과 사역이 구별 없이 어우러진 틈에서 그 굴곡과 기복을 밑거름 삼아 보석이 빚어지듯 탄생하는 것입니다. 한 교회에서 30년 묵묵히 목회의 길을 걸으면서 사도의 사표가 되셨던 목사 아버지와 사모 어머니는 시대의 빛나는 지도자 한 사람을 우뚝 세우셨습니다. 오죽하면 입버릇처럼 아버지 정동학 목사님과 어머니 이범석 전도사님을 가장 존경하는 인물로 꼽겠습니까?

　시대의 인물은 태어나는 것만이 아니라 가꾸어지는 것이듯, 그 여정을 어김없이 서강교회와 종교교회에서 실습하고, 다시 남산중앙교회에서 찬양대 지휘와 청년부 지도를 하며 보낸 목사님은 경기도 성남의 대표적인 달동네 은행동에서 새순공부방을 개원합니다. 훗날 그 공부방은 '새순교회'가 되어 지역사회에 복음을 심고 그들의 눈물을 닦아 주는 은행동의 보금자리가 되었습니다.

목회적 은사와 함께 다양한 재능과 열정을 지닌 목사님은 그 모든 재능을 교회를 세우고 성도를 세우는 일에 쏟아부었습니다. 서울 우이교회 부목사와 안양 만안교회 부목사를 거쳐 이천의 오천교회 담임목사로 소명대로 일하게 하시고, 지금의 인천 '효성중앙교회' 담임목사로 부임하여 기도와 양육, 소통의 리더십으로 지역사회와 함께하는 목회적 소명을 이루어 내고 있습니다. 효성중앙교회를 섬기는 한편 '감리교 신학대학교' 객원교수로 제자들에게 복음의 가치를 가르치고 있습니다.

특별히 시대의 트랜드로 자리매김한 SNS의 최강자 '페이스북'의 기능과 역할에 일찍이 눈을 떠 '책안목매(책에 안 나오는 목회 매뉴얼)' 그룹을 만들어, 신학교에서 미처 배우지 못했거나 시대와 문화의 변화에 따라 달라진 목회환경에 적응하는 새로운 노하우를 공유하고 있으며, 이러한 목회현장 매뉴얼은 100개의 교회를 섬기는 일 못지않게 위대한 미래 사역의 패러다임을 열어 가고 있습니다. 이 그룹에서 적극적으로 활동하고 있는 수많은 회원들에게 '정연수'라는 이름은 결코 한 사람의 목사가 아니라 시대를 내다보며 앞서가는 나눔과 섬김의 상징이기도 합니다.

한걸음 더 나아가 목회자 프리젠테이션 모임인 〈PED/Pastors' Equipment Developer〉를 만들어 대표를 맡고 있는 이 모임은 전 세계적으로 선한 영향력을 끼친 'TED' 이후 가장 강력한 목회자 자기개발 프로그램일 것입니다. 이러한 참신한 모방의 아이디어를 창조적으로 만든 그의 가슴과 두뇌는 융복합 시대를 아우르고, 다양성이 요구되는 목회의 미래비전을 위한 헌신으로 불꽃처럼 타오르고 있습니다. 한국 교회를 향한 그의 사랑은 아무도 멈출 수 없는 활화산 같아서 타의 추종을 불허하는 그의 훌륭한 강점입니다.

수송초등학교를 졸업하고, 대동중학교와 명지고등학교를 졸업한 후 경건과 학문의 장으로 알려진 서울 감리교신학대학과 감리교신학대학 신학대학원을 졸업하고, Washington D.C의 'Wesley Theological Seminary'에서 목회학 박사(D.Min)를 취득하였습니다. 이러한 과정 역시 그의 미래를 위한 하나님의 준비하심이고, 그가 교회를 섬기고자 하는 목회일념의 또 다른 표현이자 정연수 목사의 내면을 드러다 볼 수 있는 창입니다.

이 책은 시대의 아픔에서 시작하여 하루하루 다르게 변하는 목회환경을 향한 외침이며, 주님의 손을 잡고 굳게 선 그의 고백입니다. 각종 언론을 통해 밝혔던 가슴의 이야기이자 교회를 향한 담론이며, 이 시대를 읽으며 품게 된 개혁 의지와 변화의 필요에 대한 것이었습니다. 그는 이러한 메시지에서 밝혔듯이 세상을 새롭게 하고자 합니다. 세상의 변화를 꿈꿉니다.

그는 세상에 위로와 사랑을 전하고자 배고픔과 갈증으로 목말라 합니다. 세상은 여전히 그의 메시지를 기다리고 있습니다. '아시아이사회/Asia Council'의 이사장, '고난받는 이들과 함께'의 이사, NGO 'Global Vision'의 이사로 활동하며, 한국교회의 대표적인 영성훈련 프로그램인

'Golden Tres Dias'의 Spiritual Leader 등으로 활동하고 있습니다. 이러한 헌신과 나눔의 리더십을 보면서 '하나님의 뜻이 이 땅에서 이루어지길 바라는' 그의 기독교 세계관을 알 수 있었습니다.

계절은 여름에 성큼 다가선 지금, 그는 씨를 뿌리는 마음으로 이 책을 출간합니다. 더러는 아쉽고, 더러는 안타까울 것입니다. 하지만 이 책은 인간 '정연수 목사'의 정신과 가치, 목회 비전, 두 발로 살아낸 발자취가 오롯이 담겨 있습니다. 이제 또 시작입니다. 이 책을 통해 그의 발걸음마다 지워지지 않았던 '거룩한 사랑'이 쉼없이 전해질 것이고, 올곧게 외치는 복음의 기쁜 소식을 들을 수 있을 것입니다. 그는 하나님의 진정한 메신저, 아름다운 일꾼입니다.

내 마음 깊이 신뢰하며 사랑하는 정연수 목사님이 그동안 틈틈이 신문에 기고했던 글을 모아 책으로 발간하였다.

내가 지켜 본 정연수 목사님은 늘 교회의 교회됨을 고민하며 바른 목회를 지향하고 행동하는 목회자이다. 그는 오늘의 한국교회가 공공성에 대해 문제의식이 결여되고 있다는 목회의식을 지니고 교회를 섬겨 왔기에 친구들에게는 사랑받고, 후배들에게는 희망을 주고 있다.

'어둠을 탓하기보다 촛불 하나를 밝히는 것이 낫다'는 말처럼 정연수 목사의 바른 목회가 이 시대를 밝히는 한 개의 촛불이 되기를 기대한다. 그의 목회 여정을 희망으로 바라보며 자랑스럽게 이 책을 추천하고 싶다. **신경하 목사** | (전)기독교대한감리회 감독회장

* * *

몇몇 후배들에게 이런 말을 들은 적이 있다. 언덕길을 정신없이 달려 내려가는 것같이 산다고. 제대로 가는 건지 알고 싶은데 잠시 멈추면 뒤에서 달려오는 사람들에게 받혀서 넘어질 것 같아 그냥 달릴 수밖에 없다고. 현대인의 삶을 잘 표현하는 말이라 생각했다.

이 책은 이렇게 달리면서 살아가는 우리에게 삶을 점검할 수 있게 하는 꼭 필요한 책이다. 우리가 잃지 말아야 하는 근본의 핵심을 여러 실화와 예화와 함께 다루고 있어서 끝까지 읽도록 흥미롭게 쓰여졌고, 우리가 쉽게 지나치는 중요한 포인트를 예리한 관찰과 통찰로 다루고 있다. 목회자와 평신도 모두 신선하게 자기성찰을 하도록 도우며, 특히 교회가 교회답기 위해 꼭 짚어야 할 것이 저자의 탁월한 현대감각과 특유의 센스를 통해 가슴에 남는다. 한 번밖에 살지 못할 삶을 '그냥' 혹은 '대충' 살고 싶지 않은 분들에게 추천하고 싶다. **신경림 박사** | Wesley Theological Seminary(Washington DC) 부총장

* * *

정연수 목사의 글은 참신하다. 목회현장에서 자신을 향한 변화의 소리이다.

어느 한 곳에 안주하거나 매너리즘에 빠지지 않고 역발상의 패러다임으로 자신을 보는 성찰의 글이다. '구슬이 서 말이라도 꿰어야 보배'이듯이, 글을 읽으면 일상에서 평범하게 다가오는 사건과 느낌을 복음의 빛으로 엮어 가는 모습을 발견한다.

이 글들은 Re_formation이라는 시각에서 독자들과 나누고 있다. 다양한 정보지식과 기술의 상징인 In_formation이 아닌 목회자 자신의 진정성을 변화하고 가치를 지키려는 Re_formation이다. Re_formation은 개인의 변화, 자기가치의 변화, 회개, 거듭남으로 표현할 수 있다. 글 하나하나 제목만 보더라도 목회현장에서 자신의 변화를 애쓰는 발상과 고민을 엿볼 수 있다.

Re_formation이 정연수 목사 자신의 변화를 의미한다면 이 글을 대하는 사람들은 새로운 사회변화와 이상을 꿈꾸고 실현해 나가는 Trans_formation의 과제를 받는다. 정연수 목사는 이 책을 통해 우리에게 함께 풀어 가는 목회현장의 변화와 희망을 제시하고 있다. **임영택 교수** | 협성대학교 3대 부총장

＊ ＊ ＊

정연수 목사님의 글에는 항상 기대되는 것이 있습니다. 새로운 정보도 있고, 역발상의 통찰도 있으며, 해학과 위트가 있고, 은밀한 도전과 자극이 있습니다. 목회자적인 따뜻한 시선도 있고, 예언자적인 예리한 칼날도 있습니다.

이 책에 실린 글들은 그러한 묵상의 열매입니다. 시사적인 주제와 신앙적인 주제를 넘나들면서 우리의 기존 관념을 다시 보게 하고, 안목을 넓게 도우며, 깨달음을 실천하도록 흔듭니다. 신문에 연재한 칼럼이지만 깊은 묵상과 긴 안목이 담겨 있습니다.

저자는 글쟁이에 그치지 않습니다. 목회 현장에서 의미 있는 열매들을 맺어 왔습니다. 그래서 선배들에게 사랑받고 후배들에게 존경받아 왔습니다. 그런 의미에서 첫 저서의 출간을 축하하며 일독을 권합니다. **김영봉 목사** | 와싱톤사귐의교회(미국 버지니아) 담임목사

* * *

정연수 목사님과 가깝게 지내며 이야기 나눌 때마다 '늘 새로운 시각으로 변화를 시도하며 목회하는 분'이라는 것을 느꼈습니다. 이는 정연수 목사님이 '전심으로, 온 맘 다해' 목회하는 분임을 증명합니다.

이 책『수건을 벗어 던지라』에는 정 목사님의 깨달음과 열정이 잘 정리되어 있습니다. 교회는 2천 년 이상 이어온 전통과 단절될 수 없습니다. 그러나 전통 안에 머물러 있어서도 안 됩니다. 외형적 교회는 변화되어야 성장합니다. 목회자는 시대의 흐름을 읽어 동시대성을 유지해야 복음이 복음답게 세상에 전해질 수 있습니다. 그런 점에서 이 책은 읽는 이들을 새롭게 하고, 교회가 교회의 본분을 재형성(Re_formation)하는 일에 적합하다고 판단됩니다. 많은 분들이 이 책을 읽어 신앙의 새로운 시야를 갖게 되기를 기대합니다. 목회자들은 이 책의 도움을 받아 신선한 비전을 세우고, 교회가 가야 할 길을 다시 한 번 정비할 수 있게 되기를 기대합니다. '변화하고 성장하는 교회를 다시 갖추는 일'에 유익한 이 책을 적극 추천합니다. **고신일 목사** | 중부연회 31대 감독, 기둥교회 담임목사

* * *

25년 전, 안양에서 후배가 목회하는 교회에 들렀을 때 서재에 참 다양한 책이 꽂혀 있는 것을 보았습니다. 대부분 목회자가 신학 분야도 충실하게 관심을 갖지 못하는데, 다른 분야의 책들도 읽고 있는 후배를 보면서 신선한 충격이었습니다. 그 후 자주 만나지 못해도 가끔 대화를 나누다 보면 세상에 대한 폭넓은 이해를 바탕으로 사회 속에 건강한 교회를 세우려는 새로운 발상을 제시하는 데 놀랐습니다. 그 후배가 정연수 목사입니다.

이번에 출판하는『수건을 벗어 던지라』를 보면서 정연수 목사다운 책이라는 생각을 지울 수 없습니다. 압축된 언어로 깊은 내용을 가득 담아 내면서 어렵지 않게 시대적 대안을 제시하는 통찰력을 보여줍니다. 필요한 주제를 쉽

게 풀어 가면서 다양하고 충분한 정보를 함께 제공하며 깊이있는 결론으로 이끌고 있습니다. 모든 목회자들이 함께 나누어도 좋은 책입니다. 좋은 글로 좋은 목사를 새롭게 만날 수 있게 되어 기쁩니다. **김상현 목사** | 중부연회 32대 감독, 부광교회 담임목사

* * *

정연수 목사의 마음에는 예리한 칼이 하나 있고, 끝이 날카로운 바늘과 실도 있다. 그런데 그 예리한 칼과 바늘을 남을 공격하거나 찌르는 데 쓰지 않는다. 상처를 주는 데 쓰는 것이 아니라 아프고 곪은 환부를 찢는데 쓴다. 그에게 있는 또 하나, 바늘. 찢어져 흐르는 피고름을 닦아 내고 바늘과 실로 정성을 다해 꿰맨다. 그리고 그 아픔을 부여안고 아픔이 사라지기까지 함께 한다. 그래서 정연수 목사의 마음은 늘 아프다. 그 이야기들이 여기 있다. 이 책을 읽으니 나도 아프다. **최헌영 목사** | 동부연회 21대 감독, 원주제일교회 담임목사

* * *

살다 보면 많은 사람을 만난다. 그러나 다 같은 사람은 아니다. 만나기로 약속만 해도 기대되고, 언제 만나도 편안한 사람은 생각보다 소수이기 때문이다. 정연수 목사님은 나에겐 '생각보다 소수인 분' 중 한 분이시다. 처음 만났을 때처럼 지금도 만남이 기다려지고, 만나면 앉아서 한없이 도란도란 이야기 나눌 수 있는 편한 친구이다.

나를 즐겁게 해주는 정연수 목사님의 매력은 무엇일까? 먼저 정 목사님은 작은 변화에도 관심이 많은 섬세한 분이다. 윤동주 시인이 '잎새에 이는 바람'도 놓치지 않았듯이, 정 목사님도 아무것도 아닌 사소한 일상, 번개처럼 스치는 사소한 묵상, 교인들의 작은 변화도 놓치지 않으려고 한다. 얼마나 섬세한지 궁금하다면 아무 페이지나 펴서 아무 글이나 읽어 보라. 그러면 정 목사님의 섬세함에 독자 여러분도 금세 빠져들 것이다.

다음으로 정 목사님은 사람을 살리기 위해 분투하는 좋은(good) 분이다. 촉

이 좋고 섬세한 사람일수록 자기 살기 위해 움직일 때가 많다. 그러나 정 목사님은 다르다. 무엇을 묵상하든지 결국 '어떻게 하면 더불어 살 수 있을까? 어떻게 하면 모두가 행복할까?'의 문제로 넘어간다. 그리고 자신이 할 수 있는 최선의 답을 끌어 내고 실천한다. 그러한 정 목사님의 모습이 궁금하다면, 이 책 아무 데나 펴고 글을 보라. 정 목사님의 마음을 볼 수 있을 것이다. 영성이라는 것이 결국 하나님의 마음을 닮아가는 것이라고 한다면, 정 목사님은 작은 신음도 들으시고 결국 살리시는 하나님의 마음을 닮은 '영성의 사람'이다. 바라기는 모든 독자들이 이 책을 펴서 글 하나하나를 볼 때, 정 목사님의 깊은 영성과 날카로운 통찰, 그리고 그 안에 있는 따뜻한 가슴을 느끼기를 진심으로 기원한다. **김학중 목사** | 경기연회 15대 감독, 꿈의교회 담임목사

* * *

존경하는 정연수 목사님의 첫 책『수건을 벗어 던지라』출간을 축하드립니다. 사실 추천사를 부탁 받고 놀라지 않을 수 없었습니다. 먼저 이 책이 정연수 목사님의 첫 책이라는 말에 놀랐습니다. 목사님이 지나온 목회의 여정을 생각하면 벌써 여러 권을 냈어도 좋을 분이기 때문입니다.

저를 놀라게 한 또 한 가지 이유는 이 책이 몇 년 동안 꾸준히 기고해 온 글들을 엮었다는 점입니다. 무엇인가를 꾸준히 하기란 쉽지 않습니다. 게다가 그것이 정기간행물에 글을 싣는 일이라면 더욱 그렇지요. 그동안 성실하게 써오신 글들을 모아 놓았으니 각각의 글에서 다양함이 느껴지면서, 글들 가운데 굵직하게 흐르는 목사님의 철학을 느낄 수 있었습니다.

책을 한번에 다 읽기보다 한 장씩 음미하면서 읽어 보시기를 권합니다. 짧은 글 안에 담긴 목사님의 언어들이 독자로 하여금 자신의 신앙과 삶을 돌아보는 자리로 인도할 것입니다. 이미 많은 분들에게 은혜를 끼친 글들이기에 믿고 읽으셔도 되겠기에 많은 분들에게 이 책을 추천합니다. 다시 한 번『수건을 벗어 던지라』의 출간을 축하드립니다. **김병삼 목사** | 만나교회 담임목사

현실을 알고, 보다 나은 내일을 꿈꿀 줄 아는 사람! 정연수 목사는 항상 바쁘다. 그의 몸 중 가장 바쁜 곳은 그의 머리(뇌)이다. 그는 오늘을 살아가면서 항상 내일을 준비하느라 바쁘다. 항상 새로운 생각, 창의적인 생각이 그의 뇌 속에서 꿈틀거리고 있다. 시간과 공간, 영역의 경계를 자유롭게 넘나들면서 남들은 생각도 못하는 것, 생각만 하고 있는 것을 현실에 옮기기 위해 이미 그의 몸이 그곳으로 움직이고 있다. 그래서 정연수 목사와 함께 일하는 스텝들은 '정 목사의 아이디어를 실행하느라 고생이 말이 아니다'라고 한다. 그러나 그는 그렇게 사람을 키워내고 현실을 부정하지 않고 현실을 살아가면서도 내일을 만들어 낸다.

그는 자신만이 아니라 함께하는 이들에게 성취감을 위로로 선물한다. 그래서 정연수 목사의 이야기와 글을 마주하면 중독된다. 지금의 현실 속에서 보화를 발견하게 하고 또 미래를 함께 꿈꾸게 하기 때문이리라.

정연수 목사가 그동안 자신이 사는 시대를 쏟아낸 글을 모아 지역(인천기독교신문에 연재한 칼럼)을 넘어 많은 사람들과 만나게 되니 읽는 이들에게는 축복이다. 그는 지금의 부족한 현실에 만족하는 교회에 경고를 주고(파도인가 해일인가), 성장과 성과 위주의 착각을 지적하고(모로 가다간 서울 못 간다), 영적인 성숙을 소홀히 하지 않는 정도를 지키고(수건을 벗어 던지라), 그리스도의 증인으로서 모범적 삶의 자세(겸손이 곧 용량이다)와 신앙의 최고의 목표(가는 곳마다 비단길)까지 점검하게 한다.

설교나 강의의 모티브를 찾거나 창의적인 생각을 연마하고자 하는 독자에게는 큰 도움이 되리라 생각한다. 그리고 그렇게 살아가는 글쟁이의 글을 읽으면서 미소를 지을 것이다. **박창현 교수** | 감리교신학대학교 선교학 교수

단숨에 책을 다 읽었다. 짧은 글들이 각각 자연스럽게 연결되어 있다. 옆에

서 누가 조곤조곤 이야기하는 것 같았다. 글 하나 하나 생각하게 하고 질문을 하게 만들기 때문이다. 한 교회의 목회자이면서 교단과 기독교를 세우려는 열정이 보인다.

내가 알고 있는 정 목사님은 복음과 세상의 경계선에 있는 분이다. 복음의 뜨거움으로 반응한다. 철저한 예배자이시다. 반면에 세상과 거부감 없이 소통하는 목사님이시다. 이 책은 평범하지 않다. 뜨거움과 신선함이 함께 있다. 이 책의 흔적을 따라 읽기만 해도 얻어지는 것이 많다. 목회적 통찰력을 얻을 수 있다. 게다가 세상에서 인정하는 상식적인 교회의 모습을 배울 수 있다. 목회자들에게 필요한 큰 책이 나왔다. 이런 책을 읽고 소개하는 것만으로도 너무 행복하다. **장동학 목사** | 하늘꿈연동교회(예장 통합) 당회장

* * *

중·고등학생 시절 '문학의 밤'을 오거니 가거니 했던
개천 건너 이웃 교회 친구. 그 녀석은 감리교 목사 아들이고
나는 장로교 목사 아들인데다 눈부신 동갑내기인지라
우린 '비교의 함정'에 빠지기 쉬운 운명이었지만
그러기엔 각자의 '결'이 '서로'에게 너무 잘 어울리는
친구였지, '환상의 복식조' 같은.

그렇게 교회밥 먹고 자랐으니 그 녀석도 나처럼 교회를
'몸이 기억'할 거야. 교회는 그냥 엄마 같은 존재니까.
그가 '하필 새 노래'를 불러도 난 즐겁게 기타 반주 할 수 있고
그가 '거룩한 분노'로 소리 지르면 나도 따라 팔뚝질 할 수 있어.
여기 그 친구 글들은 딱 내 마음이야.

'나만 바뀌면 된다'고 했다가 '시스템을 바꾸라'고 했다가

사납게 '벤치 클리어링' 하자 했다가 '행복한 표정'을 지으라 했다가
그게 오락가락 하는 게 아니란 건 읽어보면 금세 알 테고.
어쩜 이리도 내가 하고 싶은 말들을 깔끔하게 적어놨는지
친구 정연수 목사가 내놓는 생애 첫 책이 참 고맙고 반갑다.

'어쩌다 비틀거려도 넘어지지 않는다'는 확고한 믿음으로
늙고 병드신 어머니 한국교회 품에서 '새순이 돋아나기를 꿈꾸며'
'영적인 춘궁기'를 억세게 견디는 그 친구 마음길 닿는 곳 어디나
그리 멀지 않은 곳에서 나도 그와 '접촉'하고 있을 게다.

주현신 목사 | 과천교회(예장통합) 위임목사

* * *

정연수 목사는 가장 최첨단의 감각을 가지고 있다. 최근의 기기들을 사용하
고, 최신의 생각들을 가지고 있다. 그런데 목회를 보면 전통적이다. 전통적
인 듯 싶은데 살펴보면 예술적으로 승화되어 있고, 가장 최신의 커뮤니케이
션을 하고 있다.
『수건을 벗어 던지라』의 칼럼에서 그런 모습을 볼 수 있다. 그가 어떤 생각
으로 최첨단의 감각을 전통적으로 표현하는지, 하지만 예술적으로 승화시
키고 있는지 알 수 있다. 끊임없이 변화를 요구하지만 거부감 없게 따라오도
록 하는 그의 매력은 이 책에서도 밝게 빛나고 있다. **조성돈 교수** | 실천신학대학원
대학교 목회사회학 교수, 라이프호프 대표

* * *

한 권의 책을 출판한다는 것은 많은 수고와 책임을 동반한다. 내용을 구성하
는 것부터 시작해서 완성의 과정은 그 자체로 책의 내용의 질과 상관없이 참
으로 고통스럽다. 더욱이 그 책의 내용이 자신의 삶과 연결점에 있다면 저자
는 책임을 감당해야 하기에 부담스럽다.

목회자에게 책이란 자신의 생각과 삶의 투영이기에 책임의 영역은 매우 크다. 이와 같은 이해 속에서 살펴보면, 감리교단의 개혁을 위해 투명함과 합의의 과정을 중요시하는 정연수 목사의 저서 『수건을 벗어 던지라』는 그의 삶과 생각을 잘 드러내고 있다. 눈여겨보고, 귀담아 들어야 할 이야기들이 많다.

신학교에서 가르치는 사역을 감당하고 있는 추천자의 입장에서 보면, 정연수 목사의 글은 목회를 준비하는 신학생에게도 좋은 사고의 틀을 제공하는 책으로 추천한다. 목회의 현장에 있는 분이라면 이 글들을 통해서 목회의 방향성을 재정향(再正向)할 수 있는 기회로 삼을 수 있을 것이다. 평신도들에게는 신앙의 자리와 삶의 자리를 다시 한 번 생각하는 귀한 명서가 될 것이다.

박해정 교수 | 감리교신학대학교 예배학 교수

* * *

거울과 지도를 동시에 선물받은 느낌이다. 우리는 매일 거울을 보듯 작은 것, 가까운 것, 소소한 것들을 살펴야 하고, 동시에 지도를 보듯 삶의 의미있고, 궁극적인 목적지를 추구해야 한다. 저자는 이 두 가지를 위한 대화의 시간으로 우리를 초대한다. 마치 가까운 친구와 마주 앉아 일상의 수다부터 내밀한 고민, 미래의 희망과 꿈까지 함께 나누듯 풍성하고 깊이 있는 대화의 길로 인도한다.

센스, 품위, 질서, 존중, 공존, 행복에 관한 이야기들은 아주 친한 친구에게 할 수 있는 진심어린 충고처럼 들린다. 센스 있으라고, 품위를 가지라고. 애정이 없이는 할 수 없는 이야기들이다. 그래서 더욱 귀를 기울이고 듣게 된다.

담임목사, 문화, 부흥, 착한교회, 이러한 이야기들은 믿음을 가진 신앙공동체가 함께 가야 할 길을 제시한다. 지도를 펴고 사막도 보고 광야도 보고 깊은 계곡도 살피라고 한다. 그리고 길을 가기 위해 우리의 모습을 다시 점검하자 한다. 오늘을 넘어서 내일을 보게 하고 현실을 넘어서 꿈을 보게 하는 이야기들이다.

정연수 목사는 멀티플레이어이다. 교회를 영성 깊은 공동체로 세워가면서 마을과 지역과 함께 사는 일을 신나고도 재밌게 해 간다. 전문가 못지 않은 찬양으로 깊은 감동을 주기도 하고 젊은 세대 버금가게 새로운 기기를 능숙하게 사용하며, 누구보다 먼저 시대를 읽어 내는 혜안이 있어 사람을 놀라게 한다. 이번에는 글로 새로운 도전을 준다. 교회의 새신자부터 목회자 모두에게 공감과 도전을 주는 글들이다. 역시 센스있는 저자의 품위 있는 글이다. 5월의 어린 초록처럼 신선한 감동과 변화를 원하시는 분들에게 일독을 권한다. **조은하 교수** | 목원대학교 기독교교육학 교수

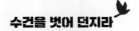

수건을 벗어 던지라